坚定不移实施好教育强国战略

陈子季　著

华东师范大学出版社

·上海·

图书在版编目(CIP)数据

坚定不移实施好教育强国战略/陈子季著. —上海:华东师范大学出版社,2021
ISBN 978 - 7 - 5760 - 1884 - 4

Ⅰ.①坚… Ⅱ.①陈… Ⅲ.①教育事业－发展战略－研究－中国 Ⅳ.①G521

中国版本图书馆 CIP 数据核字(2021)第 110890 号

坚定不移实施好教育强国战略

著　　者　陈子季
责任编辑　彭呈军
审读编辑　朱小钗
责任校对　刘伟敏　时东明
装帧设计　卢晓红

出版发行　华东师范大学出版社
社　　址　上海市中山北路 3663 号　邮编 200062
网　　址　www.ecnupress.com.cn
电　　话　021 - 60821666　行政传真 021 - 62572105
客服电话　021 - 62865537　门市(邮购)电话 021 - 62869887
地　　址　上海市中山北路 3663 号华东师范大学校内先锋路口
网　　店　http://hdsdcbs.tmall.com

印 刷 者　上海展强印刷有限公司
开　　本　787×1092　16 开
印　　张　19.5
字　　数　224 千字
版　　次　2021 年 7 月第 1 版
印　　次　2021 年 7 月第 1 次
书　　号　ISBN 978 - 7 - 5760 - 1884 - 4
定　　价　58.00 元

出 版 人　王　焰

目　　录

序言 　　　　　　　　　　　　　　　　　　　　　　　　　　1

导论 　　　　　　　　　　　　　　　　　　　　　　　　　　1

第一章　教育的战略定位：坚持把教育作为对中华民族伟大复兴具有
　　　　决定性意义的事业，始终摆在优先发展的战略位置

　　第一节　把握教育的基础性、先导性、全局性地位和作用 …… 12

　　　　一、实现中华民族伟大复兴的基础工程 ………… 12

　　　　二、传承交流人类文明的主要渠道 ………… 23

　　　　三、建设社会主义现代化国家的先手棋 ………… 27

　　第二节　把握教育优先发展的战略定位 ………… 32

　　　　一、深刻认识教育优先发展的客观必然性 ………… 33

　　　　二、准确把握党执政兴国的战略性安排 ………… 40

　　　　三、落实教育优先发展的实施路径 ………… 46

第二章 教育的根本任务：坚持立德树人，培养德智体美劳全面发展的社会主义建设者和接班人

第一节 培养什么人：德智体美劳全面发展的社会主义
建设者和接班人 •••••••••••••• 55

一、坚定社会主义建设者和接班人的培养定位 •••••••• 56

二、明确德智体美劳全面发展的培养要求 •••••••••• 60

第二节 怎么培养人：坚持以立德树人为中心环节 •••••• 63

一、把握立德树人的内涵要义 ••••••••••••• 63

二、以立德为先，引领青年培根铸魂 •••••••••• 67

三、以树人为本，构建更高水平人才培养体系 •••••••• 71

第三节 为谁培养人：为党育人、为国育才 •••••••• 74

一、坚守教育的初心使命 •••••••••••••• 75

二、坚定"四个服务"育人导向 •••••••••••• 78

第三章 教育的根本宗旨：坚持以人民为中心的发展思想，努力让十几亿人民享有公平而有质量的教育

第一节 深刻把握以人民为中心的发展思想 •••••••• 85

一、以人民为中心是中国共产党治国理政的价值归属 ••• 86

二、以人民为中心是办好人民满意的教育的根本路径 ••• 90

第二节 坚持以人民为中心办好更高质量的教育 •••••• 93

一、回应需求，满足人民群众对更好教育的期盼 •••••• 93

二、丰富内涵，提高人民群众的教育获得感 •••••••• 98

三、聚焦质量，提升人民群众的教育满意度 •••••••• 102

第三节　坚持以人民为中心要办好更加公平的教育 ………… 108

一、教育公平是社会公平的重要基础 ……………… 108

二、让教育发展成果更多更公平惠及全体人民 ………… 111

第四章　教育的发展道路：坚持扎根中国、融通中外，努力建设中国特色、世界水平的现代教育

第一节　立足时代，坚定中国特色社会主义教育自信 ……… 117

一、充分认识教育自信的重要意义和立论依据 ……… 118

二、坚守教育自信的发展立场和工作导向 …………… 121

第二节　扎根中国，办好中国特色的社会主义教育 ……… 126

一、坚持社会主义办学方向 …………………… 126

二、传承中华优秀传统文化 …………………… 130

三、把握时代发展实践问题 …………………… 133

第三节　融通中外，建设世界水平的现代教育 …………… 136

一、"引进来"，在借鉴砥砺中推动自身革故鼎新 ……… 136

二、"走出去"，在参与全球教育治理中提升教育国际
竞争力 …………………………………… 139

三、"再提升"，在反思重构中打造中国特色教育品牌 … 142

第五章　教育的发展动力：坚持深化教育改革，推进教育治理体系和治理能力现代化

第一节　奋进新时代，改革再出发 ………………… 149

一、向改革要动力，以改革激活力 ……………… 150

二、直面教育发展不平衡不充分,把握改革的紧迫性 ··· 153

第二节 攻坚关键领域,牵住教育改革"牛鼻子" ·········· 157

一、以需求导向推进人才培养供给侧结构性改革 ········ 157

二、以破立并举推进新时代教育评价改革 ··········· 166

三、以系统思维推进"放管服"改革 ············· 172

第三节 聚焦共建共治共享,构筑教育治理新格局 ·········· 178

一、多元参与,凝聚教育共建的强大力量 ········· 178

二、多管齐下,激发教育共治的生机活力 ········· 183

三、多措并举,形成教育共享的良好生态 ········· 188

第六章 教育的体系重构:坚持普通教育与职业教育双轨运行,加快构建中国特色现代职业教育体系

第一节 确立职业教育类型定位是关键一役 ·············· 199

一、职业教育从层次到类型是国民教育体系现代化的
关键变革 ·································· 200

二、人民对教育需求的多样化是职业教育类型化发展的
核心动力 ·································· 202

三、彰显职业教育类型特色是经济社会高质量发展的
内在要求 ·································· 203

四、职普双轨双通是发达国家教育发展的共性规律 ······ 204

第二节 职业教育成为一种类型首先要建立完整的体系 ······ 206

一、职业教育学校体系:纵向贯通、横向融通 ········· 206

二、职业教育办学格局:多元办学、产教融合 ········· 209

三、职业教育育人机制：德技并修、工学结合…………213

四、职业教育管理体制：部门协同、上下联动…………215

五、职业教育制度体系：要素完备、运转顺畅…………220

第三节　职业教育高质量发展迫切需要增强适应性…………223

一、坚定"四个面向"，提高职业教育精准度 …………223

二、处理好"五个关系"，增强职业教育硬实力 …………226

三、推进"五个入"，优化职业教育发展软环境 …………230

第七章　教育的依靠力量：坚持把教师队伍建设作为最重要的基础性工作，为教育事业发展提供关键支撑

第一节　尊师：让教师成为令人尊重和羡慕的职业 …………237

一、大力弘扬尊师重教的优良传统 …………238

二、确立教师的崇高地位 …………241

第二节　重师：发挥教师"筑梦人"的重要作用 …………246

一、以信仰树信仰，帮助学生"扣好人生的第一粒扣子"……246

二、以德育德，千教万教教人求真 …………249

三、以才育才，授人以鱼更授人以渔 …………252

第三节　强师：打造高素质专业化创新型师资队伍 …………254

一、打造从"封闭"走向"多元"的职前培养体系 …………255

二、构建从"专门"走向"专业"的职后培训机制 …………258

第四节　严师：形成教师自律他律的激励约束机制 …………261

一、树起师德师风"第一标准" …………261

二、用好评价考核"指挥棒" …………264

第八章　教育的根本保证：坚持和加强党对教育工作的全面领导，确保中国特色社会主义教育事业沿着正确方向不断开拓前进

　　第一节　党对教育工作全面领导的主旨要义 …………………… 269

　　　一、深刻认识全面领导的核心要点 …………………………… 270

　　　二、准确把握全面领导的领域范畴 …………………………… 273

　　第二节　办好中国特色社会主义教育事业关键在党 ………… 275

　　　一、党的领导是教育事业发展实践的重要经验 …………… 276

　　　二、党的领导是推动教育事业开拓前进的核心保证 ……… 279

　　第三节　切实加强党对教育工作的全面领导 ………………… 284

　　　一、坚持总揽全局的核心地位 ………………………………… 285

　　　二、健全协调各方的领导机制 ………………………………… 289

　　　三、营造从严治党的浓厚氛围 ………………………………… 292

后记　　　　　　　　　　　　　　　　　　　　　　　　　　299

序　言

　　"古之王者，建国君民，教学为先"。我国自古以来就重视教育对治理国家、教育民众的重要作用，把教育放在了首要突出位置。正所谓"致天下之治者在人才，成天下之才者在教化""苟可以为天下国家之用者，则无不在于学"，教育不仅是关乎国计民生的幸福工程，也是促进社会公平与和谐的基础工程。经济发展、社会进步和国家繁荣，根本上依赖于教育。时代越是向前，教育的地位和作用就愈加凸显。新中国成立以来，党和国家大力推进教育事业发展，建成了世界上最大规模的教育体系，实现了从教育弱国向教育大国的转变、从人口大国向人力资源大国的转变。教育的发展极大地提高了全民族的素质，为经济发展、社会进步和民生改善、国力增强作出了不可替代的重要贡献。

　　进入新时代，大国战略博弈全面加剧，国际力量对比深度调整，国际竞争愈演愈烈。面对风云变幻的时代激荡，党中央统筹中华民族伟大复兴战略全局和世界百年未有之大变局，提出了建设教育强国、人才强国的战略目标，开启了全面建设社会主义现代化国家的新征程。建设教育强国，是教育在中华民族伟大复兴进程中的新定位、新使命，是新时代中国特色社会主义教育事业的新特征、新征程。放眼未来,教育将在实现"两个一百年"奋斗目标和中华民族伟大复兴中国梦的历史进程中,发挥不可替代的基础性、先导性、全局性地位和作用。

目标在前,重任在肩。如何走出一条中国特色的教育强国之路,如何发展世界水平的现代教育,是各领域尤其教育战线亟待思考探索和研究解决的时代命题。子季同志在深刻把握习近平新时代中国特色社会主义思想,尤其是习近平总书记关于教育的重要论述的基础上,基于加快推进教育现代化、建设教育强国的战略视野,把党的理论思想有机地融入教育领域,发出了坚定不移实施教育强国战略的时代呼唤,形成了他对党的教育思想的深刻理解和系统把握。

《坚定不移实施好教育强国战略》一书,立足新时代、新形势、新使命,面向全面建设社会主义现代化国家的新征程,深入分析了实施教育强国战略的重要意义和丰富内涵,系统阐述了建设教育强国的实践策略和方法路径,体现了很强的时代性、理论性、实践性和指导性。全书共有八章,第一、二、三章围绕教育的战略定位、根本任务、根本宗旨,回答了教育强国战略是什么的问题;第四、五、六章以发展道路、发展动力、体系重构为主题,指出了实施教育强国战略的着力点和方法论;第七、八章围绕教育的依靠力量和根本保证,阐释了如何确保坚定不移实施好教育强国战略。

全书展现出的是一个新时代党的领导干部对教育工作的拳拳之心,是对教育理论创新、教育强国建设的历史思考和时代探索。仔细阅读,字里行间蕴含着子季同志对教育工作的深邃思想,渗透着他对教育事业的殷切情怀。子季同志是一位马克思主义理论教育专业硕士、管理学博士、经济学博士后,更是一位长期坚守教育战线的管理者、研究者、学者。撰写此书,他不是坐而论道,而是把他对于教育改革发展的研究思考和工作实践放到社会主义现代国家建设事业的整体布局中考量,提出了许多创造性见解和建设性意见,丰富和创新了马克思主义的教育理论,对于教育战线正确认识和把握中国特色社会主义教育强国建设具有重要借鉴意义和引导作用。

建设教育强国是 21 世纪国家赋予我们的庄严使命,也是中国对世界教育的贡献。相信广大读者阅读本书后,对做好教育工作、发展教育事业、推进教育现代化一定会有更全面的认识和更系统的把握,更加坚定教育自信、建设教育强国的信心和决心。期待广大教育工作者自觉投身中国特色社会主义教育事业的伟大实践,努力举办更高质量、更加公平的社会主义现代化教育,全面筑牢中华民族伟大复兴的基础工程,为建设社会主义现代化国家、实现中华民族伟大复兴中国梦培养更多优秀人才。

2021 年 5 月 12 日

导　论

2021 年是中国共产党成立 100 周年，是"十四五"开局之年，也是全面建设社会主义现代化国家新征程开启之年。回顾历史，我们清楚地看到，从第一个五年计划到第十四个五年规划，一以贯之的主题是把我国建设成为社会主义现代化国家。如果再把视线往前推一些，我们还可以看到，中国共产党成立 100 年来，团结带领中国人民所进行的一切奋斗，就是为了把我国建设成为社会主义现代化强国。

当然，社会主义现代化强国不是一个空泛的概念，而是涵盖了制造强国、贸易强国、科技强国、人才强国、教育强国、文化强国、体育强国、质量强国、航天强国、网络强国、交通强国、海洋强国等一系列具体强国目标和战略任务的集合体。其中，党的十九大报告提出的"建设教育强国"这一目标任务，是我国社会主义现代化强国建设的重要支撑，也为新时代我国教育事业发展指明了方向。

教育是民族振兴、社会进步的重要基石，事关国家发展和民族未来，对提高人民综合素质、促进人的全面发展、增强中华民族创新创造活力、实现中华民族伟大复兴具有决定性意义。可以说，建设教育强国是中华民族伟大复兴的基础工程。全面建设社会主义现代化强国,必须率先实现教育现代化、率先建成教育强国。当前和今后一个时期,教育战线最重大、最迫切的任务,就是要坚定不移实施好教育强国战略,齐心协力推动我国从教育大国迈向教育强国,始终做到初心如磐、使命在肩。

我国正处于将强未强之际,
教育正处在"由大向强"的重要时期

经过新中国70多年特别是改革开放40多年的持续不懈努力,我国教育最突出的成就,是在一个十几亿人口的发展中大国,实现了全面普及九年义务教育和高等教育普及化这"两个历史性跨越";最有标志性的伟业,是实现了人口大国向人力资源和人才大国的"历史性转变"。

与此同时,我们也不得不承认,现在我国虽已是人力资源和人才大国,但还不是人力资源和人才强国。我们既要看到,我国十几亿人口大脑中蕴藏的无穷智慧资源,是全面建设社会主义现代化国家、实现中华民族伟大复兴中国梦最宝贵的资源;又要看到,如何把这些智慧资源充分挖掘出来和开发起来,是我们党和国家在新征程上始终面临的一个重大而紧迫的课题。

习近平总书记在全国高校思想政治工作会议上的重要讲话中,在作出"高等教育发展水平是一个国家发展水平和发展潜力的重要标志"这一论断之后,明确提出了"三个更"的重要思想——第一个"更"是:"我们比历史上任何时期都更接近中华民族伟大复兴的目标";第二个

和第三个"更"是："我们对高等教育的需要比以往任何时候都更加迫切，对科学知识和卓越人才的渴求比以往任何时候都更加强烈。"从这"三个更"的表述中，我们可以深切体会到加快推动教育现代化、建设教育强国、办好人民满意教育的极端重要性和紧迫性。

建设教育强国既是重要的教育战略，也是重大的经济社会发展战略

教育关系全局、关系未来，对经济社会发展的各个领域都具有长远的全方位影响。抓教育就是抓发展、谋教育就是谋未来，必须下好教育这个"先手棋"，进而打好各项事业的"主动仗"。

比如，坚定不移实施教育强国战略，必须同全面建设社会主义现代化强国的特色和要求相一致。正如习近平总书记指出的：我们建设的现代化，是人口规模巨大的现代化，是全体人民共同富裕的现代化，是物质文明和精神文明相协调的现代化，是人与自然和谐共生的现代化，是走和平发展道路的现代化。与这样的现代化进程相适应，我国教育的根本任务是培养德智体美劳全面发展的社会主义建设者和接班人，为到本世纪中叶建成社会主义现代化强国提供强有力的人才支撑。为此，必须尽快形成伴随每个人一生的、平等面向每个人的、适合每个人的、更加开放灵活的教育体系和学习方式。

再比如，坚定不移实施教育强国战略，既要着眼于补齐我国发展的短板，又要致力于锻造我国发展的长板。加快构建以国内大循环为主体、国内国际双循环相互促进的新发展格局，是党的十九届五中全会提

出的一项关系我国发展全局的重大战略任务。加快构建新发展格局，最本质的特征是实现高水平的自立自强，最根本的途径是全力突破那些"卡脖子"技术、尽快补齐我国发展的短板，着力创造更多"杀手锏"技术、积极锻造我国发展的长板，确保我国经济社会在关键时刻乃至极端情况下都可以做到自我循环、正常运转。这要求我国教育战线不仅成为促进中外文化交流、增进中外了解互信的重要窗口，成为联接中外、沟通世界的重要纽带，而且成为加强自主创新、突破产业瓶颈、塑造我国参与国际合作和竞争新优势的重要阵地。

又比如，坚定不移实施教育强国战略，既要着眼于推动高质量发展，又要致力于创造高品质生活。近年来，随着我国社会主要矛盾的变化，人民日益增长的美好生活需要已经并将越来越多地表现在对更加公平、更加优质教育的需求上。教育成为推动高质量发展和创造高品质生活的重要连接点，如果说过去满足人民对教育"日益增长"的需要，主要靠做大教育规模来实现；那么，现在满足人民对教育"更加公平、更加优质"的需要，则要靠各级教育部门和各类教育机构在实践中不断增品种、提品质、创品牌来实现。换句话说，"教育"固然重要，以更加公平和更加优质为核心内涵与显著标志的"好的教育"尤为重要。

总之，时代越是向前，发展是第一要务、人才是第一资源、创新是第一动力的作用越是突出。与此相适应，教育的地位也越是凸显。我们应时刻牢记习近平总书记的两个重要论断：一是"制度优势是一个国家的最大优势，制度竞争是国家间最根本的竞争"；二是"综合国力竞争说到底是人才竞争""谁能培养和吸引更多优秀人才，谁就能在竞争中占据优势"。我相信，只要我们充分发挥中国特色社会主义制度优势，始终坚持优先发展教育,不断把十几亿人口中蕴藏的智慧资源挖掘出来,转化为巨大的人才资源优势,就一定能够在大国实力之争、发展道路之争、国际秩序之争中抢得先机、赢得主动。

教育强国建设是一个复杂的系统工程,必须找准着力点,系统推进,持续发力

教育强国战略内涵丰富,广泛涉及教育理念、体系、制度、内容、方法和治理等诸多方面,是我国教育事业改革发展的重要引领。坚定不移实施好教育强国战略,需要准确把握以下八个环节。

一是准确把握我国教育的战略定位:坚持把教育作为对中华民族伟大复兴具有决定性意义的事业,始终摆在优先发展的战略位置。其核心要义是,深刻认识教育在全面建设社会主义现代化强国中具有不可替代的基础性、先导性、全局性地位和作用,这种地位和作用,决定了优先发展教育是我们党和国家必须长期坚持的重大指导方针。

二是准确把握我国教育的根本任务:坚持立德树人,培养德智体美劳全面发展的社会主义建设者和接班人。其核心要义是,回答好"培养什么人、怎样培养人、为谁培养人"这个根本问题,为促进人的全面发展和社会全面进步提供坚强智力支持。

三是准确把握我国教育的根本宗旨:坚持以人民为中心的发展思想,努力让十几亿人民享有更加公平、更高质量的教育。其核心要义是,顺应人民群众从"有学上"到"上好学"这一期待的转变,努力办好人民满意的教育,尽量满足不断升级和个性化的教育需要,提高人民群众

的教育获得感,让教育发展成果更多更公平惠及全体人民。

四是准确把握我国教育的发展道路:坚持扎根中国、融通中外,努力建设中国特色、世界水平的现代教育。其核心要义是,坚定中国特色社会主义教育自信,坚定不移走自己的路,既认真吸收世界上先进的办学治学经验,更立足中国实际,在扬长补短中办出自己的特色、个性和品牌。

五是准确把握我国教育的发展动力:坚持深化教育改革,推进教育治理体系和治理能力现代化。其核心要义是,把教育领域的高效能治理同高质量发展统筹起来谋划,改革再出发,攻坚关键领域,以需求导向推进人才培养供给侧结构性改革,以破立并举推进新时代教育评价改革,以系统思维推进"放、管、服"改革,以多元参与凝聚教育共建的强大力量,以多管齐下激发教育共治的生机活力,以多措并举形成教育共享的良好生态,着力解决我国教育发展不平衡不充分问题。

六是准确把握我国教育的体系重构:坚持普通教育与职业教育双轨运行,加快构建中国特色现代职业教育体系。其核心要义是,推动普通教育、职业教育从割裂到融通,加快建立健全以职业教育和普通教育"双轨"运行为标志,以纵向贯通、横向融通为核心,同经济社会发展和深化教育改革相适应的新时代中国特色现代职业教育体系。

七是准确把握我国教育的依靠力量:坚持把教师队伍建设作为最重要的基础性工作,为教育事业发展提供关键支撑。其核心要义是,按照尊师、重师、强师、严师的要求,引导广大教师既精于"授业""解惑",更以"传道"为责任和使命;既成为"学问之师",又成为"品行之师",当好塑造学生品格、品行、品味的"大先生"。

八是准确把握我国教育的根本保证：坚持和加强党对教育工作的全面领导，确保中国特色社会主义教育事业沿着正确方向不断开拓前进。其核心要义是，深刻认识办好中国特色社会主义教育事业关键在党，切实加强党对教育工作的全面领导，着力破解影响党对教育工作全面领导的体制机制障碍，自觉在政治立场、政治方向、政治原则、政治道路上同党中央保持高度一致。

新时代，新教育，新使命。中国正进入从教育大国到教育强国的新时代，这是一个中国人民享受世界水平现代化教育的新时代，一个中国教育走向世界舞台中央的新时代。教育强国是一个伟大的使命和宏大的课题，在以习近平同志为核心的党中央坚强领导下，我们将大力发展更高质量更加公平的教育，源源不断地释放教育红利，努力让每个人都有人生出彩的机会。中国教育必将为实现中华民族伟大复兴的中国梦提供坚强有力的人才支撑。

第一章　教育的战略定位

坚持把教育作为对中华民族伟大
复兴具有决定性意义的事业，
始终摆在优先发展的战略位置

教育是人类传承文明和知识、培养年轻一代、创造美好生活的根本途径。对于国家和民族来说,教育是发展的基石,是进步的支撑,是潜在生产力、未来竞争力;对于家庭和个人来说,教育意味着未来和希望,是最大的民生、最值得投资的未来。教育是立国之本、强国之基,是一个民族最根本的事业,具有基础性、先导性、全局性地位和作用。强国必强教,强国先强教。教育优先发展,是党和国家提出并长期坚持的重大指导方针。2018 年 9 月 10 日,习近平总书记在全国教育大会上强调,教育是民族振兴、社会进步的重要基石,是功在当代、利在千秋的德政工程,对提高人民综合素质、促进人的全面发展、增强中华民族创新创造活力、实现中华民族伟大复兴具有决定性意义。也就是在这次大会上,习近平总书记作出了"教育是国之大计、党之大计"①这一重要论断。这为我们把握教育在党和国家事业发展全局中的核心地位和作用,把握教育战线在实现"两个一百年"奋斗目标、实现中华民族伟大复兴中国梦历程中肩负的重大使命、职责和任务,提供了科学思想指引。

---

① 新华社. 习近平在全国教育大会上发表重要讲话［EB/OL］(2018 - 09 - 10). http://www. xinhuanet. com/polibics/2018-09/10/c-1123406247. htm.

第一节　把握教育的基础性、先导性、全局性地位和作用

《中华人民共和国国民经济和社会发展第十四个五年规划和2035年远景目标纲要》提出，到2035年时，我国将"建成文化强国、教育强国、人才强国、体育强国、健康中国，国民素质和社会文明程度达到新高度"。与此形成鲜明对照的是，按照党的十九大报告确定的新时代中国特色社会主义发展的战略安排，我国要到本世纪中叶才能"建成富强民主文明和谐美丽的社会主义现代化强国"。这意味着我国建成"教育强国"将比建成"社会主义现代化强国"提前十五年。

那么，党和国家为什么要作出这样的安排呢？这是因为，教育在全面建设社会主义现代化国家新征程中，具有不可替代的基础性、先导性、全局性地位和作用。"优先发展"作为党和国家对教育作出的基本战略定位，正是对教育这一独特地位和作用的认识与把握。

一、实现中华民族伟大复兴的基础工程

教育事关人民福祉、事关社会公平、事关民族复兴。没有哪一项事业像教育这样，影响甚至决定着建设者和接班人问题，影响甚至决定着国家长治久安，影响甚至决定着民族复兴和国家崛起。我国古代先贤早就认识到教育与国家的关系，"古之王者，建国君民，教学为先"（《礼记·学记》），"夫善国者，莫先育材；育材之方，莫先劝学"（范仲淹：《上

时相议制举书》），"敬教劝学，建国之大本；兴贤育才，为政之先务"（《朱舜水集·劝兴》），深知教育是强国富民之本，主张依教建国，以智强国。我国教育曾长期领先于世界，宋代小学普及率高达 30％。19 世纪末，面对内忧外患、积贫积弱的国势，一批又一批有识之士、仁人志士呼吁并践行教育救国，"民智者，富强之源也"（严复），"自强于今日，以开民智为第一义"（梁启超），"教育为立国的要素"（孙中山），主张通过发展教育使人民由愚变智，使国家转贫为富、转弱为强，实现救亡图存。新中国成立以来，毛泽东同志在经济文化比较落后的条件下大力普及教育，早在之前的七大会议上，他就指出，在 80％的人口中扫除文盲，是新中国的一项重要工作，[1]随即国内迅速开展了轰轰烈烈的扫盲运动。邓小平同志多次强调宁可放慢经济速度也要舍得投入教育，提出"忽视教育的领导者，是缺乏远见的、不成熟的领导者，就领导不了现代化建设"[2]，走出了"穷国办大教育"的发展道路。江泽民同志批评了"经济要上，教育要让""先把经济搞上去，再来发展教育"的错误认识，提出只有把教育搞上去，才能从根本上增强我国的综合国力，要求在整个社会主义现代化建设的过程中，教育优先发展的战略地位必须始终坚持，不能动摇。[3] 胡锦涛同志面对 21 世纪发展新局面，提出大力发展教育事业，是全面建设小康社会、加快推进社会主义现代化、实现中华民族伟大复

---

① 央视网. 毛泽东：扫除文盲是新中国的一项重要工作[EB/OL]. (2019 - 11 - 05). http://tv. cctv. com/2019/11/05/VIDEVBF8nSpDC0EGjKdGjT42191105. shtml.

② 中国共产党新闻网. 邓小平：把教育工作认真抓起来[EB/OL]. (1985 - 05 - 19). http:// cpc. people. com. cn/GB/33839/34943/34944/34947/2617848. html.

③ 江泽民：在全国教育工作会议上的讲话. 中国教育报[N]. 1994 - 06 - 20(1).

兴的必由之路。①

　　对于教育的基础性、先导性、全局性地位和作用,习近平总书记早在担任地方领导时就已有明确认识。比如,在担任河北正定县委书记时,习近平同志就提出:"教育是立国之本,是富国强兵之路,人人有责,必须抓好。"②在担任宁德地委书记时,习近平同志曾提醒当地干部:"我们已经看到了闽东经济的贫困,那么,教育是不是也'贫困'?"③他深刻论述了教育、人才、科技、经济之间的依存支撑关系,"经济靠科技,科技靠人才,人才靠教育。教育发展、科技进步、经济振兴是相辅相成、循序递进的统一过程,其基础在于教育"④。他要求各级干部站在战略高度上看问题,"真正把教育摆在先行官的位置,努力实现教育、科技、经济相互支持、相互促进的良性循环。"⑤他还由此得出结论:"教育问题是绝对不允许'等一等'的。现在不是议论闽东要不要办好教育,而是要动手解决怎样办好教育的问题。"⑥此后,习近平同志在浙江省委书记任上进一步指出:"教育是发展科学技术、传播先进文化、培养优秀人才、推进人类社会文明进步的基础,在现代化建设中具有基础性、先导性、全局性作用。"⑦他还明确提出"不失时机地加快推进教育强省"的目标,并

---

① 中国政府网.胡锦涛:在全国教育工作会议上的讲话[EB/OL].(2010 - 07 - 13).http://www.gov.cn/ldhd/2010-09/08/content_1698579.htm.
② 人民网.习近平这样做县委书记[EB/OL].(2015 - 04 - 08).http://dangjian.people.com.cn/n/2015/0408/c117092-26814293.html.
③ 习近平.摆脱贫困[M].福州:福建人民出版社,1992.
④ 习近平.摆脱贫困[M].福州:福建人民出版社,1992:173.
⑤ 新华网.习近平:把教育摆在先行官的位置,实现良性循环[EB/OL].(2015 - 03 - 23)http://fjdj.fjsen.com/2015-03/24/content_15850332_2.html.
⑥ 习近平.摆脱贫困[M].福州:福建人民出版社,1992.
⑦ 习近平.干在实处走在前列[M].北京:中共中央党校出版社,2006:337.

使之同科技强省、卫生强省、体育强省一道,共同构成了"浙江强省"建设的完整目标和任务。

党的十八大以来,习近平总书记进一步从党和国家事业发展的战略高度系统阐述了教育的极端重要性。2014 年 9 月 9 日,习近平总书记在与北京师范大学师生代表座谈时指出,"教育是提高人民综合素质、促进人的全面发展的重要途径,是民族振兴、社会进步的重要基石,是对中华民族伟大复兴具有决定性意义的事业"。[①] 换句话说,只有实现教育现代化,才能实现人的现代化;只有实现人的现代化,才能实现国家和民族的现代化。此后,习近平总书记在多个场合深化了这方面的阐述。他强调:"时代越是向前,知识和人才的重要性就愈发突出,教育的地位和作用就愈发凸显"[②]"教育决定着人类的今天,也决定着人类的未来"[③]"重视教育就是重视未来,重视教育才能赢得未来""教育兴则国家兴,教育强则国家强""青年一代有理想、有担当,国家就有前途,民族就有希望"。[④] 我理解,习近平总书记这些重要思想中蕴含的论述逻辑,概括起来是"只有……,才能……"的

---

① 人民网. 习近平:做党和人民满意的好老师——同北京师范大学师生代表座谈时的谈话 [EB/OL]. (2014 - 09 - 10). http://gs. people. com. cn/cpc/BIG5/n/2014/0910/c345040-22257398. html.

② 新华网. 习近平:坚持中国特色社会主义教育发展道路　培养德智体美劳全面发展的社会主义建设者和接班人[EB/OL]. (2018 - 09 - 10). http://www. xinhuanet. com/politics/leaders/2018-09/10/c_1123408400. htm.

③ 人民网. 习近平:清华大学苏世民学者项目启动仪式在京举行习近平奥巴马致贺信[EB/OL]. (2013 - 04 - 22). http://cpc. people. com. cn/n/2013/0422/c64094-21222426. html.

④ 新华网. 习近平:决胜全面建成小康社会夺取新时代中国特色社会主义伟大胜利——在中国共产党第十九次全国代表大会上的报告[EB/OL]. (2017 - 10 - 27). http://www. xinhuanet. com/2017-10/27/c_1121867529. htm.

必要条件句式,或者"只要……,就……"的充分条件句式。这些句式,简洁而有力地道出了教育与人才培养、民族复兴、国家富强、人类未来的内在逻辑关系,阐明了教育具有的基础性、先导性、全局性的战略地位。

（一）基础性：归根到底靠人才、靠教育

所谓"基础性",是说教育是其他事业发展的根本保障。社会各项事业的发展,都植根于人才培养这一基础,都离不开通过发展教育提高全民文化素质、劳动技能和创新能力。可以说,没有教育事业发展的现代化,就不可能有其他事业的现代化。正如习近平总书记指出,"两个一百年"奋斗目标的实现、中华民族伟大复兴中国梦的实现,归根到底靠人才、靠教育。

当然,以往的经验也表明,不同历史时期的教育,其基础功能有不同表现:在有的历史时期表现为对国家治理人才的培养;在有的历史时期则主要表现为国民基本文化素质的提升;而在科技高度发达的当下,必须要深刻认识到教育在提升科技应用水平、促进经济社会可持续发展中的基础功能。

第一,教育生产出的人力资本是生产力的第一要素,是经济社会存在和发展的基础。早在 1776 年,亚当·斯密在《国富论》中就揭示了教育与经济之间的关系:"学习一种才能需要教育……这些才能是他个人财产的一部分,也是他所属社会财产的一部分。工人熟练程度的提高可以像方便劳动、节省劳动的机器和工具一样,被看作是社会的固定资产。学习的时候,虽然要支付一笔费用,但这种费用可以得到偿还,并可以创造利润。"①马克思把教育的经济功能放在社会再生产中加以考察，认为劳动者的劳动复杂程度与他所受的教育训练程度是正相关的，"要改变一般的人的本性，使它获得一定劳动部门的技能和技巧，成为专门和发达的生产力，就要有一定的教育与训练。"②人力资源是一切资源中最重要的资源，教育是人力资源生产的主要方式，是最有效益的生产性投资。特别是当前和今后一个时期，我国正处于人口大国向人力资源强国转变的关键时期。充分发挥人力资源的潜力与优势，是我们推动高质量发展、打造高品质生活、实现高效能治理的关键。通过教育提高劳动者的劳动能力和知识水平，把一般的、简单的劳动力培养成为专门的、高级的、掌握了更多科学知识和劳动技能的劳动力，已经成为促进生产力发展的决定性因素。国家之间的经济竞争、科技竞争和军事竞争，实质上是智力和人才的竞争，归根结底是教育的竞争，因为教育是社会高素质人才培养的必由之路。

第二，科学技术转化为现实生产力，需要教育作为基础。教育是科学知识再生产的重要手段，是发展科学技术的基础条件。邓小平同志说过："马克思讲科学技术是生产力，这是非常正确的，现在看来这样说可能不够，恐怕是第一生产力。"③科学技术是第一生产力的重要论断，不但揭示了科学技术在推动当今世界社会生产力发展中的第一位变革作用和基础地位，而且指明了教育在现代社会中日益重要的"中介"作

---

① 亚当斯密. 国富论［M］. 北京：华夏出版社，2007.
② 马克思，恩格斯. 马克思恩格斯全集：第 23 卷［M］. 北京：人民出版社，1972：195.
③ 人民网. 1983 年 8 月，邓小平在黑龙江的农场视察［EB/OL］.（2020 - 03 - 24）. http://cpc. people. com. cn/n1/2020/0324/c69113-31646114. html.

用。这是因为,科学技术毕竟只是知识形态的生产力,还不是现实的生产力。要实现知识到现实的转化,关键的一点就是要使生产者掌握现代科学技术和生产技能,这就需要通过教育对人进行培养和训练。步入 21 世纪,人类社会进入知识时代、经济全球化时代,教育正在从适应工业社会发展转变到适应知识社会发展,发生着战略性变化。概括起来说,发展是第一要务,创新是第一动力,人才是第一资源,教育是第一支撑。

第三,构建新发展格局必须以教育为基础。加快构建以国内大循环为主体、国内国际双循环相互促进的新发展格局,是关系我国发展全局的重大战略任务。构建新发展格局,最本质的特征是实现高水平的自立自强,最根本的途径是全力突破那些"卡脖子"技术、尽快补齐我国发展的短板,着力创造更多"杀手锏"技术、积极锻造我国发展的长板,确保我国经济社会在关键时刻乃至极端情况下都可以做到自我循环、正常运转。这要求我们在始终抓住经济建设这个中心的同时,突出抓好科技和教育这两个关键环节。特别是要发挥教育的基础性支撑作用,在全面建设制造强国、质量强国、网络强国、数字中国,有效提升产业链、供应链现代化水平的过程中,千方百计锻造一些"杀手锏"技术,拉紧国际产业链对我国的依存关系,形成对外方人为断供的强有力反制和威慑能力;集中力量突破一批"卡脖子"技术,在关键时刻可以做到自我循环,确保在极端情况下经济正常运转。

(二)先导性:面向未来、赢得未来

所谓"先导性",是基于教育发展的周期长期性和效益迟滞性,"今天教育的模样,是明天中国的模样"①,教育必须立足当前、面向未来、超前谋划。在新一轮科技革命和产业变革加快推进的背景下,特别是在数字技术和数字经济蓬勃发展、数字社会和数字政府加快建设的情况下,社会变革加快,教育的先导性愈益凸显,既要满足当代需求,更要考虑未来需要。

第一,教育必须先行。教育的根本任务是培养人、造就人,是促进科技成果转化为生产力的重要载体。离开了教育培养人才,科技就只能是一种"潜在的生产力"。教育通过培养人才,使科技由"潜在生产力"转化为现实生产力,这决定了社会发展最后的着眼点应该落实到优先发展教育上来。同时,教育效益的长期性和迟效性,决定了今天的教育成果需要在未来几年、几十年的社会实践中才能得到充分彰显。正如邓小平同志指出的:"现在小学一年级的娃娃,经过十几年的学校教育,将成为开创 21 世纪大业的生力军"②。党的十九大确定了"两步走"的强国路线图,到 2035 年基本实现现代化,到 2050 年前后建成富强民主文明和谐美丽的社会主义现代化强国。千千万万青少年将全程参与"两步走"奋斗目标的历史进程,是实现中华民族伟大复兴的重要生力军和中坚力量。所以,教育必须面向现代化、面向世界、面向未来,致力于培养更多更优秀的、能够适应未来社会发展需求的人才。教育不仅要培养适应当前需要的人才,还要培养具有革新精神、推动社会变革的人才。劳动者是社会生产力中起主导作用的、最积极、最活跃的因素。

① 朱永新. 今天教育的模样,是明天中国的模样. 中国教育报[N]. 2020 - 06 - 04.
② 中央电视台网. 邓小平:在全国教育工作会议上的讲话[EB/OL]. (1978 - 04 - 22). http://www.cctv.com/special/756/1/50220.html.

教育培养出来的劳动者不仅作为生产力中的重要因素发挥作用,而且在制造生产工具、改善劳动手段和劳动对象上发挥着重大作用,从而引导和改变着整个社会生产方式。

第二,教育要适度超前。推动未来经济社会高质量发展的核心要素,既不是资本和土地,也不是一般劳动力,而是知识,是人的素质。重视教育就是重视未来,赢得教育才能赢得未来。教育已成为我们赢得主动、赢得优势、赢得未来的不二选择,必须以长远的战略眼光办好教育。邓小平同志说过:"我们要千方百计,在别的方面忍耐一些,甚至于牺牲一点速度,把教育问题解决好。"①这些年来的实践证明,只有教育投资实现超前增长、教育改革做到超前进行,我们才能在新一轮科技革命和产业变革的严峻挑战下真正做到育先机、开新局。一些新兴工业化国家和地区的经验也表明,教育在经济起飞阶段往往都会经历一个适度超前、加速发展的过程。我们必须牢记教育的发展与其他产业同步不行,滞后更不行,只有做到先行一步才能发挥先导作用。

第三,教育要发挥导向作用。马克思主义认为,教育的本质属性是社会性,在阶级社会中具有阶级性。古今中外,每个国家都是按照自己的政治要求来培养人的。我们办的是社会主义教育,要坚持社会主义办学方向,培养社会主义建设者和接班人,而不是旁观者,更不是反对派和掘墓人。青少年一代的价值取向决定未来整个社会的价值取向,决定中华民族长久竞争力,关系到中国特色社会主义事业是否后继有人。要自觉把培养社会主义建设者和接班人作为教育工作的纲和魂,

---

① 邓小平.邓小平文选(第3卷)[M].北京:人民出版社,1993:275.

作为落实党的教育方针根本要求,教育要引导广大青少年把个人理想和国家民族的前途命运紧密联系在一起,坚定信念、增长才干,肩负起民族复兴的时代重任。教育具有生产科学技术和文化产品的重要功能,教育的内容和形式直接影响着受教育者的科学文化素养,对人们的世界观、人生观、价值观等方面也有直接的塑造作用。可以说,每个人的知识和理性、情感和意志、兴趣和爱好能否在教育中得到科学培养和有效涵养,在很大程度上决定了我们党和国家是否真正拥有未来。

(三)全局性:对经济社会具有全方位影响

所谓"全局性",是说教育对经济社会发展的各个领域都具有重要的全方位影响。什么是全局?毛泽东同志曾经说过:"凡属带有要照顾各方面和各阶段的性质,都是战争的全局"①。换句话说,全局性是在空间和时间中运动的事物的整体和局部、现在和未来的统一。教育作为渗透在各个方面、贯穿在各个阶段的宏大事业,关系各方、关系全局,从根本上决定着一个国家和民族的前途命运。

第一,教育具有多效性,作用于现代化建设的局部和全局。教育不仅是促进生产力发展的决定性因素,也是推动国家治理体系和治理能力现代化、加快五个文明建设的关键。从一个国家工业、农业、国防、科技的现代化,到地区、部门的经济振兴、事业发展;从经济基础、生产关系的调整和改善,到社会生产力的解放和发展;从上层建筑领域的民主法治建设、文化科学繁荣,到人们思想观点、精神文明的科学化和现代

---

① 毛泽东.毛泽东选集(第1卷)[M].北京:人民出版社,1991:175.

化;从提高全民族素质,到高级专门人才的培养等,都离不开教育的支撑。可以说,教育在现代化建设中渗透于一切领域、贯穿于每个环节。

第二,教育处于重要的战略地位,影响着现代化建设的现在和未来。邓小平同志说过:"我国的经济到建国一百周年时,可能接近发达国家水平。我们这样说,根据之一就是在这段时间里,我们完全有能力把教育搞上去,提高我国的科学技术水平,培养出数以亿计的各级各类人才。"①邓小平同志由此强调,经济要持续、健康、快速发展,必须依靠教育和科技。实施"三步走"的发展战略,第一位的是要发展教育和科学技术。李克强总理在国家科技教育领导小组第一次全体会议上指出,"建设富强民主文明和谐的社会主义现代化国家,实现中华民族伟大复兴的中国梦,要从我国国情出发,在今后相当长的时间内,继续用好'人口红利',更加注重依靠'人才红利'。这就必须一靠教育、二靠科技。"实现中华民族伟大复兴中国梦,必须依靠人才,依靠教育来培养造就一大批具有战略人才、领军人才、青年才俊和一流创新团队,大力发展科学技术,提高我国科技创新水平。实践表明,一个国家可以引进某些技术,也可以引进某些设备,却不能引进国民素质。如果一个国家的劳动者素质低,即使引进了先进的技术设备也难以发挥作用,更谈不上消化吸收、创造创新。可以说,教育的作用不仅体现在现在,也关系到长远、体现在未来。

总之,教育是强国富民之本,也是中华民族伟大复兴之基。一个国家的繁荣,首先不是取决于国库之殷实、城堡之坚固、公共设施之华丽,

---

① 人民网. 历史选择了邓小平[EB/OL]. (2018-09-28). http://cpc. people. cn/GB/n1/2018/0928/c69113-30318371. html.

而是在根本上取决于公民所受教育如何。我们要按照既定规划和步骤全面建成社会主义现代化强国、最终实现中华民族伟大复兴的中国梦，必须更加重视教育。

二、传承交流人类文明的主要渠道

文明是人类劳动与智慧的结晶，不同文明凝聚着不同民族的智慧和贡献，世界因各种文明的汇聚而绚丽多彩。中华文明是中华民族劳动与智慧的结晶，是人类文明史上唯一没有中断过的悠久文明。习近平总书记高度重视精神的力量和文明的传承。2013年5月4日，习近平总书记在同各界优秀青年代表座谈时的讲话中明确指出："一个没有精神力量的民族难以自立自强，一项没有文化支撑的事业难以持续长久"[①]；2016年7月1日，习近平总书记在"七一"重要讲话中进一步指出："文化自信，是更基础、更广泛、更深厚的自信。"[②]习近平总书记还深刻阐述了教育在人类文明传承中的地位和作用，这其中最关键的是要充分发挥教育在实现中华文明伟大复兴、进而为人类文明进步贡献更多中国方案和中国智慧中的独特作用。

那么，教育为什么能够承担起人类文明传承根本途径的重大使命呢？这是因为，所谓文明传承，说到底就是要通过文明在代际间的薪火相传，不断实现以文化人、以文育人的目的。而所谓教育，不就是要教

---

① 新华网.习近平：在同各界优秀青年代表座谈时的讲话[EB/OL]. (2013 - 05 - 04). http://www. xinhuanet. com/politics/2013-05/04/c_115639203. htm.

② 人民网.习近平在庆祝中国共产党成立95周年大会上的讲话[EB/OL]. (2016 - 07 - 01). http://cpc. people. com. cn/n1/2016/0702/c64093-28517655. html.

书育人、立德树人吗? 习近平总书记还说过,"青年是引风气之先的社会力量。一个民族的文明素养很大程度上体现在青年一代的道德水准和精神风貌上。"①这就告诉我们,人类文明传承的重中之重,就在于用人类社会长期积累的有益文明成果教育和教化青年。正如习近平总书记说的,"教育是人类传承文明和知识、培养年轻一代、创造美好生活的根本途径。"②从教育既注重运用人类文明有益成果不断提高人的文明素质、促进人的全面发展,又注重在新的时代条件下不断推动人类社会的知识创造和理论创新、为人类文明持续进步添砖加瓦这样两个角度,就可以明白教育确确实实是实现人类文明传承的根本途径。

(一) 传承中华文明建设中华民族共同体

中华文明是中华民族文化血脉、精神品质、人格力量的表征,是中华民族认同感不断增强的动力,积淀着中华民族独特的价值追求,给予中华民族丰厚的文化滋养。"一个国家、一个民族的强盛,总是以文化兴盛为支撑的,中华民族伟大复兴需要以中华文化发展繁荣为条件。""中国优秀传统思想文化体现着中华民族世世代代在生产生活中形成和传承的世界观、人生观、价值观,其中最核心的内容已经成为中华民族最基本的文化基因,是中华民族有别于其他民族的独特标识,也是实

---

① 新华网. 习近平:在同各界优秀青年代表座谈时的讲话[EB/OL]. (2013 - 05 - 04). http://www. xinhuanet. com/politics/2013-05/04/c_115639203. htm.

② 人民网. 习近平主席在联合国"教育第一"全球倡议行动一周年纪念活动上发表视频贺词[EB/OL]. (2013 - 09 - 27). http://cpc. people. com. cn/n/2013/0927/c64094-23052930. html.

现中华民族伟大复兴中国梦的精神命脉。"①从这个角度看,中华民族的伟大复兴必然伴随着中华文明的伟大复兴,后者必将不断为前者注入文明的内涵、增添文明的光彩,不断巩固和发展中华民族共同体,不断建设和壮大各民族共有精神家园,特别是让广大青少年都能够"知道自己是谁,是从哪里来的,要到哪里去"。其任也重焉,而这不正是我国教育事业应当承担起的神圣使命和重大责任吗?

当前我国正在建设社会主义文化强国,教育要培育和践行社会主义核心价值观,传承和弘扬中华优秀传统文化,借鉴和吸收人类文明有益成果,不断增强国家文化软实力。当然,当代中国所要建设的中华文明,是中国特色社会主义物质文明、政治文明、精神文明、社会文明、生态文明这五大文明协调发展的崭新文明形态,是在我们民族5 000多年文明发展中孕育的中华优秀传统文化、近代以来我们党和人民伟大斗争中孕育的革命文化和社会主义先进文化相融合基础上不断发展进步的特殊文明形态。这是我们教育战线在坚定文化自信和传承中华文化时要注意把握的一个特点。

(二)交流多元文明建设人类命运共同体

文明交流互鉴,是推动人类文明进步和世界和平发展的重要动力。文明因交流而多彩,文明因互鉴而丰富。"为人类不断作出新的更大的

---

① 新华网.习近平:从延续民族文化血脉中开拓前进推进各种文明交流交融互鉴[EB/OL].
[2014 - 09 - 24]. http://www.xinhuanet.com/politics/2014-09/24/c_1112608581.htm.

贡献,是中国共产党和中国人民早就作出的庄严承诺。"①这种贡献,既体现在"中国将积极参与全球治理体系建设,努力为完善全球治理贡献中国智慧"上,也体现在"中国共产党人和中国人民完全有信心为人类对更好社会制度的探索提供中国方案"上,更体现在"让中华文明同世界各国人民创造的丰富多彩的文明一道,为人类提供正确的精神指引和强大的精神动力"上②,进而把人类命运共同体建设不断推向前进。回过头去看,从近代以来"西学东渐"背景下的"向西方学习"和"以俄为师",到当今世界新兴市场国家群体性崛起背景下的"中国贡献";从向世界各国大规模输出质优价廉的"中国商品",到为人类社会破解各种难题、实现共同发展提供独具特色而又切实管用的"中国智慧"和"中国方案",这充分表明中国共产党、政府和人民在同外部世界打交道时的心态越来越自信、贡献也越来越大了。在此背景下,我们要树立教育自信、文化自信,强化文明交流互鉴意识,既注重学习借鉴外来先进文化、人类共同文明成果,又自觉做好中华文明的跨文化传播,为人类文明进步作出中国贡献。

构建人类命运共同体,教育重任在肩、大有可为,特别要注重发挥在促进民心相通和文明交流互鉴中的独特作用。当然,要完成这样的任务,前提是要对自己的道路、理论、制度和文化充满自信,并在深入总结"中国经验"的基础上,向世界讲好"中国故事"。对于我们教育战线

---

① 人民网. 习近平在庆祝中国共产党成立 95 周年大会上的讲话[EB/OL]. (2016 - 07 - 01). http://cpc. people. com. cn/n1/2016/0702/c64093-28517655. html.

② 习近平:让中华文明同世界各国人民创造的丰富多彩的文明一道,为人类提供正确的精神指引和强大的精神动力[N]. 光明日报,2014 - 03 - 28.

特别是哲学社会科学领域的广大师生来说，重点是要贯彻落实好习近平总书记在哲学社会科学工作座谈会上的要求，"围绕我国和世界发展面临的重大问题，着力提出能够体现中国立场、中国智慧、中国价值的理念、主张、方案"；"不仅要让世界知道'舌尖上的中国'，还要让世界知道'学术中的中国''理论中的中国''哲学社会科学中的中国'，让世界知道'发展中的中国''开放中的中国''为人类文明作贡献的中国'。"

把上述这两个方面联系起来，其核心内涵就是邓小平同志1983年1月1日在为景山学校的题词中提出的教育必须做到"三个面向"：既"面向现代化""面向未来"，又"面向世界"；就是习近平总书记在党的十八大以后提出的推动建设"两个共同体"：既推动建设中华民族共同体，又推动建设人类命运共同体。我国教育领域的改革开放，包括海外专家和智力资源的利用、海外留学生工作的深化、海外孔子学院的转型和海外文化的交流等，都必须放到这"三个面向"和"两个共同体"的时代背景下、战略高度上来考虑和推进。

三、建设社会主义现代化国家的先手棋

党的十九大报告作出了"中国特色社会主义进入新时代"的重大判断，明确这是我国发展新的历史方位。党的十九届五中全会进一步指出，全面建成小康社会、实现第一个百年奋斗目标之后，我们要乘势而上开启全面建设社会主义现代化国家新征程、向第二个百年奋斗目标进军，这标志着我国进入了一个新发展阶段。

建成社会主义现代化国家，必须率先实现教育现代化，率先建成教育强国。按照规划，2035年我国将实现教育现代化，建成教育强国，提

前15年,为2050年建设社会主义现代化强国奠定坚实基础。作为建设社会主义现代化国家的先导力量,强国建设,必须教育先行。与此相适应,以习近平同志为核心的党中央站在党和国家事业发展全局的高度,提出了一系列教育发展的新理念新思想新观点新战略,这是对教育功能的全新定位,是办好新时代中国教育的根本遵循。把我国建设成为教育强国,是服务支撑2050年建成社会主义现代化强国的战略安排。要站在这个角度,理解和把握新时代教育发展的总体要求、基本原则,切实增强建设教育强国、支撑社会主义现代化国家建设的使命自觉和行动自觉。

(一)把握办好新时代教育的总体要求

在全国教育大会上,习近平总书记明确了做好新时代教育工作的总体要求,这就是:在党的坚强领导下,全面贯彻党的教育方针,坚持马克思主义指导地位,坚持中国特色社会主义教育发展道路,坚持社会主义办学方向,立足基本国情,遵循教育规律,坚持改革创新,以凝聚人心、完善人格、开发人力、培育人才、造福人民为工作目标,培养德智体美劳全面发展的社会主义建设者和接班人,加快推进教育现代化、建设教育强国、办好人民满意的教育。其中,党的坚强领导,是办好我国教育的根本保证;全面贯彻党的教育方针、坚持马克思主义指导地位、坚持中国特色社会主义教育发展道路、坚持社会主义办学方向,是不可偏离的根本方向;立足基本国情、遵循教育规律、坚持改革创新,是兴教办学的原则思路;凝聚人心、完善人格、开发人力、培育人才、造福人民,是事业发展的工作目标;培养德智体美劳全面发展的社会主义建设者和接班人,是教育工作的根本任务;加快推进教育现代化、建设教育强国、办好人民满意的教育,是贯穿教育改革发展的主题主线。这六个方面共同构成了当前和今后一段时期教育工作的总部署、总方略。

(二)把握"九个坚持"的基本原则

习近平总书记在全国教育大会的重要讲话中,把十八大以来党就教育改革发展提出的一系列新理念新思想新观点,概括为"九个坚持",即:坚持党对教育事业的全面领导,坚持把立德树人作为根本任务,坚持优先发展教育事业,坚持社会主义办学方向,坚持扎根中国大地办教育,坚持以人民为中心发展教育,坚持深化教育改革创新,坚持把服务中华民族伟大复兴作为教育的重要使命,坚持把教师队伍建设作为基础工作。这"九个坚持",围绕"培养什么人、怎样培养人、为谁培养人"这一教育的根本问题,深刻阐述了教育理想信念、原则宗旨、实现路径、保障手段等重大问题,形成了完整的教育理论体系。它既是对我们党教育方针的积极传承和系统概括,也是对新时代党的教育理论的创新发展。

"九个坚持"作为习近平总书记关于教育重要论述的核心思想,举旗定向、思想深刻,内涵丰富、博大精深,体现了鲜明的政治性,强调我们办的是社会主义教育,培养的是社会主义建设者和接班人;体现了高度的战略性,强调坚持把优先发展教育事业作为推动党和国家各项事业发展的重要先手棋;体现了强烈的人民性,强调坚持教育公益性原则,把教育公平作为基本教育政策;体现了深刻的规律性,强调遵循教育规律和人才成长规律,坚决破除制约教育事业发展的体制机制障碍;

体现了突出的创新性,把劳动教育纳入社会主义建设者和接班人的要求之中,提出"德智体美劳全面发展"的要求,丰富发展了党的教育方针,为加快推进教育现代化、建设教育强国提供了强大思想武器和行动指南。对于这"九个坚持",我们要理解到位、认识到位,倍加珍惜,学深悟透,切实增强贯彻落实的思想自觉和行动自觉,全力推动新时代教育工作迈上新的台阶。

(三)把握建设教育强国的时代使命

新中国成立 70 多年来,我国彻底改变了教育底子薄、整体落后的状况,拥有世界最大规模的教育体系,教育普及水平和质量整体达到世界水平,总体发展跃居世界中上行列。新中国成立初期,4.5 亿人口,80％以上是文盲,学龄儿童入学率只有 20％,1949 年全国接受高等教育的在校人数只有 11.7 万人。2019 年全国各级各类学校 53.01 万所,在校生 2.82 亿,学前教育毛入园率达 83.4％,九年义务教育巩固率达 94.8％,高中阶段教育毛入学率达 89.5％,高等教育毛入学率达 51.6％,用 20 多年时间走完了发达国家上百年的义务教育普及之路,用十几年时间实现了高等教育从大众化向普及化的快速发展。2019 年劳动年龄人口平均受教育年限达 10.7 年,新增劳动力中有 50.9％接受过高等教育,平均受教育年限达 13.7 年。[①] 新中国成立以来,实现了从教育弱国向教育大国、从人口大国向人力资源大国的转变,这是在党的领导下教育优先发展取得的历史性成就。

---

① 陈宝生:开启建设教育强国历史新征程[N]. 人民日报,2019-09-10.

当前,中国教育迈上了新的历史起点,开启从教育大国向教育强国迈进的新征程。新时代,新形势,新使命,建设教育强国是新时代中国教育新使命。当今世界强国无一不是教育强国,在其发展过程中,都十分重视发展教育,英国、法国、德国、俄罗斯(苏联)、日本、美国等强国崛起之路,都与发达的教育体系有密切关系。建设教育强国是中国共产党重要的政治理想和战略决策,也是十几亿中国人民的共同愿望。习近平总书记强调,改革开放和社会主义现代化建设、促进人的全面发展和社会全面进步对教育和学习提出了新的更高的要求。[①] 教育强国是教育综合实力、培养能力、国际影响力和竞争力具有突出地位和强大世界影响的国家。建设教育强国,就是要大力推进教育理念、体系、制度、内容、方法和治理现代化,着力提高教育质量,促进教育公平,优化教育结构,不断提升教育综合实力、培养能力、国际竞争力和影响力,使教育同党和国家事业发展要求相适应、同人民群众期待相契合、同我国综合国力和国际地位相匹配。中国特色社会主义进入新时代,赋予教育事业前所未有的重任。一个时代有一个时代的主题,一代人有一代人的使命,当代教育工作者恰逢教育大改革大发展的新时代,推动从教育大国向教育强国迈进,为国家现代化提供支撑和引领,是我们的时代使命和历史担当。

---

① 习近平:《坚持中国特色社会主义教育发展道路培养德智体美劳全面发展的社会主义建设者和接班人》,2018 年在全国教育大会上的讲话.

第二节　把握教育优先发展的战略定位

建设教育强国是中华民族伟大复兴的基础工程,这决定了教育在国家事业整体布局中的"优先位置"。改革开放以来,从教育确定为经济发展的战略重点,到科教兴国战略的实施,再到人力资源强国建设目标的提出,教育从被视为"经济发展、科技进步、人力资源开发的重要手段"提升为"民生工程、文化建设的基础乃至民族振兴的基石""中华民族伟大复兴的基础工程",教育优先发展的内涵不断丰富。我国教育改革不断深入,育人质量不断提高,学生规模不断扩大,成为世界教育大国,为经济社会发展提供了充分的、源源不断的人才资源。可以说,没有教育事业的优先发展,就难以取得今天经济社会发展的巨大成就。

当今世界正处于大发展大变革大调整时期,世界多极化、经济全球化、社会信息化、文化多样化深入发展,新一轮科技革命和产业变革蓬勃发展,国际力量对比深刻调整,不稳定性不确定性明显增加。国际竞争愈演愈烈,挑战与机遇并存,以习近平同志为核心的党中央作出了"世界处于百年未有之大变局"的重大判断,在危机中育新机、于变局中开新局。面对内外环境的交织变幻,做任何事情都要抓住根本、放眼全局,坚持从战略高度和长远角度思考问题,科学谋划未来发展方向、目标、路线和政策,唯如此才能在风云变幻的国际形势中从容应对挑战,牢牢把握变局给中华民族伟大复兴带来的重大机遇,在新一轮发展竞争中抢得先机、赢得主动。"中国将坚定实施科教兴国战略,始终把教育摆在优先发展的战略位置。"①这是习近平总书记代表新一届中央领导集体向世界发出的教育施政宣言：实施科教兴国战略要坚定不移，优先发展教育要贯彻始终。2017 年 10 月 18 日，在党的十九大这一党的最高层次的全国代表大会上，习近平总书记第一次从实现中华民族伟大复兴的高度，第一次从坚持和发展中国特色社会主义的高度，第一次从大力推进民生工作的高度，深刻阐述了教育在新时代的战略地位。他说："建设教育强国是中华民族伟大复兴的基础工程，必须把教育事业放在优先位置。"②2019 年 9 月 10 日，在全国教育大会上，习近平总书记进一步提出，要坚持把优先发展教育事业作为推动党和国家各项事业发展的重要先手棋，不断使教育同党和国家事业发展要求相适应、同人民群众期待相契合、同我国综合国力和国际地位相匹配。换句话说，只有下好教育这枚"先手棋"，才能打好各项事业的"主动仗"。

一、深刻认识教育优先发展的客观必然性

1972 年，联合国教科文组织国际教育发展委员会发表《学会生存》报告，将二战后出现的教育走在经济前面的现象概括为教育先行："现在教育在全世界的发展正倾向先于经济的发展，这在人类历史上大概还是第一次"，指出"教育在制订国家政策和国际政策时占据日益重要

---

① 人民网. 习近平主席在联合国"教育第一"全球倡议行动一周年纪念活动上发表视频贺词 [EB/OL].（2013 - 09 - 27）. http://cpc. people. com. cn/n/2013/0927/c64094-23052930. html.

② 新华网. 习近平：决胜全面建成小康社会夺取新时代中国特色社会主义伟大胜利—在中国共产党第十九次全国代表大会上的报告 [EB/OL].（2017 - 10 - 27）. http://www. xinhuanet. com/2017-10/27/c_1121867529. htm.

的地位"。20世纪中后期以来,世界范围的新科技革命席卷全球,各国经济发展由原先主要依赖于自然资源、经济资源逐步转向主要依赖于人力资源、智力资源,国家经济社会、科技的发展越来越取决于国民的文化素质和能力水平。国际竞争实际上是人才竞争,哪个国家拥有人才上的优势,哪个国家最后就会拥有实力上的优势。教育是开发人力资源的主要途径,在人才发展中起基础性作用。由此,国际竞争和人才争夺把教育推向了更加重要的地位。

（一）我国教育由大到强的现实要求

新中国成立七十多年来,特别是改革开放以来,我们党领导人民创造了世所罕见的经济快速发展奇迹和社会长期稳定奇迹。但当前和今后一个时期,我国仍然是世界上最大的发展中国家,仍然处于并将长期处于社会主义初级阶段。这一基本国情决定了我国教育发展水平还不高,科学的教育理念还未牢固确立,素质教育尚未得到充分发展,忽视学生德智体美劳全面发展现象还未根本扭转;教育资源总量还不充足,在区域间、城乡间和教育类型间分布不平衡,教师队伍建设尚不能满足教育现代化需要,学前教育、职业教育、继续教育仍是教育体系中的突出短板;人才培养的类型、层次和学科专业结构与社会需求不够契合,服务全民终身学习的体系制度尚不健全,现代学校制度建设还不充分;教育优先发展的地位还需进一步巩固,政府为主、全社会共同投入教育的机制还不健全,教育治理能力现代化水平有待提高。

我国教育整体上大而不强,不少方面还存在历史欠账。对此,习近平总书记将其概括为"五不一提高",即:"各种教育资源历史积累不足,地区之间教育发展不平衡,教育总体条件还不是很理想,教师特别是基层教师收入总体水平不高,办学条件标准不高,教育管理水平亟待提高"。在清醒认识问题的基础上,习近平总书记深刻指出:"这就要求我们坚持科教兴国战略和人才强国战略,坚持把教育放在优先发展的战略位置,继续大力推动教育改革发展,使我国教育越办越好、越办越强。"①可以说,"我国教育越办越好、越办越强",既是人民群众的迫切要求,也是教育战线的当务之急。

(二) 建设人力资源强国的必由之路

我国有十几亿人口,是世界上人口最多的国家,这是我国的经济社会发展的巨大潜力所在,也是巨大的现实压力与考验。这么多的人口,素质低,就是沉重的人口负担;素质高,就会成为巨大的人力资源优势。十几亿人大脑中蕴藏的智慧资源是最宝贵的,如何开发利用好这个宝贵资源,是治国理政、谋划发展要思考的重大问题。优先发展教育,充分开发人力资源,就是基于此所做出的战略抉择。1985 年,在第一次全国教育工作会议上,邓小平同志就深刻指出:"一个 10 亿人口的大国,教育搞上去了,人才资源的巨大优势是任何国家比不了的……中央提出要以极大的努力抓教育,并且从中小学抓起,这是有战略眼光的一着。"

进入新时代,党和国家提出了一系列具体的强国目标,包括:加快建设制造强国、质量强国、贸易强国、海洋强国、航天强国、网络强国、文

---

① 人民网. 习近平同北京师范大学师生代表座谈时的讲话[EB/OL]. (2014 - 09 - 10). http://politics. people. com. cn/n/2014/0910/c70731-25629093-3. html.

化强国、人才强国、人力资源强国、知识产权强国、科技强国,建设法治中国、平安中国、美丽中国、健康中国,建设创新型国家。习近平总书记以战略家的眼光,指出"我国已进入由大向强发展的关键阶段"①,"我们比历史上任何时期都更接近中华民族伟大复兴的目标,比历史上任何时期都更有信心、有能力实现这个目标",这"是我们的目标,也是我们的责任,是我们对中华民族的责任,对前人的责任,对后人的责任"。② 回顾我们党领导的革命、建设、改革伟大实践,这是一个持续奋斗的历史过程,从救国、兴国,到强国,是党中央准确把握国际国内两个大局,做的重大决策和战略部署,充满了勇于担当、敢于胜利的科学精神和坚定信念。

在这一系列具体的强国目标中,包括了建设人才强国和人力资源强国的内容,这是很有现实针对性的。据有关专家测算,今后几年,在投资占比已难以大幅度提高、劳动力总体数量又开始下降的情况下,我国经济要保持6%左右的增速,全要素生产率就必须达到2.1%的年均增速,而目前只有1%左右。可以说,坚定不移推进供给侧结构性改革,更多依靠全要素生产率特别是人力资本和创新水平的提升来推动经济社会持续健康发展,已是摆在我们面前的一项刻不容缓的重大任务。与此形成鲜明对照的是,经过新中国成立70多年特别是改革开放40多年来的持续不懈努力,现在我国已是一个人力资源大国,也是一个智

---

① 新华网. 习近平总书记在纪念毛泽东同志诞辰120周年座谈会上的讲话[EB/OL]. (2013 - 10 - 26). http://www.xinhuanet.com/politics/2013-12/26/c_118723453_3.htm.

② 人民网. 习近平在北京大学师生座谈会上的讲话[EB/OL]. (2018 - 05 - 02). http://cpc.people.com.cn/n1/2018/0503/c64094-29961631.html.

力资源大国,但还不是人力资源强国,也不是智力资源强国。我们既要看到,我国十几亿人大脑中蕴藏的智慧资源,是实现"两个一百年"奋斗目标、实现中华民族伟大复兴中国梦最宝贵的资源;又要看到,如何把这些智慧资源充分挖掘出来和开发起来,是我们党和国家在全面建设社会主义现代化国家新阶段面临的一个重大而紧迫的课题。用习近平总书记的话来说就是:"我国正处于历史上发展最好的时期,但要实现'两个一百年'奋斗目标、实现中华民族伟大复兴的中国梦,必须更加重视教育,努力培养出更多更好能够满足党、国家、人民、时代需要的人才。"①

换个角度看,面对日趋激烈的国际竞争,一个国家的发展能否抢占先机,赢得主动,越来越取决于国民素质特别是广大劳动者素质的高低。劳动者的知识和才能积累越多,创新创造能力就越强。提高全民族的素质,是民族发展的长远大计。教育作为培养人的事业,对提升人民综合素质和实现人的全面发展具有重要作用。在经济转型升级、爬坡过坎的过程中,高素质劳动者大军是我们最重要的优势,是我国经济迈向中高端水平的决定性因素。当前,我国经济动力转向创新驱动,经济结构发生深刻变化,新产业、新业态、新模式纷纷涌现,对知识型、技术型、创新型人才的需求比以往任何时候都更加迫切,这一切都对劳动者素质提出了更高要求。与此同时,我国高水平创新人才仍然不足,特别是世界级科技大师缺乏,科技领军人才、尖子人才匮乏,工程技术人才培养同生产和创新实践脱节,创新型人才培养等领域的进展滞后于

---

① 新华网. 习近平总书记在北京八一学校考察时的讲话引起强烈反响[EB/OL]. (2016 - 09 - 10). http://www. xinhuanet. com/politics/2016-09/10/c_1119542690. htm.

总体进展。我们必须时刻牢记人才是创新的核心要素,创新驱动实质是人才驱动。没有一流的创新人才和一流的科学家,很难在科技创新中占据优势。

(三)解决社会主要矛盾的必然选择

党的十九大报告指出,"中国特色社会主义进入新时代,我国社会主要矛盾已经转化为人民日益增长的美好生活需要和不平衡不充分的发展之间的矛盾。"就教育领域来看,主要体现为人民对美好教育的期盼和教育发展不平衡、质量不高之间的矛盾,这意味着必须坚持优先发展教育事业,持之以恒推动教育事业改革,发展更高质量、更加公平、更加美好的教育。

优先发展教育事业是不断满足人民日益增长的美好生活的需要的必要元素。2012 年 11 月 15 日,刚刚当选中共中央总书记的习近平同志,在会见中外记者时明确指出:"人民对美好生活的向往,就是我们的奋斗目标。"在他具体列出的人民对美好生活"十个更"的期盼中,直接或间接涉及教育的就有"四个更":除了位列第一的对"更好的教育"的期盼外,还有对"孩子们能成长得更好、工作得更好、生活得更好"的期盼。从中可见教育在习近平总书记治国理政思想与实践中的分量之重了。当然,更为关键的是,"四个更好"的界定词告诉我们:在新的历史起点上,深化教育改革同推进供给侧结构性改革一样,都处在由量的规模扩张向质的艰难跃升这样的关键节点上,都必须把工作的着力点切实转到提高发展质量和效益上来。

在新时代,满足人民日益增长的美好生活需要、解决发展不平衡不充分问题、推动经济高质量发展,都要求深化供给侧结构性改革。推进供给侧结构性改革,是改善供给结构、提高发展质量的治本之策。2016年1月18日,习近平总书记在省部级主要领导干部学习贯彻党的十八届五中全会精神专题研讨班上,就现阶段我国社会主义生产目的具体内涵做了深刻阐述。他强调:"供给侧结构性改革的根本,是使我国供给能力更好满足广大人民日益增长、不断升级和个性化的物质文化和生态环境需要,从而实现社会主义生产目的。"①这段重要论述,在我们党以往规范表述的基础上,增加了"不断升级和个性化"这个界定词,增加了"生态环境需要"这个拓展性要求。同样,现阶段人民对"更好的教育"的期盼,也集中体现为"不断升级和个性化"的需要上;现阶段群众对教育的抱怨和不满,也主要体现在教育部门和教育机构难以满足其"不断升级和个性化"的需要上。如果说过去满足人民对教育"日益增长"的需要,主要靠做大教育规模包括高等教育扩招来实现;那么,现在满足人民对教育"不断升级和个性化"的需要,则要靠各级教育部门和各类教育机构在实践中不断增品种、提品质、创品牌来实现。近年来,很多学生特别是名校的尖子生和低龄学生选择到海外就读,其主要理由就是"想要接受更好的教育"。从这个角度看,全面深化教育领域综合改革,切实提高教育发展质量和效益,不断促进教育公平,努力办好人民满意的教育,积极满足人民对"更好的教育"的期盼,是我们党和国家在当前和今后一个时期推进供给侧结构性改革、实现供给和需求总体平衡的重要抓手和有效突破口。

---

① 人民网. 习近平:推进供给侧结构性改革[EB/OL]. (2018-01-03). http://theory.people.com.cn/n1/2018/0103/c416126-29743054.html.

二、准确把握党执政兴国的战略性安排

教育是民族振兴、社会进步的重要基石,功在当代,利在千秋。我们党和国家一向高度重视教育,始终把教育作为基础工程、德政工作摆在优先发展的重要位置。70年来,我国教育改革发展波澜壮阔,推动全民族的思想道德素质和科学文化素质显著提升,为社会主义事业培养了一代代建设者和接班人,作出了基础性、先导性、全局性的重要贡献。

（一）始终把教育摆在优先发展的突出位置

我们党对教育地位作用的认识不断深化和升华,教育在党执政兴国中的战略地位逐步确立,教育的基础性、先导性、全局性地位和作用日益凸显。1978年,党的十一届三中全会作出改革开放的伟大历史抉择,把全党工作重点转移到经济建设上来。1982年,党的十二大报告提出:"在今后二十年内,一定要牢牢抓住农业、能源和交通、教育和科学这几个根本环节,把它们作为经济发展的战略重点",教育被确定为经济发展的战略重点之一。1985年,改革开放后的第一次全国教育工作会议召开,中共中央颁布的《关于教育体制改革的决定》提出:"今后事业成败的一个重要关键在于人才,而要解决人才问题,就必须使教育在经济发展的基础上有一个大的发展。"1987年,党的十三大报告提出,"把发展科学技术和教育事业放在首要位置""百年大计,教育为本"。1992年,党的十四大报告指出:"我们必须把教育摆在优先发展的战略地位,努力提高全民族的思想道德和科学文化水平,这是实现我

国现代化的根本大计。"1993 年,中共中央、国务院颁布的《中国教育改革和发展纲要》提出,"逐步提高国家财政性教育经费支出占国民生产总值的比例,本世纪末达到 4％"。1995 年《中华人民共和国教育法》从法律上明确了教育的地位:教育是社会主义现代化建设的基础,国家保障教育事业优先发展。同年,中共中央、国务院颁布的《关于加速科学技术进步的决定》第一次明确提出要"坚定不移地实施科教兴国战略",将科技和教育作为兴国强国的两大支柱。1997 年,党的十五大报告提出:"切实把教育摆在优先发展战略地位,发展教育和科学,是文化建设的基础工程。"2002 年,党的十六大报告提出:"教育在现代化建设中具有基础性、先导性、全局性作用,必须摆在优先发展的战略地位。"2006 年,全国科技工作会议提出了我国把教育大国建设成为教育强国、把人口大国建设成为人力资源强国的宏伟目标。2007 年,党的十七大报告提出:"优先发展教育,建设人力资源强国。"2010 年,《国家中长期教育改革和发展规划纲要》提出:"强国必先强教。优先发展教育、提高教育现代化水平,对实现全面建设小康社会奋斗目标、建设富强民主文明和谐的社会主义现代化国家具有决定性意义""在党和国家工作全局中,必须始终坚持把教育摆在优先发展的位置"。

十八大以来,习近平总书记立足于中国前所未有地接近实现中华民族伟大复兴目标、前所未有地走近世界舞台中央这样的历史方位,着眼于完成决胜全面建成小康社会、夺取中国特色社会主义伟大胜利这样的历史使命,强调教育优先发展的重要战略地位。2012 年,党的十八大报告提出:"要坚持教育优先发展,全面贯彻党的教育方针,坚持教育为社会主义现代化建设服务、为人民服务。"2017 年,党的十九大报告提出："建设教育强国是中华民族伟大复兴的基础工程,必须把教育事业放在优先位置,深化教育改革,加快教育现代化,办好人民满意的教育。"2018年,全国教育大会指出,要坚持把优先发展教育事业作为推动党和国家各项事业发展的重要先手棋。2020年,《中共中央关于制定国民经济和社会发展第十四个五年规划和二〇三五年远景目标的建议》提出,建设高质量教育体系,到二〇三五年建成教育强国。

从认识发展的历程上看,重视教育并把教育纳入国家社会主义现代化建设的整体规划,是思想观念上的第一次重大突破;此后,逐步把教育摆在优先发展的战略地位,可以说是思想观念上的第二次重大突破;而把教育提升到兴国安邦的重要地位,提出科教兴国战略、人才强国战略并努力建设人力资源强国,则是思想观念上的第三次解放。三次思想观念上的大解放,显示了我国对教育战略地位的认识日益清晰和不断深化。①

改革开放以来中国共产党历次全国代表大会关于教育发展定位的表述②

会议	内容表述
中共十二大 (1982年)	把教育和科技列为经济发展的三大战略重点之一
中共十三大 (1987年)	百年大计,教育为本,必须坚持把发展教育事业放在突出战略位置

① 袁振国,等. 从反正到立新——教育理念创新之路[M]. 上海:华东师范大学出版社,2018:192.

② 中国共产党新闻网. 中国共产党历次全国代表大会数据库[EB/OL]. (2017-10-18). http://cpc. people. com. cn/GB/64162/64168/415039/index. html.

（续表）

会议	内容表述
中共十四大 （1992 年）	必须把教育摆在优先发展的战略地位
中共十五大 （1997 年）	发展教育是文化建设的基础工程之一，要切实把教育放在优先发展的战略地位
中共十六大 （2002 年）	教育是发展科学技术和培养人才的基础，在现代化建设中具有先导性全局性作用，必须摆在优先发展的战略地位
中共十七大 （2007 年）	优先发展教育，建设人力资源强国
中共十八大 （2012 年）	要坚持教育优先发展，全面贯彻党的教育方针，坚持教育为社会主义现代化建设服务、为人民服务
中共十九大 （2017 年）	建设教育强国是中华民族伟大复兴的基础工程，必须把教育事业放在优先位置，深化教育改革，加快教育现代化，办好人民满意的教育

（二）为新时代培养"强国一代"

实现中华民族伟大复兴是近代以来中华民族最伟大的梦想。中华民族曾长期拥有历史上的辉煌，近代以来多灾多难，遭受苦难之深重、付出牺牲之巨大，都是世所罕见。新中国成立后，我们终于把命运掌握在自己手中，确立了"四个现代化"的奋斗目标，开启建设自己国家的伟大进程。改革开放以来，总设计师邓小平提出了"三步走"的发展战略，第一步，到 1990 年，解决温饱问题；第二步，到 20 世纪末实现小康；第三步，到 21 世纪中叶，达到中等发达国家水平。"三步走"展示了中国社会主义现代化建设的历史进程表，激发了中华民族追赶超越的志气，也把强国梦深深注入了中华儿女心中。

党的十八大确立了"两个一百年"的奋斗目标：在中国共产党成立一百年时全面建成小康社会，在新中国成立一百年时建成富强民主文明和谐的社会主义现代化国家。这赋予了中华民族伟大复兴"中国梦"以新的内涵。经过持续奋斗、不懈努力，现在，我们比历史上任何时期都更接近中华民族伟大复兴的目标，比历史上任何时期都更有信心、有能力实现这个目标。曾作为远景目标设置的建党一百年已在眼前，开启第二个一百年征程，强国建设呼唤新的"强国一代"。2013 年 3 月 17 日，习近平总书记在十二届全国人大一次会议上当选国家主席后的讲话中指出："中国梦是民族的梦，也是每个中国人的梦。""生活在我们伟大祖国和伟大时代的中国人民，共同享有人生出彩的机会，共同享有梦想成真的机会，共同享有同祖国和时代一起成长与进步的机会。"①人们不禁要问，在实现中华民族伟大复兴的中国梦和每个中国人包括每个年轻人的梦想这"两个梦想"之间，为什么会有"三个共同"的机会呢？这是因为，在当代中国，个人梦想与民族梦想一脉相承，中国梦的实现不仅意味着国家的强大、民族的复兴，也意味着全体中国人民的富裕、幸福和安康，意味着当代中国青年的成长、成才和成熟。而且，更为巧合的是，当代中国青年成长、成才和成熟的过程，正好也是中华民族伟大复兴中国梦在本世纪中叶最终实现的过程。正如习近平总书记在北京大学师生座谈会上的讲话中指出的："现在，在高校学习的大学生都是 20 岁左右，到 2020 年全面建成小康社会时，很多人还不到 30 岁；到

---

① 新华网. 习近平：在第十二届全国人民代表大会第一次会议上的讲话［EB/OL］. (2013 -
03 - 17). http://www.xinhuanet.com/2013lh/2013-03/17/c_115055434.htm.

本世纪中叶基本实现现代化时,很多人还不到 60 岁。也就是说,实现'两个一百年'奋斗目标,你们和千千万万青年将全过程参与。"这种"全过程参与"的历史性契机,也就决定了当代中国青年能够"共同享有人生出彩的机会,共同享有梦想成真的机会,共同享有同祖国和时代一起成长与进步的机会"。用习近平总书记的话来说:"中国梦是我们的,更是你们青年一代的。中华民族伟大复兴终将在广大青年的接力奋斗中变为现实。"①

　　这里所说的梦想和机会,在当代中国青年成长、成才的人生阶段,体现为人人都能够享有"更好的教育"的梦想和机会;在其成熟和工作的人生阶段,则体现为人人都能够"在实现中国梦的伟大实践中创造自己的精彩人生"的梦想和机会,而这种"有信念、有梦想、有奋斗、有奉献的人生,才是有意义的人生"。可以断言,当代中国青年的人生历程,必将是个人梦想和民族梦想融为一体、相辅相成、相互促进的历程:民族梦想的实现必将为个人梦想的成真不断开拓更为广阔的空间,个人梦想的成真又将为民族梦想的实现不断注入新的强大动力。更高质量、更加公平的社会主义现代化教育,作为青少年健康茁壮成长的重要阶梯和必由之路,必将成为贯通其个人梦想和民族梦想的重要纽带和鲜明红线。从这个角度看,教育无疑是我们每一个生活在这个伟大祖国的人梦想成真的"重要基石",也无疑是我们这个拥有悠久历史和璀璨文明的伟大民族梦想成真的"神奇天路"。

---

① 新华网.习近平:在同各界优秀青年代表座谈时的讲话[EB/OL].(2013 - 05 - 04). http://www. xinhuanet. com/politics/2013-05/04/c_115639203. htm.

三、落实教育优先发展的实施路径

为全面落实教育优先发展战略,我国创造性地提出"三个优先"战略,即在经济社会发展规划上优先安排教育、在财政资金投入上优先保障教育、在公共资源配置上优先满足教育和人力资源开发需要;①明确"三个增长"要求,即教育财政拨款的增长应当高于财政经常性收入的增长、在校学生人数平均的教育费用逐步增长、教师工资和学生人均公用经费逐步增长。② 孙春兰副总理指出:过去我们是"穷国办大教育",困难多、底子薄,很不容易。现在是"大国办强教育",既要补短板、又要提质量,仍然必须优先发展教育事业,以教育现代化支撑国家现代化。③ 当前,我们正在从教育大国向教育强国迈进,办好人民满意的教育任重道远、责任在肩,必须始终坚持教育优先发展的战略地位不动摇,切实把优先发展教育事业落到位、落到实处。

(一)凝聚全党全社会的思想共识

在中国特色社会主义进入新时代、全面建设社会主义现代化国家的大背景下,党和国家站在事业发展全局的战略高度,把教育摆在优先发展的位置,对动员全党、全国、全社会加快推进教育现代化、建

---

① 教育部门户网站. 国家中长期教育改革和发展规划纲要(2010—2020 年)[EB/OL]. (2010 - 07 - 29). http://www. moe. gov. cn/srcsite/A01/s7048/201007/t20100729_171904. html.
② 教育部门户网站. 中华人民共和国教育法[EB/OL]. (2015 - 12 - 27). http://www. moe. gov. cn/s78/A02/zfs__left/s5911/moe_619/201512/t20151228_226193. html.
③ 孙春兰. 深入学习贯彻习近平总书记关于教育的重要论述 奋力开创新时代教育工作新局面[J]. 求是,2018(19).

设教育强国、办好人民满意的教育具有重大现实意义和深远历史影响。

要以习近平总书记关于教育的重要论述为根本遵循,切实把思想和行动统一到党和国家优先发展教育的部署上来,不断提高政治站位,形成推动教育大改革大发展的合力。要深刻认识教育的基础性、先导性、全局性地位和作用,适度超前谋划教育,统筹全局部署教育,更大力度支持教育,优先发展教育、科学发展教育、加快发展教育,为经济社会发展赋能,为构建新发展格局注入源源动力。要在全社会进一步发扬尊师重教的优良传统,本着"对下一代负责任"的态度,加大投资于人的力度,以凝聚人心、完善人格、开发人力、培养人才、造福人民为工作目标,人人尽责、人人享有,使教育成为惠及全民的幸福工程。

(二)健全教育现代化的制度保障

要健全组织领导机构,充分利用教育工作领导小组,加强党对教育工作的集中统一领导,全面贯彻党的教育方针,加强教育领域党的建设,做好学校思想政治工作,落实立德树人根本任务,深化教育改革,加快教育现代化。用好教育工作领导小组这个机制,部署关系全局和长远发展的重大改革、重大政策,努力解决需要多部门共同推进的老大难问题,争取各方面对教育工作更多的关心、理解和支持。

要科学制定教育发展规划,做到经济社会发展规划中优先安排教育发展。近年来,以习近平同志为核心的党中央站在国家全局和战略的高度,对我国教育事业进行了务实精准的顶层设计。特别是2019年初中共中央、国务院印发的《中国教育现代化2035》,聚焦教育发展的突出问题和薄弱环节,立足当前、着眼长远,描绘了教育现代化的未来前景,绘就了优先发展教育的蓝图。随后,中共中央办公厅、国务院办公厅印发的《加快推进教育现代化实施方案(2018—2022年)》,从具体实施层面做了全面部署。各级党委和政府要强化规划引领,推动教育议题进入国家和地方发展规划,将党中央优先发展教育的决策部署落到实处。

要健全教育投入持续稳定增长机制,做到财政资金投入优先保障教育投入。2012年以来我国实现了国家财政性教育经费占GDP 4%的目标并保持连续增长。围绕《中国教育现代化2035》提出的"保证国家财政性教育经费支出占国内生产总值的比例一般不低于4%,确保财政一般公共预算教育支出逐年只增不减,确保按在校学生人数平均的一般公共预算教育支出逐年只增不减"的目标,以政策设计、制度设计、标准设计带动投入,落实财政教育支出责任,将教育优先发展的要求落实为"占比""增长率"等客观指标。

要健全公共资源配置制度机制,做到公共资源配置优先满足教育和人力资源开发需要。加大投资于人的力度,加速人力资本积累,统筹利用好、布局好各类教育资源,突出保基本、补短板、促公平,推动公共教育资源配置向薄弱地区、薄弱学校、薄弱环节和困难人群倾斜。

要推进育人方式、办学模式、管理体制改革,破除制约教育优先发展的顽瘴痼疾。特别是要扭转"唯分数、唯升学、唯文凭、唯论文、唯帽子"等不科学的教育评价导向,深化办学体制和教育管理改革,为学校简除烦苛、释放活力,强化从严治校机制,不断健全教育管理制度体系。

（三）夯实政府家庭学校社会各方责任

教育是一项需要多方参与的系统工程。办好教育事业，需要深刻把握新时代我国教育事业改革发展的阶段性特征，树牢系统思维，贯彻协同治理理念，推动政府主导，家庭、学校、社会各方力量共同努力、形成合力。要充分发挥多方主体、多种力量在推进教育事业改革发展中的积极作用，保障教育改革切实、有效、深入推进。

要压实政府责任。地方各级党委和政府要坚持把教育放在优先发展的战略位置，强化责任意识，及时研究解决教育改革发展的重大问题和群众关心的热点和难点问题，为学校办学安全托底，解决学校后顾之忧，维护学校和老师应有的尊严，保护学生生命安全。要用好督导这个"利器"，推动教育督导"长牙齿"，建设"全领域、全口径、全支撑、全保障"的督导新体系。

要重视家庭建设，注重家庭、注重家教、注重家风。家庭是人生的第一所学校，在孩子的一生成长中承担着最基础的育人使命；家长是孩子的第一任老师，要给孩子讲好"人生第一课"，教育孩子学会做人与生活，促进孩子身心的健康发展，帮助他们扣好人生第一粒扣子。

要着力强化学校的育人功能。学校是立德树人的重要阵地，学校教育的根本任务是立德，核心任务是树人，立德和树人密不可分。各级各类学校要紧紧围绕立德树人这个根本任务，坚决贯彻落实党的教育方针，着力培养德智体美劳全面发展的社会主义事业建设者和接班人。

要充分发挥社会各方面力量的作用。社会是大课堂，生活是教科书。要充分利用社会力量，有效整合多方资源，形成社会各方面都关心、关注、重视和支持教育的良好育人环境，共同担负起学生成长成才的责任。

值得我们各级党委和政府高度重视的是，党的十八大以来习近平总书记多次强调："各级党委和政府要坚持把教育放在优先发展的战略位置，强化责任意识，及时研究解决教育改革发展的重大问题和群众关心的热点问题。"①这告诉我们，对于各级党委和政府来说，抓改革、抓发展、抓稳定固然是其义不容辞的责任，抓教育、抓人才、抓创新同样是其义不容辞的责任，而且抓教育、抓人才、抓创新就是抓先进生产力发展。牢固树立这样的教育理念，同牢固树立创新、协调、绿色、开放、共享的发展理念，同积极践行以人民为中心的发展思想，同真正使成果更多更公平惠及全体人民的改革取向，都是完全一致的。

（四）落实教育高质量发展的重点任务

站在新的历史起点上，坚持教育优先发展，就要不断适应新时代新形势提出的新要求，面向现代化，面向世界，面向未来，坚持以创新、协调、绿色、开放、共享的发展理念统领教育改革发展，坚持通过深化教育改革创新，着力提高教育质量，着力优化教育结构，着力促进教育公平，补齐教育短板，促进各级各类教育事业发展。

---

① 人民网.习近平：全面落实党的教育方针　努力把我国基础教育越办越好［EB/OL］.（2016－09－10）. http://cpc. people. com. cn/GB/http:/cpc. people. com. cn/n1/2016/0910/c64094-28705697. html.

要坚持不懈推进教育信息化,努力以信息化手段扩大优质教育资源覆盖面,充分利用网络信息技术,消除不同收入人群、不同地区间的数字鸿沟,努力实现优质教育资源均等化,让亿万孩子同在蓝天下共享优质教育,通过知识改变命运。

要推动城乡义务教育一体化发展,紧紧抓住教育这个脱贫致富的根本之策,高度重视农村义务教育,确保贫困家庭的孩子也能受到良好的教育;办好学前教育、特殊教育和网络教育,普及高中阶段教育,努力让每个孩子都能享有公平而有质量的教育。

要完善职业教育和培训体系,深化产教融合、校企合作,健全德技并修、工学结合的育人机制,推动职业院校和行业企业形成命运共同体,培养各行各业需要的高素质产业生力军,建设一支宏大的知识型、技能型、创新型劳动者大军。

要始终坚持扎根中国大地办大学,把坚持办学的正确政治方向、建设高素质教师队伍、形成高水平人才培养体系三项基础性工作做好,坚持走内涵式发展道路,在人才培养、科学研究、社会服务、文化传承与创新、国际交流合作等方面当好教育改革发展的排头兵。

要坚持把教师队伍建设作为基础性工作,吸引和汇聚优秀人才从教,激发教师专业发展活力,不断加强师德师风建设,按照"四有"好老师标准,建设一支规模宏大的高素质专业化创新型教师队伍,着力引导教师当好学生的"四个引路人"。

总之,新时代赋予中国教育前所未有的发展机遇。立足当下,我们正在从教育大国向教育强国迈进,纵深推进教育改革,优先发展教育,提高教育质量,我们使命在肩、责无旁贷。放眼未来,我们必须始终坚持优先发展教育不动摇,大力发展更高质量更加公平的教育,源源不断地释放教育红利,努力让每个人都有人生出彩的机会。我们坚信,在以习近平同志为核心的党中央坚强领导下,中国教育一定能高质量完成由大到强的蜕变,为实现中华民族伟大复兴的中国梦提供坚强有力的人才支撑。

第二章　教育的根本任务

坚持立德树人，培养德智体
美劳全面发展的社会主义
建设者和接班人

教育的本质是培养人。改革开放 40 多年来,我们党对培养什么人、怎样培养人、为谁培养人这个重大理论和实际问题的持续探索和回答,不断深化了我们对教育事业改革发展的规律性认识。党的十八大以来,习近平总书记继承并深化了党的几代中央领导人关于立德树人的重要思想,阐释了践行和落实立德树人根本任务的主要方向和基本遵循,解决了我国教育确定目标定方向、清晰任务定路径、不忘初心定归宿的重要问题,明确了教育强国建设的出发点与落脚点,为人的全面发展和经济社会发展提供坚强智力支持。

第一节 培养什么人:德智体美劳全面发展的
社会主义建设者和接班人

培养什么人是教育的首要问题,它不仅包括对人才培养总体规格的认识,也含有对人才培养具体素质结构的要求。作为社会主义国家,我们要坚定培养德智体美劳全面发展的社会主义建设者和接班人,并且是"合格的建设者"和"可靠的接班人"。其中,"社会主义建设者和接班人"是对教育所要培养人才的总体规格和政治属性的明确表述,确定了人才培养的根本价值方向；"德智体美劳全面发展"则是对教育所要培养人才的素质结构的一般表述和普遍性要求，规定了人才培养的具体目标领域。两者密不可分、内在统一，体现了教育的育人价值与社会价值的辩证统一、人才的政治品格和专业能力要求的辩证统一，以及德、智、体、美、劳各素质发展的辩证统一。①

一、坚定社会主义建设者和接班人的培养定位

教育培养的人应该具有什么样的政治方向、思想意识和道德品质，是由政治经济制度决定的，也就是说，政治经济制度决定教育的领导权、受教育权以及教育的目的和性质，社会主义质的规定性决定了我国教育必须要培养社会主义建设者和接班人。

（一）要有坚定的社会主义理想信念

古今中外，每个国家都要求自己的国民具有坚定的政治理想，从而凝聚推动国家发展的强大精神力量。任何一个国家的教育都是要培养这个国家的建设者和接班人，只不过各国对于自己未来的建设者和接班人的政治属性有不同的认知和要求。中国封建社会统治阶级将儒家思想作为武器培育忠顺良臣，西方国家培养为资产阶级服务的公民。美国学生从幼儿园开始就需要面向美国国旗宣誓效忠美利坚合众国，在特定时间还要通过宪法测试；日本从小学到高中都设有社会课，鼓励学生树立"爱国心"和"爱国意志"；英国、德国等欧洲国家，通过历史教

---

① 石中英. 努力培养德智体美劳全面发展的社会主义建设者和接班人[J]. 中国高校社会科学，2018(06)：9—15.

育和国民课程,为学生灌输本国历史和政治常识。政治教育在国外既"理直气壮",也"无处不在"。

作为社会主义建设者和接班人,必须树立共产主义远大理想和中国特色社会主义共同信念。这个信念不是抽象的、空洞的,而是实践的、具体的。一百年来,我们党领导人民走过了波澜壮阔而又艰难曲折的奋斗历程,取得了举世瞩目的辉煌业绩,使中国发生了沧桑巨变,对世界产生了重大影响。在这个过程中,无数先驱矢志不渝、前赴后继,他们都是社会主义共同信念的忠实践行者。当代青年要从这些践行者手中接过接力棒,坚定树立中国特色社会主义道路自信、理论自信、制度自信、文化自信。中国特色社会主义教育绝不能培养社会主义破坏者和掘墓人,绝不能培养"精日""哈韩""崇美"分子,绝不能培养出一些"长着中国脸,不是中国心,没有中国情,缺少中国味"的人,爱国精神的缺失将是教育的失败,教育的失败是一种根本性失败。我们决不能犯这种历史性错误。这是推进教育现代化、建设教育强国必须把握的大是大非问题,没有什么可隐晦、可商榷、可含糊的。①

(二)要有正确的社会价值取向

青年一代的思想观念、价值取向、精神风貌,事关中国特色社会主义事业长远发展的全局。经过改革开放40余年特别是党的十八大以来的快速发展,我国高等教育已从精英教育阶段进入到普及化教育阶

---

① 新华网.习近平:坚持中国特色社会主义教育发展道路　培养德智体美劳全面发展的社会主义建设者和接班人[EB/OL].(2018 - 09 - 10).http://www.xinhuanet.com/politics/leaders/2018-09/10/c_1123408400.htm.

段,数量极其庞大的在校青少年和毕业生将成为建设中国特色社会主义事业的生力军。目前,我国普通高等学校已达 2 738 所(未包含香港特别行政区、澳门特别行政区和台湾地区高等学校),在校本专科学生和研究生已达 3 599.25 万人,这比世界上很多国家的总人口还多。这样一个庞大群体走上工作岗位后,将成为我国经济社会发展的中坚力量。同时,作为当代青年的一个价值风向标,他们的言行和思想状况往往影响同时代的众多年轻人。

如果不对青少年加以正确引导和长期教育,则有可能会使他们在错误思潮中走偏。当代青少年的生活成长环境较之以往更加纷繁复杂,经济全球化、文化多样化、思想多元化,特别是信息网络化,使广大青少年接触外部知识和信息的机会大大增多。由于人生阅历有限、思想不够成熟、缺乏社会实践,一些青少年对错误思潮和信息的甄别能力较弱,导致最富有朝气和梦想的青年学生,也最容易受到国内外一些不良思潮的负面影响和敌对势力的挑拨利用。加之长期以来,各种敌对势力从来没有停止过对我国实施西化、分化战略,从来没有停止过对中国共产党和我国社会主义制度进行颠覆破坏活动,始终企图在我国策划"颜色革命"。① 在美国等西方国家四处插手制造的各种形式的"颜色革命"中,学生都往往成为打头阵、造声势、搞乱社会大局的"冲锋队",甚至沦为某些政治势力用来打击对手、颠覆现政权的"打手"和"炮灰"。因此,我们必须打赢争取青少年的攻坚战,巩固社会主义事业发展的后备军。

---

① 十四、坚决维护国家主权、安全、发展利益(习近平新时代中国特色社会主义思想学习纲要(15))[N]. 人民日报,2019 - 08 - 09.

作为社会主义建设者和接班人,必须要树立正确的社会价值取向。作为教育工作者,我们必须要肩负起培养祖国下一代的艰巨责任,尤其要关注青少年这一群体的思想观念、价值取向、精神风貌,紧紧抓住青少年价值观形成和确定的关键时期,通过强化教育立德树人的职责和效能,引导他们将社会主义核心价值观转化为情感认同和自觉行为,发挥时代新人的积极性、主动性和创造性,用自己的言行感染周围的人,努力在建设中国特色社会主义、实现中华民族伟大复兴中国梦的生动实践中放飞青春梦想、实现人生价值。

(三)要有担当大任的能力本领

青少年的本领大小、能力素质强弱不仅仅是个人的事,还关乎党和国家事业发展大局。在知识更新日趋加速的今天,人们要想跟上时代发展的步伐,就必须不断学习。青少年代表着民族的希望,代表着国家的未来,只有努力从我国改革开放和社会主义现代化建设伟大实践中汲取智慧和力量,不断增强知识更新的紧迫感,如饥似渴地学习知识,掌握学问,增强素质,提升能力,才能成为勤于学习、勇于担当、甘于奉献的栋梁之材,才能完成时代赋予的历史重任。2013年5月,习近平总书记在同各界优秀青年代表座谈时指出,青年人正处于学习的黄金时期,应该把学习作为首要任务,作为一种责任、一种精神追求、一种生活方式,树立梦想从学习开始、事业靠本领成就的观念,让勤奋学习成为青春远航的动力,让增长本领成为青春搏击的能量。

作为社会主义建设者和接班人,不仅要有担当的宽肩膀,更要有成事的真本领。宝剑锋从磨砺出,梅花香自苦寒来。每个人都要不断提高胜任岗位、做好工作、干事创业的本领能力,在业务方面练就"两把刷子",掌握真才实学,努力成为各行各业的有用之才。要努力掌握科学文化知识,形成科学的思维方式,汲取人类社会精神活动的认识成果,成为知识丰富的青年才俊;要努力提升创新能力,学会用创新方法解决实践难题,成为新知识的创造者、新技术的发明者、新学科的引领者;要努力磨炼奋斗意志,保持永不懈怠的精神状态和奋斗姿态,勇于到条件艰苦的一线、项目攻关的前沿经受锻炼,成为时代前列的奋进者、开拓者、奉献者。

二、明确德智体美劳全面发展的培养要求

德智体美劳全面发展的培养目标,不仅是培养健康美好的社会主义公民个体的需要,同时也是基于社会发展的需要。正如马克思所说,人的全面发展是人承担某一社会角色的前提。德智体美劳的全面发展,对个体而言,是成长为完全的人,对社会和国家而言,是培养了建设者和接班人,对教育而言,是实现了完整的教育。上文关于社会主义建设者和接班人的论述,主要是从社会发展维度对人的发展提出了基本要求。在这里,我们主要聚焦人的发展本身,具体看德智体美劳全面发展在人的成长中的作用与表现。

(一) 全面发展是人的发展的内在追求

人的全面发展是个人对自身发展机会的平等获得和充分利用,[①]归

---

① 万资资. 人的全面发展:从理论到指标体系[M]. 北京:中央编译出版社,2011:60—66.

根到底是人的发展的内在追求。在马克思看来,"任何人的职责、使命、任务就是全面地发展自己的一切能力",是人内在诸素质要素的和谐发展,"我们的一切天赋(潜能)都得到充分的发挥",也即我们各种先天素质在后天教育或社会环境中能得到充分发展,且人的潜能在后天环境中能形成新的素质。① 可见,人的全面发展是人自己内在和谐的需求,这种和谐是内生的,而不是外部强加于人的。人的全面发展还是一个不断扩大主体自由的过程,需要人的各种能力、机会和选择的和谐发展,是发展主体的各种能力、机会及其选择与客观现实条件的和谐发展。

实现德智体美劳全面发展必须从整体把握内部各要素之间的关系。各要素统一在一个人身上,作为一个整体的人的发展的各个方面,存在于一个统一的结构之中。同时,它们之间是相互渗透、相互包含的,如德智体美劳中都有知识的因素,而在智中,道德、政治、哲学知识与德密不可分,包含了德的因素,德与美、美与体、智与劳等也都密切相关。并且,各因素之间是相互制约、相互促进的,如德的发展制约人的发展方向,影响各育效果的性质,为人的发展提供动力;智的发展为其他目标的实现提供必要的科学知识基础和智力基础;体的发展不仅为其他目标实现提供身体条件,还可以培养人的兴趣、性格、动机、意志等非智力因素;美的发展可以发挥辅德、益智、健体的作用;劳动能力提升促进脑力劳动与体力劳动结合,使学生手脑并用,在理论与实践结合方面有重要作用。为此,促进德智体美劳全面发展,必须把德智体美劳作

---

① 马克思,恩格斯.马克思恩格斯全集(42卷)[M].北京:人民出版社,1971:123.

为一个相互联系的内容体系予以整体考虑,把握好德智体美劳之间的内在联系与相互融合、相互促进的发展规律。

(二) 培养社会化、现代化的时代新人

培养社会化、现代化的时代新人必须坚持全面发展,提升德智体美劳综合素质。教育有两大基本的社会功能:一是完成人的社会化,即孩子们要逐步成长起来,适应社会,由家庭人成为社会人;二是实现人的现代化,即人类是不断自我完善而向前发展的,人的成长应该是健康、进步和进化的,一代要比一代强。教育需要内化于心,聚焦人自身的健康成长,培养社会化、现代化的时代新人,其根本路径就是协同推进德智体美劳全面发展。教育要注重加强品德修养,引导学生培育和践行社会主义核心价值观,踏踏实实修好品德,引导学生勇做走在时代前列的奋进者、开拓者、奉献者;要在增长知识见识上下功夫,教育引导学生珍惜学习时光,心无旁骛求知问学,使他们成为见识宽广、学识丰富、本领过硬的祖国建设者;要树立健康第一的教育理念,帮助学生在体育锻炼中享受乐趣,造就体魄强健、身心健康、人格完善的社会公民;要坚持以美育人、以文化人,提高学生审美和人文素养,使他们成为心灵美、形象美、语言美、行为美的新时代青少年;要在学生中弘扬劳动精神,使他们成为崇尚劳动、尊重劳动、践行劳动的劳动者主力军。

第二节　怎么培养人：坚持以立德树人为中心环节

终身之计,莫如树人;育人之本,莫如铸魂。"怎么培养人"是教育战线需要深入思考的关键问题,是"培养什么人"的实现路径,是实现"为谁培养人"的关键环节。习近平总书记强调,要把立德树人作为中心环节,要将其融入思想道德教育、文化知识教育、社会实践教育各环节,贯穿基础教育、职业教育、高等教育各领域。我们要深刻把握立德树人的丰富内涵,抓好社会主义核心价值观培养和思想政治教育,构建"三全育人"格局,推动"五育并举""五育融合",奋力培养德智体美劳全面发展的时代新人,推动中国特色社会主义事业薪火相传。

一、把握立德树人的内涵要义

立德树人语境宏阔、语义深远,是落实好"怎么培养人"的根本遵循。全面理解"立德树人"要从中国传统文化中寻找本源、要在党的发展历史中汲取养分,正确认识新时代立德树人总体要求。

(一)立德树人具有深厚传统文化渊源

中华传统文化源远流长、博大精深,是立德树人的智慧宝库、力量源泉。"立德树人"思想可追溯到西周时期,周文王姬昌主张"以教化德",提出甄别、选拔和任用人才的"九德",成为我国最早的人才标准。《礼记》中提到,"大学之道,在明明德,在亲民,在止于至善"。这表明,教育的根本目标在于塑造人格、完善德行,培养知行合一、德才兼备的人才。立德一词最早出现在《左传》,其曰:"太上有立德,其次有立功,其次有立言,虽久不废,此之谓不朽",即著名的"立德、立功、立言三不朽",其中立德被摆在"三不朽"的首位,也就是说,唯有拥有高尚的道德,才可能立功和立言。纵观中华传统文化,诸多教育家、思想家提出道德修养的重要作用,如孔子用"仁"来界定人,孟子则强调"仁义礼智",朱熹提出"学,本以修德。古之学者维务善德,其他则不学",等等。"树人"理念最早出现于《管子·权修》中:"一年之计,莫如树谷;十年之计,莫如树木;终身之计,莫如树人。一树一获者,谷也,一树十获者,木也,一树百获者,人也。"管仲认为,"树人"就是培养能够帮助君主治理国家、发展生产、管理人民、富国强兵的有用人才,而且"树人"对国家发展有着长远性和持久性影响,关涉国家的长治久安。可见,"立德树人"教育理念在中华民族史上源远流长,是中华民族教育事业一以贯之的理论精髓和价值取向。

(二)立德树人贯穿党的发展历史过程

立德树人的重要思想在党的萌芽与发展过程中不断深化发展,具有鲜明的传承性与时代特征。1919 年,中国共产党尚处于萌芽阶段,在新文化运动的热潮中,蔡元培、蒋梦麟等 19 位教育界知名人士组成的"教育调查会",就提出了"养成健全人格,发展共和精神"的教育宗旨,并规定"健全人格"包括四项内容:一是私德为立身之本,公德为服役社会国家之本;二是人生所必需之知识、技能;三是强健活泼之体格;四是优美和乐之感情。此后,接过了新文化运动旗帜的中国共产党人,在更高层面上积极推动青少年立德树人。这在新中国成立后,体现得尤为明显,我们党的几代中央领导人对此也都有过论述。1957 年,毛泽东同志指出:"我们的教育方针,应该使受教育者在德育、智育、体育几方面都得到发展,成为有社会主义觉悟的有文化的领导者。"①1978 年 4 月,邓小平同志提出,学校要"培养德智体全面发展、有社会主义觉悟的有文化的劳动者"。② 1999 年 6 月,江泽民同志强调,要"努力造就:有理想、有道德、有文化、有纪律的,德育、智育、体育、美育等全面发展的社会主义事业建设者和接班人。"③2006 年 8 月,胡锦涛同志强调,"要坚持育人为本、德育为先,把立德树人作为教育的根本任务……努力培养德智体美全面发展的社会主义建设者和接班人。"④2012 年 10 月,党的十八大报告强调,要"把立德树人作为教育的根本任务,培养德智体美全面发展的社会主义建设者和接班人"。⑤ 从以上论述可以看出,立什么德、树什么人,不同历史时期有不同内容,但本质上是一致的,都是为国家培养建设者和接班人。

---

① 毛泽东. 毛泽东文集(第 7 卷)[M]. 北京:人民出版社,1999:226.
② 人民网. 邓小平:在全国教育工作会议上的讲话[EB/OL]. (1978 - 04 - 22). http://cpc. people. com. cn/GB/33839/34943/34944/34946/2617394. html.
③ 人民网. 江泽民在全国教育工作会议上发表重要讲话强调国运兴衰系于教育　教育振兴全民有责[EB/OL]. (1999 - 06 - 15). http://www. people. com. cn/item/ldhd/Jiangzm/1999/huiyi/hy0012. html.
④ 中华人民共和国中央人民政府. 胡锦涛在全国优秀教师代表座谈会上的讲话(全文)[EB/OL]. (2007 - 08 - 31). http://www. gov. cn/ldhd/2007-08/31/content_733340. htm.
⑤ 中国社会科学网. 胡锦涛:坚定不移沿着中国特色社会主义道路前进　为全面建成小康社会而奋斗——在中国共产党第十八次全国代表大会上的报告[EB/OL]. (2012 - 11 - 17). http://www. cssn. cn/zt/zt _ xkzt/zt _ zzxzt/zzxzt _ xsmz/zlbs/xsmz/201504/t20150427 _ 1603651. shtml.

（三）新时代党对立德树人提出更高要求

把立德树人作为教育的根本任务，是社会主义进入新时代党对教育提出的新要求。党的十八大以后，习近平总书记继承和深化了党的几代中央领导人的这一重要思想，明确指出："素质教育是教育的核心，教育要注重以人为本、因材施教，注重学用相长、知行合一，着力培养学生的创新精神和实践能力，促进学生德智体美全面发展。"①2013年10月，他明确要求学校"承担好立德树人、教书育人的神圣职责，着力培养造就中国特色社会主义事业合格建设者和接班人。"②2016年12月，他强调"高校立身之本在于立德树人"③"大学之为大，就是在授业解惑中引人以大道，启人以大智，使人努力成为栋梁之材"。④ 2018年5月，他指出，"人才培养一定是育人与育才相统一的过程，而育人是本。人无德不立，育人的根本在于立德。这是人才培养的辩证法""要把立德树人的成效作为检验学校一切工作的根本标准，真正做到以文化人、以德育人。"⑤同年，他在全国教育大会上的讲话中对此做了高度概括，提出"要把立德树人融入思想道德教育、文化知识教育、社会实践教育各环

---

① 人民网.习近平：全面贯彻党的教育方针　努力把我国基础教育越办越好［EB/OL］.（2016－09－09）. http：//cpc. people. com. cn/n1/2016/0909/c64094-28705338. html?_k＝1y8y26.

② 人民网.习近平总书记给中央民族大学附属中学全校学生的回信全文［EB/OL］.（2013－10－01）. http：//cpc. people. com. cn/n/2013/1006/c64094-23111493. html.

③ 新华网.习近平：把思想政治工作贯穿教育教学全过程［EB/OL］.（2016－10－01）. http：//www. xinhuanet. com/politics/2016-12/08/c_1120082577. htm.

④ 中国台湾网. 始终坚持社会主义办学方向——二论学习贯彻习近平总书记高校思想政治工作会议讲话［EB/OL］.（2016－12－10）. http：//www. taiwan. cn/plzhx/dlgc/201612/t20161210_11649229. htm.

⑤ 人民网. 习近平在北京大学师生座谈会上的讲话［EB/OL］.（2018－05－02）. http：//cpc. people. com. cn/n1/2018/0503/c64094-29961631. html.

节,贯穿基础教育、职业教育、高等教育各领域,学科体系、教学体系、教材体系、管理体系要围绕这个目标来设计,教师要围绕这个目标来教,学生要围绕这个目标来学。凡是不利于实现这个目标的做法都要坚决改过来。"①

要从时代发展维度,认识立德树人的具体内涵。以上习近平总书记关于"立德树人"的论述,把"立德树人"作为中国教育的根本任务,从教育的本质与终极目标视角出发深刻阐明了教育的价值,体现了习近平对新时代教育规律和教育本质的把握,丰富了我们党的教育方针的内涵,是我们党教育思想的新发展。从社会本质属性和当前发展阶段来看,我们所要立的"德",理所当然地要注入社会主义道德和社会主义核心价值观;我们所要树的"人",理所当然地是德智体美劳全面发展的社会主义建设者和接班人。立德树人注重世界观、人生观、价值观的培育,一方面把人培养成具有中国特色社会主义共同理想和共产主义远大理想的坚定信仰者和忠实实践者;另一方面提高受教育者的专业能力和素质,培养出合格的社会主义建设人才。

二、以立德为先,引领青年培根铸魂

"志于道,据于德,依于仁,游于艺",高尚的道德品格是一个人成长成才首要追求的目标和素质。中华民族历来崇尚道德修为,正所谓"才者,德之资也;德者,才之帅也"。知识能力只有在道德的指引下,才能

---

① 新华网.习近平:坚持中国特色社会主义教育发展道路　培养德智体美劳全面发展的社会主义建设者和接班人[EB/OL].(2018-09-10).http://www.xinhuanet.com/politics/leaders/2018-09/10/c_1123408400.htm.

发挥应有的价值。因此,新时代教育工作要坚持以立德为先,推动社会主义核心价值观进教材、进课堂、进学生头脑,抓好思想政治工作这个生命线,促进青年学生自觉将社会道德规范要求转变为个人优秀品质。

(一) 把社会主义核心价值观作为立德的核心内容

社会主义核心价值观是"立德"的核心内容,具有规范、引领、主导个人的理想、信仰、价值的功能。社会主义核心价值观既是一种公民道德上的要求,更是一种社会公德、国家品德上的要求;既是一种同个人生活和个人利益密切相关的"小节",更是一种与道统和政统密切相关的"大德"。青少年是国家的未来、民族的希望,他们能否认同和践行社会主义核心价值观,不仅关系到中国未来的发展,而且直接影响中华民族伟大复兴中国梦的实现。社会主义核心价值观要在全社会树立起来并长期发挥作用,就要从青少年抓起。青少年时期是价值观、人生观形成的关键时期,是可塑性最强的时期。就像穿衣服扣扣子一样,如果第一粒扣子扣错了,剩余的扣子都会扣错。人生的第一粒扣子说的就是道德,人如果在青少年时期没有养成良好的品德,没有培养正确的价值观,即使以后再有才华,也难以对社会作出大的贡献;只有树立正确的价值观,才能在纷繁复杂的现实生活中保持清醒的头脑,明辨是非,把握人生成才的方向;只有树立正确的价值观,才能坚持党的基本路线和基本纲领,坚定共产主义信念,也才能正确对待成才道路上所面临的各种境遇,不断排除成才道路上的障碍,勇往直前。

要将社会主义核心价值观教育摆在突出位置,融入国民教育全过程。社会主义核心价值观教育需要个人、学校、家庭和社会共同参与、形成合力。从个人来看,广大青少年要自觉践行社会主义核心价值观,树立与时代同心同向的远大理想和崇高信念,自觉增强中国特色社会主义道路认同、理论认同、情感认同,主动把个人的青春梦、成才梦融入实现中华民族伟大复兴的中国梦中。从学校来看,广大师生要做社会主义核心价值观的坚定信仰者、积极传播者、模范践行者,坚持不懈培育和弘扬社会主义核心价值观。从家庭来看,家庭是孩子的第一个课堂,家长是孩子的第一位老师,要时时处处给孩子做榜样,用正确行动、正确思想、正确方法教育引导孩子,给孩子讲好"人生第一课"。从社会来看,要坚持正确导向,大力弘扬社会正气,营造良好的社会风气,为青少年的健康成长创造良好条件,形成家庭、社会与学校携手育人的强大合力。

(二)把思想政治教育作为立德的主要途径

落实立德树人这个根本任务的关键在于抓好思想政治教育。习近平总书记指出:"思政课是落实立德树人根本任务的关键课程,思政课作用不可替代"。作为以思政课为重要载体的思政教育,是使学生树立正确价值观和理性担当意识,潜移默化地养成心系祖国、胸怀天下的志向和国家民族认同感的重要途径。而这些正是所要立的"德"的核心内容,也是要树的"人"应具备的素质。因此,落实立德树人,首要的是把思想政治教育作为学校各项工作的生命线,将其贯穿于教育教学全过程。切实抓好学生思想政治教育工作,全面构建全员全过程全方位育人体系,概括起来就是要充分发挥课堂、教材和教师在立德树人中的重要作用。

将思政之盐融入课程大餐,充分发挥课堂教学的关键作用。增强思政课程课堂教学的思想性、理论性、亲和力和针对性,及时更新课堂教学内容,丰富教学手段,不断改善教学状况,用学生喜闻乐见的鲜活案例充实课堂、用丰富的教学形式活跃课堂,让学生充分融入并享受课堂教学。注重运用青年乐于接受的语言和活动方式,切实增强思政教育工作的感染力、说服力和吸引力。增强思政课程课堂教学的育人性和思想引领性。思想政治工作不只是思想政治理论课的事,其他各门课都要守好一段渠、种好责任田。专业课堂上不仅要"讲知识"也要"讲道理",将做人、做事的道理用故事和案例的形式有机穿插到专业知识的教授过程当中,实现育才与育人的统一。我们要发挥所有课程课堂教学在"培养人"中的作用,把加强和改进思想政治工作的要求体现到每一门课程、每一个教师的工作中。要梳理各门专业课程所蕴含的思想政治教育元素和所承载的思想政治教育功能,融入课堂教学各环节。要把做人做事的基本道理、把社会主义核心价值观的要求、把实现民族复兴的理想和责任融入各类课程教学之中。

运用具有中国自身特质的话语体系改进思政教材。要立足于我国改革发展实践,充分发掘我们党在革命、建设过程中的宝贵经验,将马克思主义与我国的国情相结合,打造具有中国特色和国际视野的学术话语体系;要建立科学权威、公开透明的哲学社会科学成果评价体系,把评价标准掌握在自己手中,确保正确政治方向、价值取向、学术导向,避免用别人的尺度裁量自己;要围绕我国和世界发展面临的重大问题,提出能够体现中国立场、中国智慧、中国价值的理念、主张、方案,并使之转化为我们的学科体系、学术体系和教材体系,真正使我们党在改革开放和社会主义现代化建设中孕育创造的各种创新的实践成果、理论成果、制度成果和文化成果深入课堂、深入头脑、深入人心。

培养壮大专兼结合、可信可靠、善教有为的思政队伍。一是建设一支能推动思政课建设的领导队伍。学校党委要把思政课建设摆上重要议程,抓住制约思政课建设的突出问题,在工作格局、队伍建设、支持保障等方面采取有效措施,推动形成教师讲好思政课、学生学好思政课的良好氛围。二是建设一支高素质、专业化的思政课教师队伍。思政课教师要坚定理想信念,做讲政治、有信仰的人,努力成为政治要强、情怀要深、思维要新、视野要广、自律要严、人格要正的思政课教师。三是建设一支专业化、职业化的辅导员(班主任)队伍。学校要整体规划、统筹安排,不断提高队伍的专业水平和职业能力,保证辅导员(班主任)工作有条件、干事有平台、待遇有保障、发展有空间。四是建设一支既教书、又育人的专业课教师队伍。要把师德师风作为评价教师队伍素质的第一标准,推动教师成为先进思想文化的传播者、党执政的坚定支持者、学生健康成长的指导者和引路人,成为有理想信念、有道德情操、有扎实知识、有仁爱之心的好老师。五是建设一支有阅历、能示范的兼职教师队伍。完善兼职教师队伍建设,把有德有才、能说能干的"真把式"请进校园,还要把老红军、老革命请进校园,讲好党的故事,讲好红军的故事,把红色基因传承好。

三、以树人为本,构建更高水平人才培养体系

树人是一项系统工程,必须坚持系统观念,突出问题导向,注重系统谋划,创新全员全过程全方位的"三全育人"工作格局,把"五育并举"

贯穿立校办学、育人育才全过程,打通育人"最后一公里",推动形成更高水平的人才培养体系。

(一)创新"三全育人"工作格局

建立全覆盖、全尽责育人机制。"全员"强调育人的主体性,破解育人"孤岛"困境,营造全员"大合唱"的好局面,合力唱出"立德树人"好声音。充分发挥专门力量和骨干队伍的作用,推动思想政治工作走深走实,实现育人主责与引领示范结合。强化专任教师队伍课程思政意识,科学设计课程思政教学体系,结合专业特点分类推进课程思政建设,将课程思政落实到位,实现"教书"与"育人"融合。落实管理服务人员育人职责,着眼立德树人,明确岗位育人职责,将育人元素纳入管理服务守则,规范行为,润物无声,使学生在接受服务的过程中接受教育,实现"管理服务"与"育人"的契合。

建立持续贯通的育人体系。"全过程"突破育人的时间规定性,打通堵点、连接断点,建立长时间、可持续、贯穿式育人链条。一方面,建立贯通青少年在校学习全过程的树人体系。做到围绕学生、关照学生、服务学生,坚持分类指导,使教育资源适应学生从入校到毕业、从双休日到寒暑假的不同阶段需要。坚持共性与个性相统一,合理设置不同阶段的育人内容和育人重点,拓展育人时间链。另一方面,建立贯通人才培养全过程的树人工作体系,筑牢课程建设"主战场",将价值塑造、知识传授和能力培养融为一体,将正确的世界观、人生观、价值观塑造贯通于人才培养全过程。立德树人要贯通教育教学全过程,守好课堂教学"主渠道",确保育人体现在课程目标设计、教学大纲修订、教材编审选用等各方面,贯穿于教学、研讨、实验实训、实习等各环节。

构建立体式育人格局。"全方位"强调育人的空间规定性。教育要聚焦青少年全面发展,将立德树人覆盖学生成长成才各方面。要重点建好"三个课堂",实现全面覆盖。一是抓好课堂教学"第一课堂",办好思想政治理论课,营造师资优、教材优、教法优、机制优、环境优的思政育人氛围,用党的创新理论铸魂育人,使课程思政与思政课程同向同行,形成协同效应。二是开展好实践"第二课堂",推动专业课实践教学、社会实践活动、创新创业教育、志愿服务、军事训练等载体有机融合,形成实践育人统筹推进、知行合一。三是用活网络"第三课堂",加强网络育人资源共建共享,推进现代信息技术与教育教学深度融合,实现课内课外、线上线下、校内校外全方位全覆盖育人。同时,还要不断创新育人模式,实现育人无处不在、无时不有;坚持因时而进、因势而新,探索融入式、嵌入式模式,把立德树人工作有机融入到课程体系、教学体系、教材体系、管理体系,融入社会实践、社团活动、校园文化和网络文化,协同推进、多频共振。

(二)促进"五育并举""五育融合"

"五育并举"既是社会变革所需,也是教育本源所在。"五育并举"是系统工作,要加强对"五育并举"的系统谋划与整体部署,探索构建体系化的协同育人机制。2019年7月,中共中央、国务院《关于深化教育教学改革全面提高义务教育质量的意见》中,明确"坚持'五育并举',全面发展素质教育",提出了深化教育教学改革、实施"五并举育"的工作指导方针。新时代促进人的全面发展成为教育的核心要义,要落实好立德树人根本任务,必须要构建德智体美劳五育并举的全面育人体系,推动五育融合协同发展。

推进"五育融合",促进人的全面发展。把握"五育"之间的内在联系,"各育"成效相互贯穿、相互渗透、相互滋养,在贯通融合中实现"五育并举"。发挥德育在促进学生全面发展方面的引领作用,推动学生道德品质和谐发展,引导学生树立正确的人生观和价值观,培养学生感恩社会、乐于奉献的无私情怀,宣扬社会风尚中的浩然正气,传递更多人性的美好与光明;将智育的着力点放在创新人才的培养上,遵循教育规律和人才成长规律,将创新能力培养作为重点,着眼于培养世界一流创新人才;发挥体育促进学生全面发展、增强综合素质的作用,推动青少年文化学习和体育锻炼协调发展,促进学生在体育锻炼中享受乐趣、增强体质、健全人格、锻炼意志;要扎根时代生活遵循美育特点,着力提升学生审美素养、陶冶情操、温润心灵、激发创新创造活力,营造"各美其美,美人之美,美美与共"的社会氛围;突出劳动教育树德增智强体育美的综合育人价值,使学生形成优良品行,培养勤俭、奋斗、创新、奉献的劳动精神,在劳动中提高学习、强健体魄、净化心灵、创新发展的意识和能力。

第三节 为谁培养人:为党育人、为国育才

中国共产党初心使命是为中国人民谋幸福、为中华民族谋复兴。我国社会主义教育事业的初心使命就是"为党育人、为国育才",也就是

"为谁培养人"的价值归宿。古人云,"意犹帅也,无帅之兵,谓之乌合",人才培养如同做文章一样,要有一个"立意",也就是要回答好"为谁培养人"的问题。

一、坚守教育的初心使命

才者,德之资也;德者,才之帅也。发展教育事业必须牢记初心使命,要推进"育人"和"育才"的有机统一,使培养的人才不仅有知识有能力,还有理想信念、爱国情怀和高尚道德,成为担当国家富强、民族振兴大任的时代新人。

(一)为党的长期执政注入不竭动力

党的教育事业就是要为党培养为共产主义事业奋斗终身的青年大军和后备力量。我们的党是马克思主义政党,我们的教育事业是中国共产党领导的社会主义教育事业,这就决定了教育必须坚定不移树立为党培养人的旗帜。中国共产党自成立起,就特别重视教育和人才培养,提出了平民教育、男女平等教育观等宝贵思想,如陈独秀指出,教育是人类智慧的源泉。[①] 李大钊将国民教育提到"培根固本"的高度,指出教育对未来人才培养的基础性作用,等等。中国共产党早期还创办了劳动学校、抗日军政学校、党校等一系列教育机构,通过夜班白班等多种形式开展教育活动,为党的事业培养一大批人才。尤其是改革开放以来,我们党更是注重发展教育事业,把教育事业摆在了优先发展的位

---

① 陈独秀.陈独秀文集:第2卷[M].北京:人民出版社,2013:57.

置,推动教育事业不断繁荣发展。多年来,教育事业在党的领导下,走过了艰难曲折的发展历程,取得了举世瞩目的发展成就,为党的事业注入了生生不息的人才力量。这些人才队伍也在党的坚强领导下,朝着共产主义事业的伟大目标矢志不渝、前赴后继,不断取得骄人的成绩。

代表广大青年,赢得广大青年,依靠广大青年,是我们党不断从胜利走向胜利的重要保证。青年的理想信念是否坚定,对党是否忠诚,关乎党事业的兴衰成败,青年一代有理想和担当,实现共产主义远大理想就有源源不断的强大力量。进入新发展阶段,我们党面对的是更加艰巨的任务、更加复杂的形势、更加光荣的使命,继续推进党带领人民建设中国特色社会主义、实现共产主义的伟大事业,不仅需要一代又一代中国共产党人为之不懈奋斗,也需要一代又一代有志青年为之不懈奋斗。实施教育强国战略,发展中国特色社会主义教育就是要坚定为党育才的初心。教育引导全国广大青年深刻了解近代以来中国人民和中华民族不懈奋斗的光荣历史和伟大历程,树立为社会主义事业、为共产主义远大理想奋斗终身的坚定信仰,坚定不移跟着中国共产党走,努力当好新时代党的伟大事业的奋进者、开拓者、奉献者。

（二）为国家富强民族复兴培养人才

教育对于国家富强、民族振兴、社会进步、人民幸福具有极其重要的战略价值,要充分发挥教育的基础性、先导性、全局性地位和作用。一直以来,党和国家领导人高度重视教育事业,从毛泽东同志提出"培养德智体全面发展的社会主义事业接班人",到习近平总书记提出"培养德智体美劳全面发展的社会主义建设者和接班人"；从邓小平同志提出培养"四有"新人，到习近平总书记提出培养新时代好干部、培养"四有"新时代革命军人，每一代领导人把教育作为奠基事业来发展，把人才培养作为根本任务来推动。作为社会主义国家的教育事业，教育战线就要始终鲜明地高举"为国育才"的旗帜，坚持发展现代化教育，为社会主义现代化建设服务，为国家富强、民族振兴服务。

中华民族从站起来、富起来到强起来的伟大飞跃，亟需教育培养大批时代新人。我国正推进从"大国"到"强国"的跨越转型，在这样一个新的历史起点，比以往任何时候都更需要人才、渴望人才，这就赋予了教育更加重要的责任与使命。人才培养，教育先行，为更好推进社会主义现代化国家建设，教育战线要坚定肩负起"为国育才"的时代使命。一方面，要高度重视教育。所谓"致天下之治者在人才"，人才是衡量一个国家综合国力的重要指标，没有一支宏大的高素质人才队伍，社会主义现代化国家就难以顺利建成。因此，必须要坚定实施科教兴国战略，始终把教育摆在优先发展的战略位置。另一方面，要着力培养符合国家现代化发展需要的优秀人才。人才是支撑国家发展的第一资源。习近平总书记指出，"人才就是未来，我国要在科技创新方面走在世界前列，必须在创新实践中发现人才、在创新活动中培育人才、在创新事业中凝聚人才。"因此，教育战线必须紧扣社会主义现代化国家建设发展需要，统筹优化资源布局，深化教育教学改革，创新人才培养机制，重点抓好高端人才培养，造就更高水平、更高素质的优秀人才队伍，为中华民族伟大复兴的事业注入源源不断的有生力量。

二、坚定"四个服务"育人导向

习近平总书记在全国高校思想政治工作会议上指出,"教育为人民服务,为中国共产党治国理政服务,为巩固和发展中国特色社会主义制度服务,为改革开放和社会主义现代化建设服务",这"四个服务"是保障教育归宿、兑现教育初心使命的重要价值表征,为新时代我国教育发展提供了理论指导和发展方向。实施教育强国战略,发展现代化教育事业,办好人民满意的教育,就必须要精准回答教育"为谁服务"这一根本问题,始终坚持正确的政治方向,牢牢把握并不断强化"四个服务"意识。

(一)坚持为人民服务

坚持教育为人民服务就是要最大限度满足人民群众受教育的需求。全心全意为人民服务是我们党的根本立场和唯一宗旨,是制定路线、方针、政策,做好一切工作的出发点和落脚点。教育是党的事业的重要组成部分,与广大人民群众的根本利益息息相关。因此,是否具有为人民服务的立场、情感和作风,既是教育工作必须遵循的一个根本原则,也是做好教育工作的一个根本方法。坚持教育为人民服务是社会主义教育制度的本质特征、是习近平总书记关于教育的重要论述的重要方面、是我国教育改革发展所必须坚持的指导思想。办好人民满意的教育,是坚持以人民为中心的根本立场在教育领域的生动体现。

坚持教育为人民服务就是要促进教育发展成果更多惠及全体人

民。坚持以人民为中心的发展思想,必须坚持人民至上、紧紧依靠人民、不断造福人民、牢牢植根人民、坚定服务人民,并落实到各项决策部署和实际工作之中。① 新时代,发展教育事业、建设教育强国,要不断满足人民群众期待,切实解决人民群众对教育的美好期待与教育不平衡不充分发展的矛盾。坚持办好教育为人民的人本理念,着力解决人民群众关心的教育热点问题,破解城乡二元教育结构,加大对农村地区的教育支持力度,加大民族地区教育的投入力度,实现城乡教育一体化,确保教育对象平等、自由与公平地参与职业教育。围绕国家重大发展战略需求,加强教育顶层设计,将教育发展纳入国家经济社会发展统一规划,优化区域教育布局结构,统筹协调区域教育资源分配,加快区域之间、城乡之间教育协调发展、均衡发展。

(二)坚持为中国共产党治国理政服务

为中国共产党治国理政服务是我国教育事业的重要使命,也是教育事业义不容辞的责任担当。党的十九届五中全会提出,到 2035 年我国"基本实现国家治理体系和治理能力现代化""建成文化强国、教育强国、人才强国、体育强国、健康中国,国民素质和社会文明程度达到新高度。"为了促进这一远景目标的实现,教育就必须要勇担时代使命,在实现自身治理体系和治理能力现代化的过程中,服务推动国家治理体系和治理能力现代化。

率先建立教育强国为一系列强国建设提供重要支撑。教育是治国

---

① 新华网.习近平:坚持人民至上 不断造福人民[EB/OL].(2020-05-22).http://www.xinhuanet.com/mrdx/2020-05/23/c_139080866.htm.

理政的重要内容,教育兴则国兴,教育强则国强。建设教育强国就是要使教育事业发展与党的治国理政目标相适应,为实现中华民族伟大复兴奠定更为坚实的基础。要抓住机遇、超前布局,以更高远的历史站位、更宽广的国际视野、更深邃的战略眼光,加强教育事业总体部署和战略设计,构建更为完善的现代化教育体系,奋力推进教育现代化,加快建成中国特色、世界水平的教育强国,为文化强国、人才强国、体育强国、科技强国、制造强国、质量强国、网络强国、交通强国等一系列强国建设提供人才支持和智力支撑。

(三)坚持为中国特色社会主义制度服务

坚定教育自信,坚持社会主义办学方向。我国是中国共产党领导的社会主义国家,决定了我们国家发展的教育事业,必须要坚定社会主义办学方向,毫不动摇彰显社会主义特色、培养社会主义建设者和接班人,毫不动摇地巩固和发展中国特色社会主义制度。青年学生成长成才,必须紧紧团结在党的周围,高举中国特色社会主义伟大旗帜,树立与时代同心同向的远大理想和崇高信念,坚定教育自信,自觉增强中国特色社会主义道路认同、理论认同、情感认同,主动把个人的青春梦、成才梦融入实现中华民族伟大复兴的中国梦中,以昂扬向上的精神状态和奋斗姿态把中国特色社会主义伟大事业推向前进。

坚定制度自信,将中国特色社会主义制度成果转化为教育内容。中国特色社会主义制度是党和人民在长期实践探索中形成的科学制度体系,我国国家治理一切工作和活动都依照中国特色社会主义制度展开,我国国家治理体系和治理能力是中国特色社会主义制度及其执行能力的集中体现。作为社会主义教育事业,要将中国特色社会主义制度和国家治理体系的显著优势转化为教育内容,将教育之"根"深植于中国历史和现实的土壤中,接受中国政治、经济和文化的滋养,把"中国特色"注入教育发展之"魂",使青少年更加坚定中国特色社会主义道路自信、理论自信、制度自信、文化自信。

(四)坚持为改革开放和社会主义现代化建设服务

加快提升教育对外开放办学水平,办好世界水平的教育。教育能否为改革开放和社会主义现代化建设服务,这是检验教育工作的试金石。面对新时代国家改革发展的重要战略部署,教育要以更高质量、更高水平的开放办学新格局,更好地服务国家改革开放和社会主义现代化建设。一方面要坚持为改革开放和社会主义现代化建设服务。教育战线要提高站位,放眼全局,深刻认识新时代教育对外开放是深化教育综合改革的重要内容,是助推国家对外开放、建设社会主义现代化国家的必由之路。另一方面要加强对教育对外开放的统筹协调。要加强领导,建立健全以地方行政领导挂帅、教育主管部门牵头、相关部门参与的领导体制,统一领导,整体谋划,一体推进。

加快解决教育的突出短板和问题,办好现代化教育。改革开放以来,我国教育事业发展总体水平明显提升,服务经济社会发展能力显著提高,国际影响力稳步增强,人力资源强国建设加快推进,为提高全民族素质和全面建成小康社会作出了重要贡献。但是我国教育仍然存在一些问题,如教育发展还存在不平衡、不协调的情况,学前教育、职业教育、继续教育仍是教育体系中的突出短板,教师队伍还不能适应提升质量与促进公平的新要求,教育对外开放的水平不够高,等等。要加快解决这些问题,需要坚持新的教育发展理念,进一步创新体制机制,创新人才培养模式,完善现代教育治理体系,推动教育实现高质量发展。

坚持以人民为中心的发展思想，
努力让十几亿人民享有公平
而有质量的教育

以人民为中心是中国共产党一以贯之的执政理念。中国共产党一贯强调,教育为了人民,教育公平是社会公平的重要基础。无论是习近平总书记"坚持以人民为中心发展教育"的重要论述,还是党的十九大报告提出的"努力让每个孩子都能享有公平而有质量的教育"①,都深刻体现着以人民为中心的发展思想,是党对我国教育根本宗旨的再明确、再强调,也是我国教育改革发展的根本遵循。进入新发展阶段,坚定不移实施好教育强国战略,我们要毫不动摇地坚持以人民为中心,站稳人民立场,既着眼于推动高质量发展,又致力于创造高品质生活,把握好"公平而有质量"这个核心意蕴,使教育成为推动高质量发展和创造高品质生活的重要连接点。

第一节　深刻把握以人民为中心的发展思想

党的十八届五中全会首次提出了"以人民为中心的发展思想"的科学命题,具有重大意义。以人民为中心是中国共产党治国理政的价值

---

① 习近平: 决胜全面建成小康社会　夺取新时代中国特色社会主义伟大胜利——在中国共产党第十九次全国代表大会上的报告[N]. 人民日报: 2017 - 10 - 28.

归属,更是新时代办好人民满意的教育的根本出发点和落脚点。

一、以人民为中心是中国共产党治国理政的价值归属

坚持以人民为中心的发展思想是马克思主义唯物史观的必然要求,是中国共产党人不忘初心、牢记使命的鲜明表达,也是不断丰富与发展着的党的人民观在新时代的理论集成创新。

(一)马克思主义是人民的理论

马克思主义根植于人民,以人民为中心是马克思主义的基本立场。19 世纪中叶,面对资产阶级及其政治统治的贪婪和残暴,马克思、恩格斯着眼于、出发于、回归于、植根于人民的实践活动,以新的历史观考察资本主义社会政治经济运动,以青春激昂的笔调,站在鲜明而强烈的人民立场,于 1848 年合著《共产党宣言》,标志着马克思主义的诞生。作为无产阶级和人类解放的科学而正确的思想理论,马克思主义一开始就深深地打上了人民性的烙印,其对人类的重大理论贡献之一,就是将物的理论根本性地转化为人的理论。人类解放作为一种价值追求彰显了马克思主义以人民为中心的鲜明品格和基本立场,充满了浓厚的人性气息和伟大的道义力量。在浩如烟海的人类思想史上,没有一种理论像马克思主义这样深深植根于人民群众之中,也没有一种理论像马克思主义这样对人类产生如此广泛而深刻的影响。

人民群众创造历史是马克思主义的基本原理。马克思、恩格斯从社会物质生活条件中寻找历史发展的根源和动力,发现了生产方式之于社会发展的决定性作用,揭示并确立了这一基本原理,认为人民群众

是社会物质财富和精神财富的创造者,人民群众的实践在社会变革中起决定性作用,这构成了马克思主义群众观。马克思主义群众观是马克思主义唯物史观的重要观点之一,是马克思、恩格斯在对人类发展历史进行全面总结和深入分析的基础上形成的思想。马克思、恩格斯站在人民的立场上,运用科学的理论和方法,揭示了人类社会发展规律,指引人民探求自由解放的道路,为最终建立一个没有压迫、没有剥削、人人平等、人人自由的理想社会指明了方向。马克思主义群众观,为中国共产党在新发展阶段坚持以人民为中心的发展思想提供了坚实根基。

（二）中国共产党继承和发展了马克思主义群众观

中国共产党继承和发展马克思主义的群众史观,始终坚持群众路线,秉持全心全意为人民服务的根本宗旨。在党的一大通过的纲领中,就明确提出党的基本信念和立场,号召中国工人阶级担负起社会革命的使命,争取自身的解放。党的二大又明确提出反帝反封建的民主革命纲领,设计了民主共和国的蓝图,为中国人民争取民主自由和民族解放指明了方向。1944年9月,毛泽东同志在纪念张思德同志追悼会上发表了题为《为人民服务》的著名演讲,通过赞扬张思德为人民服务的崇高思想境界和革命精神,论述了为人民服务和怎样为人民服务的问题。在党的七大上,党中央将"全心全意为人民服务"作为根本宗旨写入党章。

改革开放初期,以邓小平为代表的中国共产党人始终坚持把最广大人民的根本利益放到首位,把人民的意愿作为政策制定的出发点和落脚点。邓小平同志提出把人民拥护不拥护、答应不答应、赞成不赞成、高兴不高兴作为衡量为人民服务的标准,深刻道出人民群众在共产党人心中的位置。世纪之交,以江泽民同志为核心的党中央在领导中国特色社会主义现代化建设进程中,明确指出,"全心全意为人民服务,立党为公,执政为民,是中国共产党同一切剥削阶级政党的根本区别"①,将代表最广大人民的根本利益作为党的执政理念和指导思想。党的十六大以来,以胡锦涛同志为总书记的党中央在总结改革开放以来经验的基础上,提出科学发展观的核心是以人为本,中国共产党的一切奋斗和工作都是为了造福人民,多次要求党员领导干部坚持做到"权为民所用、情为民所系、利为民所谋"②。党的十八大以来,习近平总书记继承和发展了以人民为中心的发展思想,明确人民对美好生活的向往就是我们的奋斗目标,明确中国共产党的初心和使命就是坚持以人民为中心,为中国人民谋幸福,为中华民族谋复兴。可以说,世界上没有哪一个政党像中国共产党这样,从诞生伊始就把"人民"二字镌刻在自己的旗帜上,并一以贯之、持之以恒。

(三)中国共产党始终将人民立场作为根本政治立场

以习近平同志为核心的党中央坚持把人民立场作为根本政治立场,把人民利益摆在至高无上的地位。"我的执政理念,概括起来说就

---

① 南方网.江泽民在庆祝建党八十周年大会上的讲话.[EB/OL].(2001 - 07 - 07). http://news. southcn. com/ztbd/jzmqyjh/qyjhqw/200112260775. htm.
② 中国新闻网.胡锦涛:领导干部权为民所用情为民所系利为民所谋[EB/OL].(2003 - 02 - 18). https://www. chinanews. com/n/2003-02-18/26/273898. html.

是：为人民服务，担当起该担当的责任"①，习近平总书记在 2014 年 2 月接受俄罗斯电视台主持人采访时如是说，这与其在刚刚当选总书记时宣示的"人民对美好生活的向往，就是我们的奋斗目标"②也是一致的。党的十九大报告把坚持以人民为中心作为新时代坚持和发展中国特色社会主义的重要内容；党的十九届五中全会明确"十四五"时期我国经济社会发展必须遵循的重要原则是坚持以人民为中心。

可以说，以人民为中心就是我们党区别于其他一切政党尤其是资产阶级政党的根本标志，是我们党一切行动的根本出发点和落脚点。以人民为中心同时也是我们党治国理政的价值追求和政治底线，这一价值追求和政治底线具体体现在两个方面：一是及时关切人民呼声。无论是全面深化改革、全面建成小康社会，还是全面从严治党、全面依法治国，都是人民呼声在新时代的充分表达，也是顺应时代变化和人民期待制定的重大战略。二是让成果惠及全体人民。中国梦归根到底是人民的梦。无论是民众关心的收入分配制度改革、提高居民收入在国民收入分配中的比重、逐步缩小收入差距，还是扎实推进脱贫攻坚、精准扶贫，都是中国共产党以人民为中心发展取向的鲜活体现。

正是坚持人民至上、紧紧依靠人民、不断造福人民、牢牢植根人民，中国"在解决困扰中华民族几千年的绝对贫困问题上取得了伟大历史性成就，创造了人类减贫史上的奇迹""创造了减贫治理的中国样本，为

---

① 人民网.习近平接受俄罗斯电视台专访.[EB/OL].(2014 - 02 - 09).http://jhsjk.people.cn/article/24303725.

② 人民网.习近平等十八届中共中央政治局常委同中外记者见面[EB/OL].(2012 - 11 - 15).http://jhsjk.people.cn/article/19591246.

全球减贫事业作出了重大贡献"。① 2020 年,在突如其来的新冠肺炎疫情面前,以习近平同志为核心的党中央始终把人民群众生命安全和身体健康放在第一位,带领全国人民众志成城、团结奋战,取得举国抗疫的重大战略成果,在全球战疫中展现了中国担当,赢得国际社会广泛赞誉。这些案例都是我们党践行执政为民理念的生动体现。

二、以人民为中心是办好人民满意的教育的根本路径

中国共产党"人民至上""全心全意为人民服务"的理念体现了革命为民、执政为民、建设为民、改革为民的宗旨。② 坚持以人民为中心发展教育,正是中国共产党全心全意为人民服务根本宗旨的重要体现,是中国共产党人在教育领域践行初心和使命的生动实践,也是新时代办好人民满意的教育的必然要求。

(一) 教育是最大的民生

民生是人民幸福之基、社会和谐之本,民生问题直接关乎人民福祉。党的十八大以来,习近平总书记多次发表重要论述,阐明自己的"民生观"。2012 年 11 月 15 日,习近平总书记在新一届中央政治局常委同中外记者见面时指出:"我们的人民热爱生活,期盼有更好的教育、更稳定的工作、更满意的收入、更可靠的社会保障、更高水平的医疗卫

---

① 中国经济周刊. 习近平:在全国脱贫攻坚总结表彰大会上的讲话[EB/OL]. (2026 - 02 - 26). https://baijiahao. baidu. com/s? id = 16927195180971536698.wfr = spider&for = pc.
② 吴文新. 社会主义核心价值观的中华文化解读——基于不同主体的践行视角[J]. 理论学刊, 2016(01):99—107.

生服务、更舒适的居住条件、更优美的环境,期盼孩子们能成长得更好、工作得更好、生活得更好。人民对美好生活的向往,就是我们的奋斗目标。"①2013 年 8 月在辽宁考察时习近平总书记再次强调:"让老百姓过上好日子是我们一切工作的出发点和落脚点。"②习近平总书记关于民生工作的重要论述,将"民生"与"国计"并置,把坚持和改善民生、增进人民福祉提高到了一个全新的高度。

作为培养人的实践活动,教育是民生之基,涉及千家万户,惠及子孙后代,是人民群众最关心的重要民生问题。党的十九届四中全会《决定》在民生保障制度部分,特别强调"构建服务全民终身学习的教育体系",充分说明教育是与人的发展、与人民群众的发展关联最为紧密的事业,是增进人民生存发展能力和提高生活质量的关键因素。我们要以人民为中心、以人民为本源、以人民为动力、以人民为标准办教育,在经济社会发展规划上优先安排教育、在财政资金投入上优先保障教育、在公共资源配置上优先满足教育。要持续巩固教育在人民利益当中的首要位置,在解决所有社会问题中首先解决民生问题,在民生问题中首先解决人民的受教育问题。

(二) 人民满意的教育首先应具备"人民性"

"为什么人的问题,是一个根本性的问题、原则性的问题"③。中国

---

① 人民网.习近平等十八届中共中央政治局常委同中外记者见面[EB/OL].(2012 - 11 - 15).http://jhsjk.people.cn/article/19591246.

② 人民网.习近平:深入实施创新驱动发展战略　为振兴老工业基地增添原动力[EB/OL].(2013 - 09 - 02).http://jhsjk.people.cn/article/22768582.

③ 毛泽东.毛泽东选集(第 3 卷)[M].北京:人民出版社,1991:857.

共产党来自人民、植根人民、服务人民,任何时候都把群众利益放在第一位。中国共产党的奋斗史,就是一部全心全意为人民服务的历史。除了工人阶级和最广大人民群众的利益,党没有自己特殊的利益。这就要求,我国教育事业必须服务于人民,必须办出人民满意的教育,而人民满意的教育首先应具备"人民性"。

一方面,人民性是中国特色社会主义教育的重要属性和基本特征。社会主义的一切教育理论都应致力于实现最广大人民群众的根本利益,这是马克思主义最鲜明的政治立场。坚持以人民为中心、办好人民满意的教育是社会主义教育的本质要求;为人民办教育、依靠人民发展教育,是中国特色社会主义教育的根本方向。教育工作要回归这个常识、回归这个本分、回归这个初心、回归这个梦想。这其中还须注意把握,人民既包含了群体,也包含了个体;人的全面发展既包含了群体(集体)的发展,也包含了个体的发展,既包含了人的共性的发展,也包含了个性的发展,既要重视全面发展,也要重视充分发展。

另一方面,教育的人民性体现为在更高水平上不断满足人民群众对更好教育的需要。党的十六大报告将"为人民服务"写入党的教育方针,强调"坚持教育为社会主义现代化建设服务"与"为人民服务"并重,既指出了教育改革的根本宗旨和发展方向,也对教育工作提出了明确要求。这就是要求教育事业必须秉持以人民为中心的发展思想,把握我国社会主要矛盾发生变化的实践要求,推动教育发展成果更多更公平地惠及全体人民。

具体来说,坚持教育为人民服务,就是要紧紧抓住人民群众最关心、最直接、最现实的利益问题,做到老百姓关心什么、期盼什么,我们就抓住什么,从让老百姓满意的事情做起,把民生疾苦放在心头,使人民的获得感、幸福感、安全感更加充实,更有保障,更可持续。坚持教育为人民服务,就是要自觉"以百姓心为心",自觉拜人民为师,把尊重社会发展规律、教育发展规律与尊重人民主体地位统一起来,广泛凝聚人民群众的实践智慧,使教育事业的改革发展获得最广泛的支持,依靠人民群众开创教育改革发展的新局面。

第二节　坚持以人民为中心办好更高质量的教育

党的十九届五中全会对今后到 2035 年的教育发展,提出了更高的目标,明确要建立高质量发展的教育体系,这也是我们实施教育强国战略、办好人民满意的教育的关键着眼点。如果说过去满足人民对教育"日益增长"的需要,主要靠做大教育规模来实现;那么,现在满足人民对教育"更加公平、更加优质"的需要,则要靠各级教育部门和各类教育机构在实践中不断增品种、提品质、创品牌来实现。

一、回应需求,满足人民群众对更好教育的期盼

教育是人民群众的精神需求,是实现自我价值和自我超越的需求。随着我国社会主要矛盾的变化,人民日益增长的美好生活需要已经并将越来越多地表现在对更好教育的期盼。这其中既包括对"有学上""上好学"的期盼,也包括对更加多元、更高质量教育的期盼。

(一) 满足"有学上"到"上好学"之盼

新中国成立以来,我国的教育事业取得了一系列成就,得到国人和世人的高度认同。习近平总书记 2014 年 9 月 9 日在同北京师范大学师生代表座谈时就指出,我们已经"建成了世界最大规模的教育体系,切实保障了亿万人民群众受教育的权利,极大提高了全民族素质,有力推动了经济社会发展。"①特别是在 2008 年,城乡义务教育全部免除学杂费,实现了由"人民教育人民办"到"义务教育政府办"的历史性转变;2012 年,国家财政性教育经费支出占 GDP 比重超过 4%,这是该目标自 1993 年提出以来首次得以实现;到 2020 年,我国平均两个人中就有一个人可以接受高等教育,高等教育进入普及化阶段,实现历史性的跨越。可以说,目前让人民"有学上"的问题已经得到基本解决。

正如改革开放只有进行时、没有完成时一样,我国教育事业改革发展特别是教育质量的提高同样是永无止境、永远在路上。随着新时代我国社会主要矛盾的变化,特别是随着我国经济发展和人民生活水平的提高,人民群众对教育的心理预期、目标参照和"满意"的维度都在发生深刻变化,普遍迫切期待自己的教育选择能够更加优质、成长道路能够更加宽广,自己的学业提升通道、职业晋升通道、社会上升通道更加畅通。正如习近平总书记指出的,"我国经济总量虽然已经是世界第二,但我国还是世界上最大的发展中国家,还处在社会主义初级阶段,各种教育资源历史积累不足,地区之间教育发展不平衡,教育总体条件还不是很理想……继续大力推动教育改革发展,使我国教育越办越好、

---

① 人民网. 习近平同北京师范大学师生代表座谈时的讲话[EB/OL]. (2014 - 09 - 10). http://politics. people. com. cn/n/2014/0910/c70731-25629093-3. html.

越办越强。"①"使我国教育越办越好、越办越强",既是人民群众的迫切要求,也是教育战线的"当务之急"。我们必须加快发展更加公平更高质量的教育,力争让每一个孩子都能在"有学上""不失学"的基础上,实现"上好学"的新期盼。

(二)适应不断升级和个性化的教育需要

按照马斯洛的需求层次理论模型,人的需要是一个由低到高、逐渐形成并逐级得到满足的动态发展过程。伴随人民日益增长的美好生活需要,人民对教育的需求也在不断升级,且呈现个性化特点。现阶段人民对"更好的教育"的期盼,主要集中体现为"不断升级和个性化"的需要上;现阶段群众对教育的抱怨和不满,也主要体现在教育部门和教育机构难以满足其"不断升级和个性化"的需要上。

每一个人对好的教育、优质的教育的评判标准,是有差异的;同一个人的评判标准,在不同的发展阶段,也是不同的。所以要随着社会经济的发展,不断地进行改革,不断地提供更好更优质的教育。目前人民群众需要的是优质且实惠的教育资源。经济条件好的人可以通过购买的方式获取优质教育资源,而经济条件不足的人,则难以实现其对"更好的教育"的需求。越来越多的家庭对教育选择的意识增强,为了不让孩子输在起跑线上,从幼儿园阶段就开始增加教育投资,对私立学校和课外辅导的需求格外旺盛,比如,当前各种校外"辅导班""夏令营""奥

---

① 人民网. 习近平同北京师范大学师生代表座谈时的讲话[EB/OL]. (2014 - 09 - 10). http://politics. people. com. cn/n/2014/0910/c70731-25629093-3. html.

数热"乃至"海外游学"等现象越来越多。这些社会现象都反映出人民群众对优质教育的急切需求。而如何利用有限教育资源满足多样化的需求,成为教育需要解决的现实问题。这也是各级教育部门、各类教育机构、学生家长和社会各有关方面都应该承担起的责任。我们既要满足人民群众当前的教育需要,又要引导人民群众对教育的现实的、正确的、合理的需求,满足人民群众的长远需要,兼顾国家整体利益和人民群众的长远利益。

（三）回答好"钱学森之问"

2005 年 7 月 29 日,钱学森在时任国务院总理温家宝看望自己时提出:"现在中国没有完全发展起来,一个重要原因是没有一所大学能够按照培养科学技术发明创造人才的模式去办学,没有自己独特的创新的东西,老是'冒'不出杰出的人才。这是很大的问题。"[①]此后,人们把"为什么我们的学校总是培养不出杰出的人才"这个问题,形象地称之为"钱学森之问"。

"钱学森之问"寄托着老一辈科学家对我国教育事业发展和人才培养的深情关怀,同时也反映了国家和人民对杰出人才的渴求,折射出人民群众对更高质量教育的期盼。要在新的时代背景下回答好"钱学森之问",我们教育战线就不仅要培养造就数以亿计的高素质劳动者、数以千万计的专门人才,而且要培养造就一大批拔尖创新人才,努力建设一支规模宏大、结构合理、素质较高的人才队伍,开创人才辈出、人尽其

---

① 光明网.钱学森:中国大学老是冒不出杰出人才是很大问题[EB/OL].（2015 - 10 - 16）. http://tech. gmw. cn/scientist/2015-10/16/content_17364197. htm.

才的新局面。党的十八大以后,习近平总书记在提出创新驱动发展战略的同时指出:"创新驱动实质上是人才驱动。"同时,他还提出三个重要概念:一个是"塑造更多依靠创新驱动、更多发挥先发优势的引领性发展"①,一个是实现更多"颠覆性创新"②,努力实现更多"从 0 到 1"③的突破;一个是培养造就更多"创新型科技人才"④,包括一批"世界级科技大师、领军人才、尖子人才"⑤。这三者是相辅相成、相互促进的:要实现"引领性发展",离不开"颠覆性创新"和"创新型科技人才"的支撑;要瞄准世界科技前沿不断实现"颠覆性创新",就需要有一大批"创新型科技人才"包括"具有国际水平的战略科技人才、科技领军人才、创新团队"⑥的努力;反之,这些"创新型科技人才"的脱颖而出和苗壮成长,又离不开"引领性发展"和"颠覆性创新"这个主战场的磨炼与检验。

在塑造更多依靠创新驱动、更多发挥先发优势的引领性发展过程中,无论是实现"颠覆性创新",还是培养更多"创新型科技人才",包括"具有国际水平的战略科技人才、科技领军人才、创新团队",都必须认真吸收世界上先进的办学治学经验,遵循教育规律和人才成长规律,改

① 人民网. 全国科技创新大会两院院士大会中国科协第九次全国代表大会在京召开　习近平发表重要讲话[EB/OL]. (2016 - 05 - 30). http://jhsjk. people. cn/article/28393641.

② 人民网. 习近平在省部级主要领导干部学习贯彻党的十八届五中全会精神专题研讨班上的讲话[EB/OL]. (2016 - 05 - 10). http://jhsjk. people. cn/article/28337020.

③ 人民网. 中共中央国务院隆重举行国家科学技术奖励大会　习近平出席大会并为最高奖获得者等颁奖[EB/OL]. (2020 - 01 - 10). http://jhsjk. people. cn/article/31543485.

④ 人民网. 习近平:坚定不移创新创新再创新　加快创新型国家建设步伐[EB/OL]. (2014 - 06 - 09). http://jhsjk. people. cn/article/25125079.

⑤ 人民网. 习近平:为建设世界科技强国而奋斗[EB/OL]. (2015 - 05 - 31). http://jhsjk. people. cn/article/28399667.

⑥ 人民网. 习近平:在科学家座谈会上的讲话[EB/OL]. (2020 - 09 - 11). http://jhsjk. people. cn/article/31858756.

进人才培养机制,完善创新人才培养模式。要在坚持公平和兼顾效率的同时,坚持激励和引导并重,把各方面人才推动创新驱动发展战略的积极性、主动性、创造性最广泛地调动起来、最充分地发挥出来。

二、丰富内涵,提高人民群众的教育获得感

"民之所望,政之所向"。人民群众的教育获得感就是对教育质量高与不高的有效评判标准。为此,我们要千方百计地创新教育形式、完善制度设计、加大投入力度,通过不断丰富的教育供给,来实实在在地提高人民群众的教育获得感。

(一)发展适合每个人的教育

"教育要注重以人为本、因材施教"①。因材施教是教育的基本原则,这是因为每个人都享有受教育的权利,而且每个人都渴望得到适合自己的教育,都渴望拥有人生出彩的机会。习近平总书记 2013 年 3 月 17 日在十二届全国人大一次会议上指出:"生活在我们伟大祖国和伟大时代的中国人民,共同享有人生出彩的机会,共同享有梦想成真的机会,共同享有同祖国和时代一起成长与进步的机会。"②习近平总书记强调的"人生出彩",其实质是一种人生价值的实现、生命力的彰显。而这正是每一个社会人都渴求的。生命成长基于适合的教育,教育的本质

---

① 人民网.习近平:全面贯彻落实党的教育方针　努力把我国基础教育越办越好[EB/OL].(2016-09-09). http://jhsjk. people. cn/article/28705338.
② 国务院新闻办公室会同中央文献研究室,中国外文局.习近平谈治国理政(第一卷)[M].北京:外文出版社,2018:40.

在于服务生命成长。随着社会发展,人民群众"人生出彩"的渴望,越来越多地转变为对适合自己的优质教育的渴求。

发展适合每个人的教育就是要努力让不同性格禀赋、不同兴趣特长、不同素质潜力的学生都能接受符合自己成长需要的教育。我们一方面要针对不同教育阶段的特点扩大优质和多样的教育供给;另一方面要合理引导家长预期,宣传有教无类、因材施教等科学教育观念,让大家明白合适的教育才是最美好的教育。

(二)搭建多样化人才成长"立交桥"

人才类型不是单一的,会随着社会发展而日益多元。社会需求、社会分工的多层次、多样性以及遗传信息的特异性都决定了人的多样性、复杂性。只有承认人与人的差异性,才能充分发挥个体潜能,促进人才个性化、多样化发展。从社会的视角看,社会对人才的知识结构、素质与能力等不断提出新要求;从受教育者的视角看,在希望上好学、成绩好的同时,提升综合素养、促进个性化发展,也逐渐成为学生和家长的一种新需求。需求催生变革,面对社会和受教育者两方面的新要求,迫切需要我们提供一种适应多样化需求的教育,建立起多样化人才成长"立交桥"。

举例来说,当前我国职业教育既面临着大好的发展机遇,也面临着诸多制约因素。接受职业教育的学生在就业前景、收入水平、社会地位等方面,普遍低于接受普通高等教育的学生。他们在劳动力市场上受到歧视,职业生涯发展更容易遇到天花板。而且,一旦进入职业教育体系,再接受学术性教育就面临障碍。出现这种现象的根本原因在于,学术性资格与职业性资格无法互认和衔接,职业教育和普通教育之间存在着难以逾越的鸿沟,人才成长的立交桥难以建立。再比如,当前我们正着力构建服务全民终身学习的教育体系,那么如何处理好国民教育和终身学习的关系,如何解决好学前教育、职业教育、继续教育的短板问题,如何形成职业教育、高等教育、继续教育统筹协调发展机制,这些都是构建终身学习"立交桥"要解决的现实问题,需要我们在制度、管理、评价等多方面同步进行全面、深刻、系统的改革。

关于人才多样化发展,早在 1990 年,时任宁德地委书记的习近平同志就指出:"在坚持优先发展教育的同时,要将数量发展与教育结构的调整结合起来,要将普及和提高结合起来,要建立基础教育、职业技术教育、成人教育'三位一体'的教育体系。"①应该说,职业教育的一大特点与优势就在于,职业教育可以很好地与其他类型教育有机衔接、协调发展,是优化教育结构、畅通人才多元化成长渠道的重要"枢纽"。我们要牢牢抓住职业教育的这一突出特征,破解教育体制机制障碍,深化职普融通,加强职业教育与基础教育、高等教育、继续教育的沟通和协调发展,最终搭建起沟通各级各类教育、衔接多种学习成果的多样化人才成长"立交桥",让每个孩子都能实现类型上的差异化发展。

（三）加大投资于人的力度

"加大投资于人的力度"是习近平总书记 2015 年 12 月 18 日在中央经济工作会议上的讲话中提出的一个重要思想,其精神实质,就是做

---

① 习近平. 摆脱贫困[M]. 福州:福建人民出版社,1992:7.

到：既让人们的物质生活更殷实，又让人们的精神状态更昂扬；既让人们的衣食住行更便捷，又让人们的科学文化和思想道德素质更健全。而实现这一目标的直接路径或举措，就是加大对教育的投入。也就是说，加大投资于人的力度，是办好人民满意的教育，提高人民群众教育获得感的关键一招。

习近平总书记之所以如此高度重视对人的投资，主要原因就在于我国人口老龄化日趋严重，必须通过加大投资于人的力度，尤其是投资于教育的力度，来实现我国人口红利由量的积累向质的提升这一根本性转变。当然，要不断加大投资于人的力度，也是因为不同的投资方向会产生不同的结果。其中，投资于"物"形成的是实物资本，投资于"生态"形成的是自然资本，投资于"人"形成的则是人力资本。毫无疑问，在这三大类资本中，最宝贵最难得的是人力资本。同时，现在我国还有大量货币资本找不到出路，应当通过政府和社会合作的有效方式，积极引导这些资本加快投向人力资本，使之与高铁、新能源和现代通信等基础设施一道，形成对我国经济社会发展一"软"、一"硬"的两大战略性支撑。

加大投资于人的力度，包括投资于教育的力度，不仅是推动经济社会持续健康发展的内在要求，也是各级党委、政府和领导干部的职责所在。各级干部特别是领导干部的担当和作为，不仅要体现在全面推进"五位一体"总体布局和协调推进"四个全面"战略布局上，而且要体现在对教育、对人的全面发展的高度重视和积极作为上。现在，从中央到地方、从党委到政府、从领导干部到基层群众，都高度重视教育事业发展，不断加大对人的投资，收到了明显效果。我们要持续加大对人的投资，科学确定国家财政性教育经费支出占国内生产总值的比例，并将教育作为各级政府财政支出重点领域给予优先保障。各级领导干部也应真正高度重视教育工作，要舍得加大对教育事业的投入，为教育高质量发展提供充足的经费保障。

三、聚焦质量，提升人民群众的教育满意度

办好更高质量的教育，关键是要勇于直面人民群众关注的教育热点难点问题。归结起来，就是要围绕"质量"这个核心，聚力促均衡、提质量、破难题、抓关键、强弱项，实施好教育提质扩容工程，办好各级各类教育，整体提升人民群众的教育满意度。

（一）促均衡，巩固提高义务教育

义务教育是教育工作的重中之重，是国家必须优先发展和保障的基本公共事业。自 2005 年国家推出义务教育均衡发展的若干政策以来，义务教育均衡发展已经取得了显著成效。截至 2020 年 5 月，全国已有 95.32％的县（市、区）实现义务教育基本均衡，共 23 个省份整体通过县域义务教育基本均衡发展国家督导评估认定。[①] 与此同时，我们也应该清醒地看到义务教育基本均衡的成果还需要进一步巩固、办学标准还需要进一步完善、城乡一体化推进还需要进一步发力。

《中华人民共和国国民经济和社会发展第十四个五年规划和 2035年远景目标纲要》已经提出了"巩固义务教育基本均衡成果，完善办学

[①] 中华人民共和国教育部. 全国已有 95.32％的县（市、区）实现义务教育基本均衡［EB/OL］. (2020 - 05 - 19). http://www. moe. gov. cn/fbh/live/2020/51997/mtbd/202005/t20200520_456728. html.

标准,推动义务教育优质均衡发展和城乡一体化"①的要求。我们要把推进义务教育均衡发展作为社会主义初级阶段推进构建和谐社会的必然之举,作为建设高质量教育体系的必然要求来抓:一是要聚焦质量,巩固已取得的义务教育基本均衡成果,继续开展义务教育发展基本均衡县(市、区)督导评估认定;在 2019 年底,全国义务教育大班额、超大班额比例分别降至 3.98％和 0.24％,比 2015 年下降了 10.1、4.8 个百分点②的基础上,持续化解义务教育"大班额"问题,如:合理分流学生,适当稳定农村学校生源,防止学生过度集中在热点区域的热点学校,避免产生新的"大班额"问题。二是要强化举措,不断深化义务教育均衡发展成果。考虑启动全国义务教育发展优质均衡县(市、区)督导评估认定工作;聚焦乡村小规模学校(指不足 100 人的村小学和教学点)和寄宿制学校的基本办学条件短板,合理确定两类学校校舍建设、装备配备、信息化、安全防范等基本办学标准;统筹全面改善贫困地区义务教育薄弱学校基本办学条件和教育现代化推进工程项目,特别是加快实现两类学校宽带网络全覆盖,利用信息技术共享优质资源。

(二)提质量,推进学前教育和高中阶段教育普及

加快发展学前教育和高中阶段教育,是巩固义务教育普及成果的

---

① 中华人民共和国中央人民政府. 中华人民共和国国民经济和社会发展第十四个五年规划和 2035 年远景目标纲要[EB/OL]. (2021 - 03 - 13). http: www. gov. cn/xinwen/2021-03/13/content_5592681. htm.

② 中华人民共和国教育部. 确保圆满收官 推进全面提质——"十三五"我国基础教育改革发展成就介绍[EB/OL]. (2020 - 12 - 10). http://www. moe. gov. cn/fbh/2020/52763/sfcl/202012/t20201210_504515. htm.

重要举措，也是逐步扩展基本公共服务范围的主要方向和领域。目前，我国学前教育资源尤其是普惠性资源供给不足，"入公办园难""入普惠园难""就近入园难"依然是困扰老百姓的"烦心事"；高中阶段教育发展面临部分地区普及程度低、职普比例不协调、总体资源缺口和投入需求较大等问题。可以说，学前教育和高中阶段教育发展不平衡不充分问题十分突出，是我国教育体系的薄弱环节，需要围绕人民群众的质量要求，推进学前教育普惠发展，推进高中阶段教育普及。

推进学前教育普惠发展：要全面贯彻落实好《中共中央国务院关于学前教育深化改革规范发展的若干意见》。充分发挥公办园保基本、兜底线、引领方向、平抑收费的主渠道作用，鼓励扶持更多的民办园提供普惠性服务，着力构建以普惠性资源为主体的办园体系，基本建成广覆盖、保基本、有质量的学前教育公共服务体系。同时，完善普惠性学前教育保障机制，探索建立健全公办园生均拨款制度、普惠性民办园认定标准与补助制度，发挥各级财政支持学前教育发展的引导作用。

推进高中阶段教育普及：一要着重巩固提高中等职业教育发展水平。扩大教育资源，加强条件保障，促进公办民办共同发展，实现普通高中教育和中等职业教育协调发展。二要推动中西部省份扩大普通高中教育资源，基本解决普通高中"大班额"问题，减少超大规模学校。同时，鼓励高中阶段学校多样化发展，满足青少年接受良好高中阶段教育的需求。

（三）破难题，加快发展现代职业教育

职业教育是现代国民教育体系的重要组成部分，在实施科教兴国战略和人才强国战略中具有特殊的重要地位。人民群众对教育满意与否,根本在于教育包括职业教育是否实现了高质量。进入新时代,我国产业发展在经历了30多年的快速增长后,逐步实现了从劳动密集型、资源密集型转向技术密集型的转变。产业要升级,必然需要高技术技能人才,然而,我国的高技术技能人才占比非常低,社会上出现了高薪难觅高技术技能人才的现象。比如,2017年我国农民工约有2.87亿人,但接受过农业或非农职业技能培训的比例只有33%。此外,企业参与办学的动力不足,办学和人才培养质量水平参差不齐,有利于技术技能人才成长的配套政策尚待完善,严重制约了职业教育现代化水平的提升。

如何让职业教育火起来,助力新发展阶段产业升级和结构调整,成为教育人共同思考的问题,也是党中央、国务院关注的重大问题。为此,2014年4月23日,国务院召开全国职业教育工作会议。2018年11月14日,习近平总书记主持召开中央全面深化改革委员会第五次会议,审议通过了《国家职业教育改革实施方案》。可以说,职业教育发展迎来了大好发展机遇,同时也面临挑战,需要我们紧扣"越办越好、越办越强"和"人无我有、人有我优、技高一筹"的要求,坚持高度重视、加快发展的工作方针,坚定服务发展、促进就业的办学方向,破解制约职业教育发展的瓶颈和难题,推动我国职业教育加快由量的规模扩张转向质的显著提升,努力下好职业教育改革发展的一盘大棋。

（四）抓关键,推进一流大学和一流学科建设

高等学校特别是一流大学和一流学科,是创新人才的培养摇篮和

知识创新的重要基地。通过建设世界一流大学和一流学科,汇聚优质资源,培养一流人才,产出一流成果,是党中央作出的提高高等教育发展水平、增强国家核心竞争力的战略决策,是引领新时代高等教育内涵式发展、从高等教育大国到高等教育强国历史性跨越的关键举措。2017 年 9 月,国家确定并公布首批双一流大学建设高校 137 所,其中一流大学建设高校 42 所(A 类 36 所,B 类 6 所),一流学科建设高校 95 所。[1]

那么,怎样才能办好世界一流大学和一流学科呢? 概括起来,就是"世界一流、中国特色"这两句话、八个字。用习近平总书记的话来说:"办好中国的世界一流大学,必须有中国特色。没有特色,跟在他人后面亦步亦趋,依样画葫芦,是不可能办成功的。这里可以套用一句话,越是民族的越是世界的。世界上不会有第二个哈佛、牛津、斯坦福、麻省理工、剑桥,但会有第一个北大、清华、浙大、复旦、南大等中国著名学府。我们要认真吸收世界上先进的办学治学经验,更要遵循教育规律,扎根中国大地办大学。"[2]贯穿其中的根本要求,就是在新的历史起点上推进世界一流大学和一流学科建设,必须在扎根中国大地办大学的实践中,坚持以中国特色和世界一流为核心,以支撑创新驱动发展战略、服务经济社会发展为导向,坚持走内涵式、特色型、个性化的发展路子,做到大力提升人才培养水平和全面增强科学研究能力两手抓、两手硬,

① 中国教育和科研计算机网.三部门关于公布世界一流高校和一流学科建设高校及建设学科名单的通知[EB/OL]. (2017 - 09 - 21). http://www. edu. cn/edu/jiao_yu_bu/xin_wen_dong_tai/201709/t20170921_1555828. shtml.

② 人民网.习近平在北京大学师生座谈会上的讲话[EB/OL]. (2014 - 05 - 04). http://edu. people. com. cn/n/2014/0505/c1053-24973276. html.

既培养造就一大批适应国家经济社会发展需要的高层次、卓越拔尖人才，又力争实现前瞻性基础研究、引领性原创成果的重大突破，服务全面建设社会主义现代化国家伟大事业。

（五）强弱项，办好继续教育

继续教育是终身教育体系和学习型社会的重要组成部分，是持续开发人力资源、满足广大社会成员日益增长的多样化学习需求的重要途径。相对于学校教育体系来说，我国继续教育的层次化、法制化、信息化、高端化不足，是我国现行教育体系中最为薄弱的环节。在新时代新要求下，加快办好继续教育，要建立健全网络化、数字化、个性化、终身化的继续教育体系，完善终身学习支持服务平台。

具体来说，就是要做到"六个更"，即"更多供给""更高质量""更优制度""更新技术""更全保障"以及"更强治理"。一要更多供给。消除继续教育中各种形式的排斥、边缘化、不平等和歧视，提高社区教育和老年教育的参与率。二要更高质量。鼓励第三方继续教育质量认证、监测与评估，完善人才培养资源要素标准，建立健全办学条件标准，持续提升人才培养质量。三要更优制度。建立健全国家学分银行制度和学习成果认证制度，构建更加开放畅通的人才成才通道。四要更新技术。建设覆盖全国城乡、开放便捷、数字化的终身学习公共服务平台，促进继续教育在5G时代创新发展。五要更全保障。提升继续教育法制化水平，加大投入为保障，完善激励为重点的全方位支撑保障体系。六要更强治理。促进学校教育与继续教育、职前教育与职后教育的沟通衔接，大力推进继续教育治理体系和治理能力现代化。

第三节 坚持以人民为中心要办好更加公平的教育

教育能否满足人民群众日益个性化、多样化、不断升级的需求，归根结底取决于能否做到"公平而有质量"这个关键所在。如果说"百年大计，教育为本"，那么"公平而有质量"就是教育这个百年大计的"本中之本"。我们要建设的教育强国，强就强在"公平而有质量"这个核心所在。"公平而有质量"是一个有机统一的整体，"公平"和"质量"相辅相成、相互促进。只有充分认识并在最大程度发挥教育公平对促进社会公平正义的意义与作用，使教育发展成果更多更公平惠及全体人民，才能真正实现办好人民满意的教育。换句话说，"教育"固然重要，以更加公平和更加优质为核心内涵和显著标志的"好的教育"尤为重要。

一、教育公平是社会公平的重要基础

"治天下也，必先公，公则天下平矣《吕氏春秋·孟春纪·贵公》"，公平正义是人类社会的共同理想，教育公平则是社会公平的重要基础。教育公平，不仅与我们的教育宗旨紧密相连，还与改变中华民族的素质紧密相连，与共同富裕的基本国策紧密相连。教育公平与社会公平的内在联系，阐释了教育公平对促进社会公平的重大意义。

（一）教育是阻断贫困代际传递的重要途径

治贫先治愚，扶贫先扶智。[①] 教育在阻断贫困代际传递中，发挥着"拔断穷根"的基础性、持久性作用，这正是教育扶贫在精准扶贫中的特殊地位。促进教育强民，坚决打赢教育脱贫攻坚战，是贫困地区和家庭对教育的最大期盼，更是面向未来的中国教育对人民期盼的最好回应。

早在担任宁德地委书记时，习近平同志就谈到过教育上的马太效应：越穷的地方越难办教育，但越穷的地方越需要办教育，越不办教育就越穷。这种马太效应，实际上也是一个"穷"和"愚"互为因果的恶性循环。党的十八大以后，习近平总书记又明确指出："贫困地区教育事业是管长远的，必须下大气力抓好。""要推进教育精准脱贫，全面改善贫困地区义务教育学校基本办学条件，重点帮助贫困人口子女接受教育，有效阻断贫困代际传递，让每一个孩子都对自己有信心、对未来有希望。"他还明确提出，国家教育经费要继续向贫困地区倾斜、向基础教育倾斜、向职业教育倾斜，特岗计划、国培计划同样要向贫困地区基层倾斜。要加大支持乡村教师队伍建设力度，建立省级统筹乡村教师补充机制。要探索率先从建档立卡的贫困家庭学生开始实施普通高中教育免学(杂)费，落实中等职业教育免学(杂)费政策，实行大城市优质学校同贫困地区学校结队等帮扶政策。要对农村贫困家庭幼儿特别是留守儿童给予特殊关爱，探索建立贫困地区学前教育公共服务体系，等等。所有这些都是我们党和国家在新形势下为彻底摆脱"'穷'和'愚'互为因果的恶性循环"提出的重大举措。新时代背景下，以教育扶贫阻断贫困代

[①] 人民网.习近平谈消除贫困：开对了"药方子"才能拔掉"穷根子"[EB/OL]. (2017 - 06 - 27). http://cpc. people. com. cn/xuexi/n1/2017/0627/c385474-29364950. html.

际传递,要求我们切实抓好贫困地区的教育工作,既要进一步拓展教育的社会功能,促进知识、科技赋能贫困地区自我造血;更要做好脱贫攻坚与乡村振兴的有效衔接,推进城乡基本教育公共服务均等化。

(二) 教育是助力人人有业乐业的有效载体

技能富民、就业安民,就业是民生之本、稳定之基、安国之策,而教育是助力更高质量和更充分就业的根本之策。近年来,我国面临的失业问题主要是结构性问题。我国劳动年龄人口数量自 2012 年以来连续下降,预计"十四五"期间我国劳动年龄人口将进一步减少 3 500 万人,并从轻度老龄化进入重度老龄化。但与之相对的是,我国就业压力却并未从根本上得到缓解。随着我国供给侧改革的深入推进,大量"僵尸企业"从市场上出清,特别是大量新技术、新业态、新商业模式不断涌现,持续不断地加剧了我国就业市场面临的结构性问题:一些人因为缺乏职业技能,或者在就业意愿上"高不成低不就"而难以就业;一些工作岗位又因为技能要求高,或者盲目追求"高学历、海外经历和知名院校"等就职条件而招不到人。

解决这个问题,关键就是要发展教育,推进人才培养供给侧与产业需求侧相匹配。既要大力优化高校专业结构,切实增强学生技能与就业市场需求的匹配程度,又要大力做好学生就业的能力培养和创业的孵化引导。这其中很重要的一项工作,就是要加强职业教育,在引导全社会包括学生、家长树立正确人才观,营造人人皆可成才、人人尽展其才的良好环境的基础上,通过深化体制机制改革,创新各层次各类型职业教育模式,坚持产教融合、校企合作,坚持工学结合、知行合一,努力培养数以亿计的高素质劳动者和技术技能人才。特别是要加大对农村地区、民族地区、贫困地区职业教育的支持力度,因为一个贫困家庭的孩子如果能够通过接受职业教育掌握一技之长,脱贫就有希望。"一人就业,全家脱贫"已经成为现实。

二、让教育发展成果更多更公平惠及全体人民

发展公平而有质量的教育,首要任务就在于解决教育发展不平衡不充分问题,让教育发展成果更多更公平惠及全体人民,既在"量"上扩张,更在"质"上提高,进而保障人民受教育机会的"一个不能少",保障教育过程的"为每个孩子提供适合的教育",保障教育结果的"让每个孩子都能成为有用之才"。

(一)保障每个人平等受教育权利,实现机会公平

保证每个人平等受教育是中国共产党始终坚守的民生底线,是实现教育机会公平的基本要求。李克强总理在政府工作报告中强调要"在教育公平上迈出更大步伐,更好解决进城务工人员子女就学问题。"①这是实现党的十九大报告关于"努力让每个孩子都能享有公平而有质量的教育"这一庄严承诺的必然要求,也是满足人民日益增长的教育需求的必然要求。改革开放以来,我们紧紧盯住教育公平不放,在城乡、区域、校际等方面采取一系列措施,取得了明显的进步。但是,从目前情况来看,我国城乡、区域、校际之间的差距还不小,促进教育公平的任务还很艰巨。

---

① 中国政府网.政府工作报告——2021年3月5日在第十三届全国人民代表大会第四次会议上[EB/OL].(2021-03-05).http://www.gov.cn/zhuanti/2021lhzfgzbg/.

制约教育机会公平的因素有很多,包括经济社会发展不均衡的外部因素,也包括教育政策、制度、经费投入、资源分配等内部因素。这其中,教育投入不足、资源配置不合理应是引发教育机会公平缺失的主要原因。比如,近年来我国学前教育发展虽然取得突破性进展,学前3年毛入园率有了大幅度提升,但入园难、入园贵问题在一些地区仍较突出。特别是随着"全面二孩"政策的实施和城镇化进程的加速,学前教育资源不足的矛盾还会持续存在。再比如,各地重点中小学校和普通中小学校,在硬件设备、校舍条件、师资水平、生源质量、经费投入上的差距也十分巨大,并引发了各种形式的"择校潮"。催生这些现象的原因,说到底就是优质教育资源在城乡、区域和校际之间的分配不均衡,严重影响了大多数青少年接受高质量教育的平等机会。所以说,要想切实保障人民受教育机会的"一个不能少",让每一个孩子都能"有学上""上好学",就要着力增加教育资源总量,推进教育提质扩容。包括分步骤、有计划新建和改扩建一批幼儿园、中小学、高中学校,大规模增加教育资源供给,尤其是加强县域高中建设,完成十九大报告提出的"普及高中阶段教育"的任务要求。

(二)加速教育优质均衡发展,确保过程公平

如果说资源配置不合理是制约教育机会公平的主要因素,那么解决教育发展不平衡不充分问题,促进教育优质均衡发展便是当下确保教育过程公平的首要任务。进入新阶段,站在新起点,人民群众对优质教育的渴求,对教育公平的关注,对教育质量的全面要求,比以往任何时候都更加迫切和强烈。我们要着力解决优质教育资源不足、区域分布不均衡问题。比如,我们在实践中也可以积极探索委托管理、集团化

办学等多种办学模式,扩大优质教育资源覆盖面;同时,通过实施城乡学校对口帮扶,帮助乡村薄弱学校提升教学水平和质量。再比如,我国高中教育已进入普及攻坚阶段,必须立足高起点、着眼高质量,积极创新育人模式,不断深化课程和教学改革,突出课程基础性、多样性和选择性,明确基于核心素养的学业质量标准。

促进教育优质均衡发展,确保在教育过程中"为每个孩子提供适合的教育",我们要兼顾抓好两方面工作:一方面,要做到有质量的公平。所谓有质量的公平,就是把质量和公平有机融合起来,用公平支撑质量,用质量牵引公平。解决好"共同富裕"的问题,既解决好普及的问题,也解决好精英教育的问题。另一方面,要做到有差异的均衡。中国这么大,我们齐步走向现代化不可能,在同一时间、同一区域,满足所有人对高质量教育的需求也做不到。因此,我们的战略只能是非均衡战略,有差异的均衡。把全国划成若干个区域,每个区域都有自己教育事业的"帕累托改进",由差异走向均衡。我们现在已经实现了以县为单位的基本均衡,下一步是以市为单位的基本均衡,有条件的地方,可以省为单位均衡发展。

(三) 以人的自由全面发展为目标,追求结果公平

促进人的全面发展,是历史唯物主义的精髓,也是以人民为中心发展教育的理论基础。马克思、恩格斯在《共产党宣言》中指明,"代替那存在着阶级和阶级对立的资产阶级旧社会的,将是这样一个联合体,在那里,每个人的自由发展是一切人的自由发展的条件"[①]。实现所有人

[①] 搜狐网. 共产党宣言(全文)[EB/OL]. (2018 – 04 – 25). https://www.sohu.com/a/229454624_99960507.

的自由全面发展正是我们追求教育结果公平的目标所在。换句话说，就是要提升国民素质，不断促进人的全面发展，在教育结果上实现"让每个孩子都能成为有用之才"。

党的十九届五中全会审议通过的《规划建议》和政府工作报告均提出，要发挥在线教育优势，完善终身学习体系。这为我们在新的历史起点上推进教育公平指明了方向。这说明，当前以结果公平为导向办好更加公平、更加优质的教育，就是要抓好在线教育和终身学习两个重点工程。关于在线教育，我们要将着力点放在发挥在线教育优势上。当前，我国在线教育已经发展到了相当规模，在线教育优势初步显现。2020年，在突如其来的新冠肺炎疫情导致全球各类学校大规模停课、大量学生面临着"无学可上"的困境中，教育部发出"停课不停学、不停教"倡议，中国教育战线启动了人类历史上最大规模的在线教育，守护了亿万学生身心健康，为抗击疫情、全面有序复学复课作出了重要贡献。接下来，我们要在已有规模的基础上，进一步发挥好在线教育在促进教育公平中的独特优势和重要作用，以现代信息技术为支撑，建立起人人皆学、处处能学、时时可学的学习型社会。关于终身学习，我们要将着力点放在构建服务全民终身学习的教育体系上。这其中，要特别注重发挥继续教育的功能与优势。通过促进继续教育的全纳和公平，来充分发挥继续教育促进教育公平和社会公平的重要作用。具体来说，就是要努力消除继续教育中各种形式的排斥、边缘化、不平等和歧视，使继续教育机会和资源能惠及每个学习者。

第四章 教育的发展道路

坚持扎根中国、融通中外，
努力建设中国特色、世界
水平的现代教育

"中国的事情必须按照中国的特点、中国的实际办,这是解决中国所有问题的正确之道",[1]教育事业也是如此。在全国教育大会上,习近平总书记以宽广的全球视野和深邃的历史眼光指明了中国教育现代化的发展路径,强调要扎根中国、融通中外、立足时代、面向未来,发展具有中国特色、世界水平的现代教育。因此,我国要坚定不移扎根中国大地办好体现中国特色的教育,就要树立中国特色社会主义教育自信,加快推进高水平教育对外开放,建设中国特色、世界水平的现代教育。

第一节　立足时代,坚定中国特色社会主义教育自信

党的十八大以来,以习近平同志为核心的党中央基于我国经济社会发展的历史性成就,提出了要坚定"中国特色社会主义道路自信、理论自信、制度自信、文化自信",这实质是对全党、全国各族人民精神状态的一种政治要求和精神总动员,既对我们过去的实践给予了充分肯定,更对我们坚定发展道路提供了科学的立论依据。同样,建设中国特色、世界

---

[1] 新华网.习近平:在纪念邓小平同志诞辰 110 周年座谈会上的讲话[EB/OL]. (2014 - 08 - 20). http://www.xinhuanet.com/politics/2014-08/20/c_1112160001.htm.

水平的现代教育,其关键前提必然是要坚定教育自信,要在科学理性的教育事实研判中,沿着中国特色社会主义教育道路坚定不移地走下去。

一、充分认识教育自信的重要意义和立论依据

(一)建设教育强国要求全教育战线彰显教育自信

牢固树立"四个自信"必须要坚定教育自信。"四个自信"是对党和国家全部事业发展方向的价值引导,坚持"四个自信",必须要体现在全社会各个领域、各条战线。教育是社会大系统中的子系统,在某种程度上看,教育战线坚定"四个自信"就是要坚定教育自信。习近平总书记在北京大学考察时强调,要把中国特色社会主义道路自信、理论自信、制度自信、文化自信转化为办好中国特色世界一流大学的自信。这就充分说明,教育自信是教育战线全面落实"四个自信"的具象表征和实践要求。只有坚定教育自信,才能在塑造民族信仰、延续民族文化的过程中,不断推进中华民族的发展嬗进。如果没有教育自信,则会丢失了文化的魂、教育的魄,对教育和社会发展造成不可估量的损失。

由教育大国到教育强国的迈进必须要坚定教育自信。教育是民族振兴、社会进步的重要基石。所谓强国必先强教,实现中华民族伟大复兴中国梦,需要教育大有作为、续写华章。在从教育大国向教育强国、从人力资源大国向人力资源强国迈进的新征程上,我们必须要坚定教育自信,要把我们已被实践证明的特色化的教育道路、教育制度、教育理论、教育政策等毫不动摇地坚持下去,不断推进我国教育事业跃上新台阶,促进中国教育从"跟跑""并跑"向"领跑"迈进,更加有力地支撑我国经济转型升级和创新驱动战略。

对"教育自卑"的价值矫正必须要坚定教育自信。改革开放以来，我国教育在本土化的探索中逐渐摸索到了自己的社会方位和实践坐标，在某种程度上显示出了一定的教育自信。但在一些全局性或局部性的改革实践中，也时常出现脱离实际，盲目照搬国外的做法，出现对自己的教育理念和教育经验缺乏自信的现象。甚至有人以西方绝对标准衡量中国教育，对中国教育给予全面的抨击和否定，这实质上是一种教育自卑的"矮子心态"。从这个角度看，习近平总书记提出"教育改革要坚持文化自信"①，就是给教育领域的改革者和一线教育工作者打气鼓劲，要求教育战线振奋精神，实事求是，解放思想，勇于创新，摆脱历史虚无主义和盲目崇拜他国的思想束缚，走出一条真正体现中国特色、中国优势和中国精神的教育改革之路。

（二）我国教育的思想积淀和历史成就是教育自信的最大底气

道路千万条，管用第一条。强调坚持教育自信，并不是率性而为的"教育自负"，也不是对"四个自信"这个上位理论的机械盲从，而是客观和清醒的自我认知，是基于对我们几千年教育思想文化积淀、对新中国尤其是改革开放以来教育领域发展成就的科学判断。

底蕴深邃的中国传统教育思想，足以让我们底气十足地坚定教育自信。我国的教育文化历史悠久、博大精深。在我们今天的教育思想

---

① 新华社. 习近平：全面贯彻落实党的教育方针　努力把我国基础教育越办越好[EB/OL].（2016 － 09 － 09）. http://news. cri. cn/uc-eco/20160909/83468ea0-2cdd-dc33-9c41-268242d919d6. html.

中,依然承袭了很多优秀的教育传统思想。中国古代统治者敏锐地意识到教育在维系国家统治中的重要作用,提出了"化民成俗,其必由学"等思想,这些思想可以视为今天"科教兴国""教育强国"的思想缘起。中国古代传统是人人都关心教育,教育在老百姓的心中极其重要。提出了"玉不琢不成器,人不学不知义""耕读传家久,诗书继世长"等,这些重视教育的思想延续到今天,为全面普及教育提供了强大的思想保障。中国古代把教师的地位摆在极其重要的地位,提出了"是故君之所以不臣于其臣者二:当其为尸,则弗臣也;当其为师,则弗臣也"等思想。在当代,我们依然把尊师、重师作为社会和教育发展的重要依靠。可以说,中国几千年的教育思想文化一脉相承,不仅对中国的教育嬗进有着重大价值,对世界教育的发展也同样有着很大的贡献。今天,在世界各国的教育体系中,我们可以看到大量的中国传统教育思想因子。在中国特色社会主义进入新时代的新的历史方位下,当代中国教育更应该走一条中国自己的教育之路,打造中国特色的教育体系。中国应该有这个自信,也必须拥有这样的教育自信。

成效卓著的历史性教育成就,足以让我们底气十足地坚定教育自信。在庆祝中华人民共和国成立 70 周年新闻发布会上,教育部部长陈宝生同志将新中国教育的伟大成就总结为五个方面:从教育体量的维度看,我国现有的学校数量、教师数量、在校学生数量,已经建构起了当今世界规模最大的教育体系。从教育质量的维度看,我国高等教育体系中高层次人才占比、承担国家重大科研任务占比、拥有国家重点实验室的比例,都表明我国教育总体水平已经跃居世界中上行列。从教育结构的维度看,70 年来,我国教育为国家培养了两亿七千万接受过高等教育和职业教育的各类人才,发挥了重要的社会功能。从对外开放的维度看,我国的基础教育质量、留学生吸引力等方面都得到了极大的国际认可,教育的国际影响持续攀升。从制度保障的维度看,仅经费保障一项,从 2012 年开始,连续七年实现了财政性教育经费支出占 GDP 比重达 4％的目标。[①] 可以说,中国教育发展取得的辉煌成就让全世界看到了中国特色社会主义教育发展的魅力,彰显了中国特色社会主义发展道路的优势。

二、坚守教育自信的发展立场和工作导向

教育从来都是国家的、民族的事业,它的核心是塑造民族的价值。我们要以教育自信创建自信的教育,通过教育自信去支撑道路自信、理论自信、制度自信和文化自信。坚守教育自信绝不是一种简单的价值定位,而是要重拾经典,以中华优秀传统文化作为自身发展的不竭之源;要兼容并包,以国外优秀理论作为"可以攻玉"的他者之鉴。在此基础上,形成具有中国特色的教育理论体系和话语体系,构建更加完备管用的教育制度体系。

(一)构建自成一体的教育理论体系和话语体系

理论体系和话语体系是一定时代经济社会发展方式、时代精神和文化传统的表达范式,每个时代都有反映这一历史时期的理论和话语体系。构建具有中国特色、中国风格、中国气派的教育理论体系和话语

---

① 中国教育在线. 教育部长陈宝生：70 年,中国教育发生了翻天覆地的变化[EB/OL]. (2019 - 09 - 26). https：//www. eol. cn/news/yaowen/201909/t20190926_1684897. shtml.

体系,既是我们坚定教育自信的内在要求,也是中国教育在世界舞台上发出中国声音、提供中国方案的有效途径。

构建中国特色教育理论体系和话语体系的关键在于教育话语权的生成。教育话语权是引领教育改革和发展的重要力量,是客观存在的权力空间和竞争的重要内容,代表着一个国家教育发展道路、文化传统和价值观念对世界的影响力。当前,随着我国综合实力和国际声誉的不断提升,国际社会对中国的治理能力越来越认同。过去很多发展中国家都是眼望西方,热衷"西天取经",现在则纷纷回眸东望,向中国寻找"东方宝典"。因此,在构建中国特色的教育理论体系、话语体系的过程中,必须要在硬核实力和教育自信的基础上,牢牢把握教育理论的话语权,尤其要建立科学权威、公开透明的教育评价体系,把评价标准掌握在自己手中,确保政治方向、文化取向、学术导向,不仅要避免用别人的尺度裁量自己,更要在执理论话语牛耳的过程中把握教育发展方向。

构建中国特色教育理论体系和话语体系的本质在于从观照实践中提升教育理论的内涵思想。理论和话语所蕴含的内在价值,是决定理论自身水平和受众认可度的关键,是一个理论生命长青、恒远长久的决定性要素。一段时间以来,我国的教育学术研究中,一直存在着直接搬用西方理论和名词术语的现象。因此,我们不能做西方理论的"搬运工",而要做中国学术的创造者、世界学术的贡献者。[①] 这就需要我们既要立足中国教育改革和发展实践,挖掘新材料、发现新问题、提出新观点,提炼标识性学术概念,打造具有中国特色的教育学术话语体系,形

① 王春雨,王占仁. 立足新时代发展哲学社会科学[N]. 光明日报,2018-01-08.

成无愧于时代的当代中国学术思想和学术成果。也要在国际风云变幻的复杂形势下，紧紧围绕世界教育发展面临的重大问题，着力提出能够体现中国立场、中国智慧、中国价值的教育理念、教育主张、教育方案，并使之转化为我们的教育理论体系、教育话语体系。

构建中国特色教育理论体系和话语体系的基础在于熟悉国际理论话语的表征方式。理论话语的表达方式是人们在长期的生产实践和文化积淀中积累而成的一种个性化的信息交流"编码"，它不仅关涉到人们对话语所承载理论内涵的精准解读，更关涉到人们对这一理论及表征方式的价值青睐和接受内化。如果说思想是教育理论的"质"，那么表征则是教育理论的"文"，"文质彬彬"才能让教育理论的外在和内在相得益彰。在凝萃、塑造中国教育理论话语的过程中，我们不仅要体现出理论话语的中国底色、中国风格，还要熟悉国际话语的惯性表述，熟悉教育领域的国际话语，要了解国际传播的受众心理，打造易于为国际社会所理解和接受的新概念、新范畴、新表述，不断引发国际教育工作者的深度共鸣。

构建中国特色教育理论体系和话语体系的归宿在于从国际交流和对话中增进国际认同。理论体系的存在价值在于它的实践品质，不仅要体现在对国内教育实践的观照，更要体现在国际社会对它的了解和认同。为此，必须创设更多理论交流争鸣、理论宣传推介的渠道和机会。要有意识地派熟悉国际规则的高端人才驻国际教育组织，增加中国教育在国际舞台上的话语权和影响力。要鼓励教育研究机构参与和设立国际性学术组织，支持和鼓励建立海外中国教育研究中心，支持国外研究机构和学者研究中国教育问题，要通过对中国教育的研究，构建中国教育理论体系，提炼出有助于解决在国际上具有相当普遍意义的教育问题的中国智慧、中国经验和中国方案。当前,我国已经积累了诸多成功经验,比如党领导教育的制度优势、中国基础教育的特色尤其是数学教育方面的成功经验、教师的教研制度和培训方式、大中小学德育的一体化,等等。这些卓越的教育经验都需要在国际交流对话中增进了解,促进认同,让教育成为中国形象的最佳例证。

(二)构建更完备更稳定更管用的教育制度体系

一般说来,教育制度体系是指教育机构与组织体系及其赖以存在和运行的一整套规则,如各种各样的教育法律、规则和条例等。当教育实践行为、教育实践经验跃升到制度的层面,就说明教育实践活动在与教育规律的契合中获得了平衡性的程式化保障。从这个角度看,我们坚定教育自信、走中国特色社会主义教育道路的高阶表征必然是形成更加成熟更加定型的教育制度。

构建更完备更稳定更管用的教育制度体系,需要把自身摆进国家制度体系和治理体系的大格局。中国特色社会主义制度和国家治理体系"是具有强大生命力和巨大优越性的制度和治理体系,是能够持续推动拥有近十四亿人口大国进步和发展、确保拥有五千多年文明史的中华民族实现'两个一百年'奋斗目标进而实现伟大复兴的制度和治理体系"。① 因此,构建新时代背景下的教育制度体系,就必须以"上位概念"——中国特色社会主义制度体系为理论源泉,充分认识"上位概念"

---

① 中华人民共和国中央人民政府. 中共中央关于坚持和完善中国特色社会主义制度推进国家治理体系和治理能力现代化若干重大问题的决定[EB/OL]. (2019 - 11 - 05). http://www.gov.cn/zhengce/2019-11/05/content_5449023. htm.

的巨大优越性和强大生命力,要进一步增强制度自信的理论自觉、文明自觉和行动自觉,全面坚持马克思主义的指导地位,牢牢把握中国教育发展的实践问题,系统挖掘中华文明深处的优秀教育治理制度,进一步强化制度意识,发挥好制度的威力,做中国特色教育治理制度的捍卫者、完善和发展制度的推动者、遵守和执行制度的实践者。

构建更完备更稳定更管用的教育制度体系,需要构建制度化的改革运行机制。人类社会的发展程度越高,教育的社会功能和社会价值就愈发凸显。当前,教育已经成为全社会关注度最高的领域之一。在新一轮的教育改革发展过程中,随着"让所有各方都满意、受益"的教育政策出台可能性的减少,改革的风险性随之上升,为此必须处理好改革、发展、稳定之间的关系,尤其要通过试点先行战略进行有效的风险控制。这就需要我们建立健全上下联动的教育改革风险共担机制和改革试错容错纠错机制,鼓励创新、表扬先进,允许试错、宽容失败,营造想改革、谋改革、善改革的浓郁氛围。要建立健全督察督办的常态化机制,加强对试点经验效果的总结评估,不断完善改革方案。对行之有效的经验做法及时总结提炼,在面上推广,将成功经验上升为政策制度,形成法律成果。

构建更完备更稳定更管用的教育制度体系,需要打造契合实践、契合时代的教育格局。中国特色社会主义进入新时代,标志着我国教育发展进入新的历史方位。新时代有新的教育矛盾,需要我们顺应潮流趋势,适应教育矛盾变化,不断满足人民对美好教育的新期待、新要求,打造与时偕行的教育新格局。一方面,要打造"全国一盘棋"的教育组织机构格局。既要注重教育组织机构的横向布局,提升教育供给保障的可及性;也要注重教育组织机构的纵向布局,全面提升教育组织机构在服务管理和教育教学方面的世界领先水平。另一方面,要打造"自洽"与"自新"的教育运行规则格局。既要顺畅教育组织机构之间交互规则的内在逻辑,实现教育制度体系的个性化发展;也要健全教育组织机构运行规则的重构机制,实现教育制度体系的自我优化、持续革新。

第二节　扎根中国,办好中国特色的社会主义教育

马克思主义认为,在教育同社会的关系上,并不是教育决定社会,相反"教育一般说来取决于生活条件"。① 他们揭示了社会关系决定教育的基本规律,即教育是由社会决定的。中国特色社会主义制度是党和人民在长期实践探索中形成的科学制度体系,我国的教育发展道路要依照中国特色社会主义制度展开,其中蕴含着社会性质决定教育方向的深刻理论逻辑。

一、坚持社会主义办学方向

不同社会制度决定着不同的教育目的,一个国家办教育是为这个国家和民族的发展服务的。我国是中国共产党领导的社会主义国家,决定了我们的教育必须要坚定社会主义办学方向,要坚持马克思主义指导地位,全面贯彻党的教育方针,把党的领导贯穿办学全过程,确保

---

① 马克思,恩格斯.共产党宣言(1847 年 12 月—1884 年 1 月)[M].北京:人民出版社,1964: 45.

学校各项事业沿着正确的政治方向发展。

（一）坚持马克思主义指导地位

伟大事业需要科学理论来指引。当今时代,马克思主义理论占据着人类精神文明的思想制高点。作为我们党和国家的指导思想,马克思主义是我们党的精神旗帜,也是社会主义先进文化的基本内核与智慧支撑。办好中国的事情,必须要坚持马克思主义理论的一元指导地位。同样,办好中国的教育,也必然要把马克思主义理论贯穿教育全领域,尤其要坚持用马克思主义基本理论指导中国教育改革与发展的方向和路径,从时代精神的制高点上汲取思想智慧与无穷力量,获取教育持续发展的强大精神势能。要牢牢把握人才培养这个根本性问题,善于用马克思主义科学理论化人育人,必须要"抓好马克思主义理论教育,深化学生对马克思主义历史必然性和科学真理性、理论意义和现实意义的认识,教育学生学会运用马克思主义立场观点方法观察世界、分析世界,真正搞懂面临的时代课题,深刻把握世界发展走向,认清中国和世界发展大势,让学生深刻感悟马克思主义真理力量",①从而为学生一生的成长奠定科学的思想基础。

时代的进步需要理论的创新。习近平新时代中国特色社会主义思想,是新时代中国共产党的思想旗帜,是国家政治生活和社会生活的根本指针,是当代中国马克思主义、21 世纪马克思主义,是马克思主义中国化的最新成果。因此,新时代背景下,教育领域坚持马克思主义的理

---

① 习近平：抓住培养社会主义建设者和接班人根本任务　努力建设中国特色世界一流大学［N］．人民日报,2018－05－03.

论指导,就必须与时俱进地坚持习近平新时代中国特色社会主义思想的理论指导。尤其在人才培养方面,要引导学生真学、真信、真懂、真用马克思主义,就必须全面推动习近平新时代中国特色社会主义思想进教材、进课堂、进头脑,使之成为推动教育发展的强大思想武器和行动指南。一方面,要加强教材体系建设,增强教材的思想性、科学性、民族性、时代性、系统性,发挥教材在"培养人"中的积极作用,全面系统地阐释习近平新时代中国特色社会主义思想的科学体系和丰富内涵。另一方面,要以"课程思政"为目标,改革课堂教学,优化课程设置,完善教学设计,梳理各门专业课程所蕴含的习近平新时代中国特色社会主义思想元素和所承载的思想政治教育功能,融入课堂教学各环节,实现思想政治教育与知识体系教育的有机统一,使各类课程与思政课同向同行,形成协同效应,夯实学生成长成才的科学思想基础。此外,还要发挥"全员全方位全过程"育人潜移默化作用,探索知识传授与价值引领相结合的有效路径,做好学生的价值引导、规范、激励,实现润物无声的育人效果,真正让习近平新时代中国特色社会主义思想进学生头脑。

(二)把准教育"四个服务"方向

所谓"四个服务"是指教育必须"为人民服务,为中国共产党治国理政服务,为巩固和发展中国特色社会主义制度服务,为改革开放和社会主义现代化建设服务。"[①]这是习近平总书记教育思想的重要内容,也是

---

① 人民网.习近平在全国高校思想政治工作会议上强调:把思想政治工作贯穿教育教学全过程 开创我国高等教育事业发展新局面[EB/OL].(2016 - 12 - 09).http://dangjian. people.com.cn/ni/2016/1209/c117092 - 28936962.html.

新时期我国教育改革发展的根本遵循。"四个服务"是相互联系、内在统一的有机整体,既是对党的教育实践成功经验的总结,也是我国教育必须长期坚持的基本原则,充分体现了党的教育方针和社会主义办学方向的内在要求,是新时代我国教育的社会价值的一种具象表达。准确把握教育的这一价值取向,是办好中国特色的社会主义学校的首要前提。脱离了这个最大实际,教育就丢失了办学的根本,很难办好。

如果说"立德树人"是学校的立身之本,那么"四个服务"就是教育的办学之本。作为中国共产党领导下的学校,必须坚持"四个服务"的发展方向,切实履行好"立德树人"的根本职责,坚守"为党育人、为国育才"的初心使命,主动适应社会和时代发展要求,才能培养出有利于"四个服务"的合格建设者和可靠接班人。这就要求我们要落实好五方面工作:一是坚持不懈传播马克思主义科学理论,让各学科专业的学生、不同学段的学生掌握科学的世界观和方法论;二是加强中华优秀传统文化和革命文化、社会主义先进文化教育,加强党史、国史、改革开放史、社会主义发展史教育;三是依法管理境外非政府组织在高校的活动,防范校园传教,防范敌对势力渗透,确保高校和谐稳定;四是规范开设各类人文素质课程,形成良好课堂教学秩序,不给错误思想观点提供传播渠道;五是加强教师教育管理和纪律约束,对违反法律法规、校规校纪的,要依法依规及时处理,确保广大学生"坚定不移跟着中国共产党走"[1]。

---

[1] 新华网. 习近平:在庆祝中国共产党成立 95 周年大会上的讲话[EB/OL]. (2016 - 07 - 01). http://www. xinhuanet. com/politics/2016-07/01/c_1119150660. htm.

二、传承中华优秀传统文化

中华文化源远流长,积淀着中华民族最深层的精神追求,代表着中华民族独特的精神标识,为中华民族生生不息、发展壮大提供了丰厚滋养。党的十九大提出,要"推动中华优秀传统文化创造性转化、创新性发展,继承革命文化,发展社会主义先进文化,不忘本来、吸收外来、面向未来,更好构筑中国精神、中国价值、中国力量,为人民提供精神指引"。① 从这个角度看,办好中国特色的社会主义教育,就必须传承中国优秀传统文化,创新发展社会主义先进文化,让广大青少年都能够"知道自己是谁,是从哪里来的,要到哪里去。"②这是我们教育战线的重大责任和使命。

(一)中华优秀传统文化是中华民族的根与魂

文化是一个民族成为其自己的生存记忆和隐性基因,是在长期的生产生活中积淀而成的一种特殊的价值喜好、存在方式和社会规则,是一个民族长久维系的根与魂。从本质上看,人与人之间的差别、民族和民族之间的根本差异,并不在于生物属性,而是体现在社会属性。历史上众多民族的消失,并非是生物基因的消失,而是其秉承的文化属性的合流和同化。

---

① 新华网. 习近平谈新时代坚持和发展中国特色社会主义的基本方略[EB/OL]. (2017 - 10 - 18). http://www. xinhuanet. com/politics/19cpcnc/2017-10/18/c_1121820368. htm.
② 新华网. 习近平:青年要自觉践行社会主义核心价值观——在北京大学师生座谈会上的讲话[EB/OL]. (2014 - 05 - 04). http://www. xinhuanet. com//politics/2014-05/05/c_1110528066. htm.

　　中华民族历百难而不灭，遭千创而愈强，其中的关键就在于中华优秀文化从来没有间断，并且在传承发展中，不断地扬弃自新、发扬光大。可以说，优秀传统文化是中华民族的宝贵遗产，是中华民族永远不能离开的精神家园。当我们回眸历史，就会愈发自豪地感到我们民族文化的精深博大。那些散落在文化典籍中的思想文化表达，如："天行健，君子以自强不息；地势坤，君子以厚德载物""为天地立心，为生民立命，为往圣继绝学，为万世开太平""三军可夺帅也，匹夫不可夺志也""捐躯赴国难，视死忽如归"，等等。从诸多层面展示了中华民族的文化特质和风貌，记载和反映了中华民族生生不息的奋斗历程。可以说，5 000 多年文明发展中孕育的中华优秀传统文化，是中国特色社会主义植根的文化沃土，是当代中国发展的突出优势，对延续和发展中华文明、促进人类文明进步发挥着重要作用。因此，我们要科学对待传统文化，实现中华文化的创造性转化和创造性发展。

　　优秀传统文化对于一个国家来说至关重要，是国家、民族发展和弘扬的重要基础，也是我们在世界文化激荡中站稳脚跟的根基。"抛弃传统、丢掉根本，就等于割断了自己的精神命脉。"[①]正确对待传统文化和现实文化是一个科学对待古与今的问题。英国著名人类学家泰勒指出："进步的文化，尤其是科学的文化的崇高趋势是尊古而不媚古，得益于古而不牺牲今。"优秀传统文化是一个国家、一个民族传承和发展的

---

① 人民网.习近平：把培育和弘扬社会主义核心价值观作为凝魂聚气强基固本的基础工程［EB/OL］.（2014 - 02 - 25）. http://cpc. people. com. cn/n/2014/0226/c64094-24464564. html.

根本。"不忘历史才能开辟未来,善于继承才能善于创新"①,要把弘扬优秀传统文化和发展现实文化有机统一、紧密结合起来,在继承中发展,在发展中继承。既向前看,准确判断中国特色社会主义发展趋势,又向后看,善于继承和弘扬中华优秀传统文化精华。

(二) 以文化传承涵养教育创新之路

文化尤其是传统教育文化是当代教育改革创新的思想源泉。几千年来,中国古人积累了辉煌的思想文化,这些卓越的智慧不仅被国人高度认可,也同样令世界各国深深折服。推动教育改革创新,办好中国特色的社会主义教育,就必须要充分发掘中国传统文化中的教育思想,善于汲取营养和智慧,延续文化基因,萃取思想精华,借鉴古人的智慧来指导今天的教育发展。当然,教育尤其是教育问题的时代属性,要求我们不能全然照搬、形而上学的"信而好古",而是需要我们客观全面地审视传统文化、传统教育文化的肇端背景、共时价值、历史局限,要基于"解构——重构"的训诂范式,科学理性地汲取传统教育文化,让绵久的传统文化在今天绽放出更加绚烂的时代之花。

教育担负着传承和创新中华优秀传统文化的重要使命。教育既是文化传承维系的主要载体,也是文化改革创新的重要手段。办好中国特色的社会主义教育,既要以传统文化为"方法",指导今天的教育改革;也要以传统文化为"内容",以传统文化之"文"化新时代的民族之

---

① 人民网. 习近平出席纪念孔子诞辰 2565 周年国际学术研讨会并发表重要讲话[EB/OL].
(2014 - 09 - 24). http://politics. people. cn/n/2014/0924/c1001-25726389. html.

"人"。落实到举措上，我们要围绕立德树人根本任务，遵循学生认知规律和教育教学规律，一体化、分学段、有序推进中华优秀传统文化的教育和传播；要把中华优秀传统文化全方位融入思想道德教育、文化知识教育、艺术体育教育、社会实践教育各环节，切实增强优秀传统文化教育的渗透性、实效性；要注重发挥以文化人、以文育人的教化功能，把中华优秀传统文化贯穿于启蒙教育、基础教育、职业教育、高等教育、继续教育各领域。

三、把握时代发展实践问题

问题导向，是马克思主义的重要方法论，"有什么问题就解决什么问题，什么问题突出就重点解决什么问题"①，这是我们党一贯坚持的重要工作方法。办好中国特色的社会主义教育，决不能靠远离实践的"空谈论道"，而是要在解决教育实践问题的过程中，发掘教育规律，促进教育的全面发展。

（一）突出问题导向，确保教育发展取得实效

突出问题导向，就必须重点关注中国本土的教育问题。教育问题从来就不是全然一般的，而是某一国家独特国情或某一地区独特社会情况的集中反映。譬如，长期不合理评价导向引发出教育领域的"五唯"问题；优质资源紧张导致的城市"大班额"问题；生活教师配给不足、教育关怀不够所导致的寄宿制学校学生适应性问题；根深蒂固的思想

---

① 楚波. 坚持问题导向要见实效[N]. 人民日报，2019 - 12 - 19.

偏见导致的职业教育不受重视问题;"三州三区"全面脱贫后需要继续做好"控辍保学"等工作防止返贫问题,等等。可以说,这一系列的问题都是中国独有的,或者是其他国家也存在但在我国较为突出的问题,必须要在解决这些特殊教育问题中,发掘本土个性的规律,进而建构出中国特色的社会主义教育体系。

突出问题导向,就必须重点关注新时代背景下的教育问题。问题具有时代性,每个时代都有独特的共时性问题,新的问题的持续消解,就推动了教育的不断进阶。新时代,我国社会主要矛盾投射在教育领域,则表现为"人民对更好更公平教育的需要与不平衡不充分发展的教育之间的矛盾"。具体而言,主要表现为教育供给的不充分、不平衡问题。进一步讲,就是不同地区之间,在教育经费、场馆建设、仪器设备等硬件方面,在师资水平、教育理念、课程建设等软件方面之间的差距。随着我国脱贫攻坚等国家发展战略以及教师流动等相关教育政策的持续推进,经济欠发达地区的教育问题得到了一定的缓解,但是和发达城市之间的教育相比,无论在质量还是在特色方面,都还存在很大的上升空间。只有牢牢把握这一系列特殊的时代问题,才能更好地推动教育的发展。

突出问题导向,就必须重点关注人民群众利益攸关的教育问题。教育是最大的民生工程。人民满意不满意、高兴不高兴、答应不答应,是我们教育战线必须要正面回应和系统解决的。当今社会,人民群众最关切的教育问题,实际上就是人民群众的教育焦虑。譬如,为了"防止输在起跑线",出现了家长对儿童实施的过度教育问题,这些拔苗助长的行为在很大程度上伤害了儿童的身心;为了给孩子提供一个好的学校,出现了现代版"孟母三迁"的择校热、学区房问题,无形中增加了家长的经济负担;为了"让孩子从事一个有面子的职业",出现了普教热职教冷、千军万马拥挤高考独木桥的问题,在很大程度上影响了社会的人才供给匹配。因此,只有系统地消解这些问题,才能兑现我们党的庄严承诺,办好人民满意的教育。

(二) 遵循教育规律,确保改革发展不走弯路

规律发掘,源自对现象和问题的立体剖析和系统总结。从这个角度看,坚持扎根中国大地办教育,就是对教育事业规律性最深刻、最直接的体认,是我们办好中国特色社会主义教育的根本遵循。规律也是具有条件性的,不同的时空条件都会影响到规律属性的正常外现,这就是所谓的"时变法亦变也"。从一个国家的教育事业看,教育发展规律具有普遍性,需要各国政府和教育管理者给予基本遵循;在遵循教育规律的同时,又要根据各国的国情,走出一条适合自己国家发展的办学之路,这是由教育事业发展的特殊性决定的。相反,纵观我国教育改革中出现的问题与失误,从深层次上去反思,恐怕都有对教育规律认识不足,甚至无视或违背教育规律的原因。比如实践证明,对教育的大规模投入不能取代对教育体制机制的改革,靠单纯砸钱,虽然砸得出"大楼",但绝对砸不出"大师"。

强调扎根中国,办好中国的教育,就必须要牢牢把握我们在实践中摸索出的特殊性规律,把遵循教育发展规律作为政策制定的出发点和落脚点。实践中,必须要做到"四个坚持":一要坚持推进"四个回归",让教育回归常识、回归本分、回归初心、回归梦想,把人才培养的质量和

效果作为检验一切工作的根本标准遵循教育规律;二要坚持服务于经济社会发展,学校的人才培养、科学研究要对接国家战略和区域经济社会发展的需求;三要坚持尊重人才成长规律,能引得进、留得住、用得好优秀教师,保证和提高教育教学质量;四要坚持"以学生为中心",尊重学生认知规律和全面发展规律,鼓励学生的创造性和个性发展,把我们的特色和优势有效转化为培养社会主义建设者和接班人的能力。

第三节　融通中外,建设世界水平的现代教育

开放和交流是人类社会的常态。办好中国特色社会主义教育,不仅要扎根中国,还要融通中外。"扩大教育对外开放,优化教育开放全球布局,加强国际科技交流合作,提升层次和水平"①,是新时代党和国家对教育开放发展的总要求。如何把扎根中国与面向世界结合起来,把培养社会主义建设者和接班人与培养世界公民结合起来,则是新时代我国教育必须面对和解决的新课题。

一、"引进来",在借鉴砥砺中推动自身革故鼎新

海纳百川,有容乃大。中国历来重视向"场域"之外学习思想、汲取文化。只有不同文化之间的相互砥砺,才能在比较与互鉴中促进自身

---

① 新华网.(受权发布)习近平在教育文化卫生体育领域专家代表座谈会上的讲话[EB/OL].(2020 - 09 - 23). http://www.xinhuanet.com/politics/leaders/2020-09/22/c_1126527570.htm.

文化体系的重构。今天,我们建设中国特色世界一流的现代教育,就必须要以"苟日新、又日新、日日新"的实践品质,继续大开国门、开眼看世界,在不断的学习借鉴中实现教育的革故鼎新。

(一)开放带来进步,封闭必然落后

人类的发展,需要不断地在开放中进行自我文明的革新。近代以来中华民族寻求独立自由的奋斗史,也是我们砸碎闭关锁国枷锁、打破封建思想和封建制度禁锢的寻求开放史。无数的历史都证明,封闭只能固守残缺,只能在因循守旧的惯性舒适区内踌躇不前;开放必然带来新风,必将在多元文化的融合中创生出新的文明。由此可见,坚持教育系统的开放交流,不仅是教育发展进阶、由大而强的需要,更是国家长治久安、繁荣昌盛的需要。

党的十一届三中全会正式确立了改革开放这一基本国策。自此,中国教育也迈向了对外开放的崭新时代。可以说,改革开放的 40 年,也是中国教育对外开放的 40 年,是我们学习国际先进教育思想、与国际教育开展广泛交流互动的 40 年。在"百年未有之大变局"的背景下,尽管国际单边主义和保护主义上升,但中国对外开放的大门绝不会关闭。诚如习近平总书记所说,"中国开放的大门不会关闭,只会越开越大。"①"必须坚持扩大开放,不断推动共建人类命运共同体。"②同样,我

---

① 人民网. 习近平:贯彻新发展理念,建设现代化经济体系[EB/OL]. (2017 - 10 - 18). http://dangjian. people. com. cn/n1/2017/1108/c414210-29635032. html.

② 新华网. 习近平:在庆祝改革开放 40 周年大会上的讲话[EB/OL]. (2018 - 12 - 18). http://www. xinhuanet. com/2018-12/18/c_1123872025. htm.

们的教育事业也必然如此。在国内大循环为主体、国际国内双循环的发展新格局下,党和国家对教育改革发展提出了新的更高要求,赋予了教育新的历史使命和时代责任。实施更大范围、更宽领域、更高水平的教育对外开放,是顺应世界融合发展的必然要求,也是建设教育强国、擦亮中国教育国际形象的必由之路。所以,我们必须要秉承开放包容的心态,把教育对外开放作为中国教育现代化的鲜明特征和重要推动力。

（二）吸收借鉴国际先进教育理念和优质教育资源

经过多年的发展,我国教育对外开放的格局已基本形成,先进的国际教育理念、国际学校、中外合作办学机构等大量进入中国,这些优质海外资源的引进,既满足了人民群众多元化、高阶化的教育需求,又充分发挥了国外教育资源的"鲶鱼效应",搅动了国内教育改革发展的"一池春水"。尽管我国教育已经取得了辉煌的伟大成就,但是,与人民群众的更高诉求、与教育强国的宏伟目标相比,我们依然有很大的进步空间。国外尤其是发达国家的一些教育理念、教育实践,依然有很多值得我们研究学习、吸收借鉴之处。在新时代背景下,我们必须要继续坚持对外开放,要以宽广的国际视野,积极借鉴更加前沿的教育理念,广泛吸纳各类优秀人才、前沿科技成果,聚焦世界科技前沿和国内薄弱、空白、紧缺学科专业,同世界一流的教育组织开展高水平的教育合作。

如何更好地引进国际教育资源,需要我们在各级各类教育体系中各有侧重。在高等教育方面,要支持高校加强与世界一流大学和学术机构的合作,加强吸收借鉴国外一流大学的办学经验和优质资源,引导高校加快培养具有全球视野的高层次国际化人才，进一步完善高校对外开放评价指标。要做好留学生的派遣与吸纳、国外专家的聘请、国际援助资金的引进、国际学术会议的双向参与等工作。在职业教育方面，要在借鉴"双元制"等办学模式、引进国外优质职业教育资源方面取得重大突破，鼓励有条件的国内职业院校与企业携手参与国际产能合作。在基础教育方面，要引进国外优质教学资源，加强中小学国际理解教育，帮助学生树立人类命运共同体意识，培养德智体美劳全面发展且具有国际视野的新时代青少年。

二、"走出去"，在参与全球教育治理中提升教育国际竞争力

"中国特色社会主义道路、理论、制度、文化不断发展，拓展了发展中国家走向现代化的途径，给世界上那些既希望加快发展又希望保持自身独立性的国家和民族提供了全新选择，为解决人类问题贡献了中国智慧和中国方案"[1]。作为世界上受教育人口最多、教育规模最大的国家，中国必须突破狭隘的民族观，树立起为全人类增进福祉作出贡献的意识，做全球教育治理的重要参与者和推动者。

（一）树立教育对外援助的大国形象

教育对外援助是中国政府对外工作的重要组成部分，在我国开展全方位外交中具有重大的战略意义和现实意义。中国教育对外援助不

---

[1] 新华网. 习近平：决胜全面建成小康社会　夺取新时代中国特色社会主义伟大胜利——在中国共产党第十九次全国代表大会上的报告[EB/OL]. (2017-10-27). http://www.gov.cn/zhuanti/2017-10/27/content_5234876.htm.

仅有助于改善受援国的教育条件,还带动了国内的科技、文化等各要素向受援国进行多层次的扩散传播,使中国与受援国的广大民众形成了更加深入的接触和了解,能够促进不同国家民众之间在价值观念上的交流和互动,有力提升了国际影响力和国家软实力。

当前,我国已经成为世界第二大经济体,国家教育发展处于世界中上行列水平,这极大增强了我们对外教育援助的信心和决心。2018年国务院新设直属机构"国家国际发展合作署",有力增强了国际教育援助的领导力。2018年,习近平总书记在"中非合作论坛北京峰会"上提出重点实施在非洲设立10个鲁班工坊、为非洲培训1000名精英人才等"八大行动"计划。此外,我国还在原有双边合作援助的基础上,推动形成了一系列多边合作平台,包括"中国—东盟教育周""中国—拉美教育交流平台""一带一路教育共同体"等一批教育合作与对外援助平台。这些教育对外援助实践,充分说明了中国教育可堪外援的雄厚实力和大国风范的责任担当,进而从教育的维度为国家树立了积极正面的大国形象。

做好新时代教育援外工作,需要做好整体的设计和规划。一方面,要充分整合与协调各种教育援外活动,切实发挥援助的整体效应。要协调好中央和地方的关系,协调好政府机构与非政府机构之间的关系,协调好专业机构参与和政府部门领导的关系,充分发挥各方面参与作用,形成教育援外的最大合力。另一方面,要明确新时代我国教育援外的行动策略,创建教育国际援助的中国模式。实践中,要在传统双边教育援助活动的基础上,不断开发新的教育援助方式,向国际社会特别是广大发展中国家提供力所能及的帮助,做到既要让受援国真正受益,也要增强我国在教育合作与交流领域的国际影响。此外,我们还要深化与联合国教科文组织等多边机构的合作,为全球教育发展和教育治理贡献中国智慧、中国方案。

(二)做国际教育标准建设者、资源提供者、科研引领者

坚持"走出去",必须要把握重点。要把国际教育标准的制定、提供优质教育资源、引领国际科研攻坚作为关键抓手,全面提高我国教育"走出去"的国际竞争力。

做国际教育标准的建设者。标准是指导教育发展走向的评价准绳,是重要的教育"话语权"。经过多年的改革与发展,我国教育正在走向深度参与全球教育治理,参与国际教育规则、标准和评价体系制定的前阵。未来,中国要继续积极参与教育领域国际标准化活动,积极参加国际标准化组织技术机构并承担有关职务,进一步加大国际教育标准跟踪、评估和转化力度,加快推进来华留学质量认证的标准、预科教育标准以及各类专业教育标准,推动建立世界范围的学历互认机制和多边学历学位互认联通机制,注重吸收借鉴国际经验,不断推动中国教育标准"走出去",加强与主要国家之间标准互认,做好中国教育标准的翻译出版等工作。

做国际教育资源的提供者。资源是反映教育水平的"硬核"实力,是决定教育自信的最大底气。面向未来,我们要进一步扩大开放办学,加快中国优质教育资源"走出去",为推动世界教育、世界各国更好发展作出更大贡献。在教育资源的制定和建设过程中,提升自主创新能力,形成一批高质量、可推广的现代化教学资源,积极服务国家"一带一路"

倡议,随着中国高铁、电力等企业走出去,加强国际产能合作,向世界各国尤其是"一带一路"沿线国家输出共享,为广大发展中国家发展教育提供帮助。

做国际科研攻坚的引领者。科研是教育发展的强劲动力,是评价教育产出的重要指标。教育国际合作与交流就是一个从横向维度与时代对标的过程,能有效应对世界发展格局的变化和知识创新,促进全球人才流动,促进跨国家、跨机构、跨主体的对话和互动。要积极参与国际重大科学计划和科学工程,开展高水平联合科学攻关,在推进构建跨领域、跨国界的创新合作网络中发挥积极作用,推动创新成果开放共享,构建良好的创新环境,努力成为科研攻坚的引领者,为破解人类发展难题贡献智慧力量。

三、"再提升",在反思重构中打造中国特色教育品牌

推动教育高质量发展,需要在"引进来"和"走出去"双轮驱动的基础上,进一步开展省思重构,要在融合创生的过程中,打造具有世界影响力的中国特色教育品牌,构建对外开放办学的教育发展新格局。

(一)以我为主,做好国外资源的本土化改造

教育本土化是外来教育思想与中国教育实践的会通、融合,它是一个国家教育发展的理性选择和必由之路。尽管我国积累了深厚的教育文化思想,但依然要积极借鉴国际教育的先进教育理念、教育文化,要使它们与中国教育的优秀教育传统相结合,实现外源教育的本土化、融合化发展。这一本土化的过程应该经历引进、融合、生成三个阶段,从

而形成根植于本土又符合国际潮流的教育模式,并最终得以向外进行辐射和传播。值得注意的是,在对待中外教育文化的态度上,我们始终要保持一种科学理性的价值观,既要克服盲目的教育自信,也要克服对国外优质教育资源的过分依赖,坚持"中学为体、西学为用",突出民族性和继承性。

做好国外资源的本土化改造,需要在四个层面采取不同措施。在国家层面,要加大经费保障、组织保障、制度保障,加强对引进和改造国外教育资源的监督和指导。在社会层面,要发挥社会舆论的作用,推动相关组织机构引进国外优质资源,宣传推广相关组织成功引进、内化国外教育资源的经验做法。在学校层面,要打破传统的用人壁垒,摒弃传统的招聘模式,加大选用有国外留学经历的优秀人才或者是外籍教师。在教师层面,要鼓励和支持教师基于中外人才培养的模式比较,选择适合自己的优质教育资源,积极开展教育教学改革和研究。

(二)互通互鉴,发挥教育人文交流作用

国之交在于民相亲,民相亲在于心相通。教育是中外人文交流的粘合剂、催化剂和润滑剂,具有基础性、先导性和"润物细无声"的认同感化作用。因此,促进中外人文交流,教育必须先行。要以人文教育交流为引领,提高教育对外开放的工作水平。把以人为本、开放平等、尊重包容、互学互鉴、合作共赢的人文交流理念融入教育对外开放方方面面,引领教育国际交流合作各项工作。

发挥教育的人文交流作用,必须要把握好三个方面。第一,加强对从事和参与教育国际交流合作相关人员的组织培训,推动现代教育人

文交流理念深入人心,贯穿到教育对外开放的全过程。第二,要以教育人文交流项目为带动,通过搭建合作平台,广交朋友、广结善缘,讲好中国故事,传播好中国声音,展现真实、立体、全面的中国,走出一条具有鲜明中国特色的人文交流之路。第三,注重发挥高校的人文交流作用,增强高校服务对外开放的新动能,注重提高自身对外交往能力,着力建好高水平的智库,加强与世界高水平大学、教育机构、科研机构等的联系,通过联合培养或师生交流互换、科研合作攻关、共建实验室等,为更多学者参与国际交流提供支持,全面提升促进人文交流合作的水平,打造一批具有中国特色、国际影响的人文交流品牌。

(三)提质增效,推动教育对外开放再升级

党的十九届五中全会提出,要实施更大范围、更宽领域、更深层次对外开放,全面提高对外开放水平。这表明,在全面建设社会主义现代化国家的新阶段,实施教育强国战略,加快推动教育对外开放提质增效,既迫在眉睫,又恰逢其时。教育战线要高举对外开放、合作共赢的旗帜,抢抓机遇,加强统筹、优化布局,深化拓展与世界各国在教育领域的互利合作和交流互鉴,努力开创教育对外开放新局面,更好地服务我国全面对外开放新格局,为全球教育治理贡献中国智慧,为推动构建人类命运共同体贡献中国力量。

推动教育对外开放迈上新水平,我们还需要从六个方面下功夫。一要建强机制。继续巩固、深化、拓展中外人文交流机制,深入参与二十国集团、金砖国家、亚太经合组织等多边机制教育领域活动,促进文明交流互鉴和中外民心相通。二要打造教育开放新高地。聚焦服务国家重大发展战略,加快雄安新区、粤港澳大湾区、海南自贸区、长江经济带教育高质量创新发展,打造教育对外开放战略新高地。三要建设优质平台。借力"中国教育云",建立中国特色国际课程推广平台,不断推动教育对外开放提质增效,努力开创教育对外开放新局面。四要加强国际产能合作。积极推动高等院校配合我国企业"走出去",加强与世界一流大学、学术机构、科研院所等实质性深度合作,开展高水平人才联合培养和科学联合攻关。五要打造"一带一路"教育行动升级版,在布局重点上、资源和力量投入上向"一带一路"建设聚焦。要开展高水平的境外合作办学,着力建好一批高质量的孔子学院、鲁班工坊,讲好中国故事。六要做好留学生培养统筹规划,着力提升留学生教育服务品质,打造国际来华留学中国品牌,把中国变成国际留学首选或优选目的地,为当地政府和企业培养适应经济全球化深入发展、适应新一轮科技革命和加快推进产业变革的本土化人才。

坚持深化教育改革，推进教育治理体系和治理能力现代化

改革是解放和发展社会生产力的关键,是推动国家发展的根本动力,也是教育事业蓬勃发展的活力之源。建设教育强国、加快教育现代化、办好人民满意的教育,为新时代深化教育改革确立了新方位、提出了新目标、指明了新路径。站在新的历史起点上,教育战线要以解决教育发展不平衡不充分问题为切入点,聚焦重点领域和关键环节,再谋划改革大计、再研究改革举措、再攻克改革的问题和难点,推动教育改革再出发、再推进、再深化。通过深化教育改革,构筑共建共治共享的教育治理格局,为我国由教育大国向教育强国、由人口大国向人力资源强国迈进增添源源不竭的动力。

第一节　奋进新时代,改革再出发

党的十八大以来,我国教育事业全面发力、多点突破、纵深推进,解决了许多长期想解决而没有解决的难题,办成了许多过去想办而没有办成的大事,教育改革主体框架的"四梁八柱"基本确立,进入到"全面施工内部装修"阶段,教育总体水平已经跃居世界中上行列。"十四五"规划为深化教育改革指明了新方向、提出了新要求。进入新发展阶段、贯彻新发展理念、构建新发展格局，教育要乘势而上、顺势而为、借力而行，打好教育改革攻坚战，答好人民关切题，为民族复兴的伟大征程作出更大贡献。

一、向改革要动力，以改革激活力

新中国成立以来，教育走过的历程波澜壮阔，教育事业改革发展取得的成就和我们每一个家庭都紧密相连，也与我们每一个人的成长息息相关。可以说，正是改革铸就了教育事业如今的历史性成就，为教育事业从无到有、从小到大的发展提供了强劲动力。在这个以改革为鲜明特征的时代，唯改革者强，唯改革者进。只有拿出"敢为人先"的勇气，锐意改革，才能让教育改革持续深入，为教育发展装上强大引擎，才能朝人民满意的目标稳步迈进。

（一）教育改革是社会事业改革创新的重要组成

党的十八届三中全会通过的《中共中央关于全面深化改革若干重大问题的决定》指出："实现发展成果更多更公平惠及全体人民，必须加快社会事业改革，解决好人民最关心最直接最现实的利益问题，努力为社会提供多样化服务，更好满足人民需求。"在改革开放的时代浪潮中，我国社会事业改革创新着眼于公平正义，聚焦提高质量，以制度创新推动实现发展成果更多更公平惠及全体人民。社会事业改革创新成为促进社会事业健康快速发展、更好地保障人民社会权利的重要手段。进入新发展阶段，国际国内形势发生深刻复杂变化，社会事业改革创新发展面临诸多新挑战，既要统筹好社会事业改革与经济建设相互之间的协调发展,又要统筹好社会事业改革各领域内部之间的均衡发展,推动质量变革、效率变革、动力变革,努力实现全体人民享有民生的保障改善和社会的公平正义。

作为优先发展的教育,是社会事业的重要组成部分,需要在全面深化改革的步调上与其保持一致。党的十九大报告要求把"着力增强改革系统性、整体性、协同性"作为改革取得重大突破的宝贵经验。教育改革与经济发展相促,与民生相联,要自觉融入社会事业改革创新的全局当中,与社会事业领域中的就业、社会保障、社会治理等相互配合、协同创新。要坚持系统观念,加强前瞻性思考、全局性谋划、战略性布局、整体性推进,破除制约教育事业科学发展的体制机制障碍,促进教育制度和体系自身完善,助力经济发展和民生改善的良性循环,不断提升人民群众的幸福指数。

(二)教育改革是教育事业发展的强大动力

以改革促发展,是我国教育发展和人力资源开发非常重要的成功经验。1977年恢复高考,中国教育发展实现历史性转折,走上了不断改革、不断调整,以适应经济社会发展和人民群众需要的改革之路。1985年,中共中央印发《关于教育体制改革的决定》,把发展基础教育的责任交给地方,有步骤地实行九年制义务教育,改革高等学校的招生计划和毕业生分配制度,扩大高等学校办学自主权等,进一步解放思想、激发教育活力。改革开放以来,通过不断改革发展,逐步形成了一个从幼儿园、小学、中学直到大学的相对完备的庞大教育体系,据2020年全国教育事业统计主要结果,学前教育毛入学率达到85.2%,九年义务教育巩固率达到 95.2%,高中阶段教育毛入学率达到 91.2%,高等教育毛入学率为 54.4%。① 在短短几十年时间内,在人口如此庞大的国家里,我国实现了义务教育的全面普及和高等教育普及化,这在人类教育发展历史上堪称奇迹。在党的改革开放正确路线指引下,教育界坚持党的教育方针、推动教育优先发展、不断完善依法治教制度框架、不断改进人才培养模式,在教育体制、多元办学、结构优化等重大改革领域取得突破,在两基攻坚、高校扩招、重点建设等关键发展点取得跨越,在保障质量、促进公平、服务社会等内涵提高方面取得进展。

从跨越式发展向教育强国迈进,需要改革作为力量源泉。在全国教育大会上,习近平总书记系统总结了推进我国教育改革发展的"九个坚持",强调"坚持深化教育改革创新"。从我国教育的发展历程中,不难看出正是教育改革推动了教育事业的快速发展,极大提高了全民族素质,促进了经济社会发展和民生改善,顺利推动我国实现从人口大国转变为人力资源大国。过往的成绩因何而得,未来的道路如何开拓?"十四五"规划提出"建设高质量教育体系""深化教育改革""实施教育提质扩容工程""劳动年龄人口平均受教育年限提高到 11.3 年"和到 2035 年建成教育强国等一系列目标任务。《中国教育现代化 2035》呼应建设教育强国的长远需求,全面谋篇布局,部署了一系列重点任务,着力于回应"改革开放和社会主义现代化建设、促进人的全面发展和社会全面进步对教育和学习提出了新的更高的要求"。我们需要继往开来,持续深化教育改革,激活力增动能,加快实现从教育大国向教育强国迈进。

---

① 中华人民共和国教育部. 2020 年全国教育事业统计主要结果[EB/OL]. (2021 - 03 - 01). http://www. moe. gov. cn/jyb_xwfb/gzdt_gzdt/s5987/202103/t20210301_516062. html.

二、直面教育发展不平衡不充分,把握改革的紧迫性

党的十九大报告做出了"我国社会主要矛盾已经转化为人民日益增长的美好生活需要和不平衡不充分的发展之间的矛盾"这一历史性判断。具体到教育领域,则集中表现为人民对更好更公平教育的需要和教育不平衡不充分的发展之间的矛盾。在改革开放初期,我们的教育供给是如此短缺,而今已是非常丰富,但仍然不能满足人们日益增长的需要。这是事业前进中的问题,不是"有没有"而是"好不好""强不强"的问题。矛盾的主要方面就是不平衡不充分,这已成为办好人民满意教育的主要制约因素,也是全面深化教育改革的逻辑起点。只有正确认识教育的主要矛盾所在,才能确定正确的战略、策略、政策和办法,推动教育事业快速发展。

(一)教育发展不平衡现象亟需改革破题

教育财政投入逐年增长,推动我国教育事业发展水平整体提升,但问题与成就往往相伴共存,主要表现为教育发展不平衡。所谓不平衡,主要是现阶段教育事业发展中的短板,体现为整体中的局部短缺。1981年,我国刚刚走向改革开放,统计资料显示当时人均国内生产总值489元,教育财政支出1114.97亿元。[①] 而到了2019年,市场经济条

---

① 陈子季,马陆亭.着力解决好教育发展不平衡不充分问题[J].人民教育,2017(21).

件下的多元教育投入和结构已然形成,人均国内生产总值 70 892 元①,教育财政投入首次突破 4 万亿元,年均增长 8.2%,占 GDP 比例为4.04%,连续第八年保持在 4% 以上。② 当前,困扰教育的关键问题不再是财政投入不足,而是优质教育资源分布不平衡。正如习近平总书记在同北京师范大学师生代表座谈时指出的,"我国经济总量虽然已经是世界第二,但我国还是世界上最大的发展中国家,还处在社会主义初级阶段,各种教育资源历史积累不足,地区之间教育发展不平衡,教育总体条件还不是很理想"③。

新时代教育发展不平衡集中表现为以下四个方面。一是区域教育发展不平衡。2019 年,全国已有 2 767 个县通过了义务教育基本均衡发展督导评估认定,占比达 95.32%,23 个省份整体实现县域义务教育发展基本均衡。④ 但是由于东中西部之间仍存在明显的经济发展水平的梯度,区域间各级各类教育在办学理念、投入、条件、标准等方面都差异巨大,"孔雀东南飞"的现象还比较严重。二是城乡教育发展不平衡。长期形成的城乡二元结构对教育的影响巨大,"城市学校挤、乡村学校

---

① 中国经济网.统计局:2019 年全年国内生产总值 990 865 亿元比上年增长 6.1%[EB/OL].(2020-02-28). http://www.ce.cn/xwzx/gnsz/gdxw/202002/28/t20200228_34360891.shtml.

② 人民网.国家财政性教育经费占 GDP 比例连续 8 年超 4%[EB/OL]. (2020-11-03). http://edu.people.com.cn/n1/2020/1103/c1053-31917398.html.

③ 新华社.习近平:做党和人民满意的好老师——同北京师范大学师生代表座谈时的讲话[EB/OL]. (2014-09-10). http://www.gov.cn/xinwen/2014-09/10/content_2747765.htm.

④ 中华人民共和国教育部.教育部:全国已有 95.32% 的县(市、区)实现义务教育基本均衡[EB/OL]. (2020-05-19). http://www.moe.gov.cn/fbh/live/2020/51997/mtbd/202005/t20200520_456728.html.

空"是其最现实的写照,即便是在城市地区,也因为区域内中小学条件、教育质量不平衡,"择校焦虑""大班额"问题已成为百姓心中绕不开的结。三是教育结构发展不平衡。学前教育、特殊教育和职业教育仍然是教育体系中的短板,人才培养与社会的经济结构还不匹配,毕业生就业依然是社会关注的焦点问题。四是德智体美劳全面发展不平衡。智育一枝独大,学生的社会责任感、创新思维、身体健康成长、审美观、劳动意识和动手技能等能力的习得时间不同程度地被知识学习的时间挤占了。

(二)教育发展不充分问题亟需改革解决

我国已经建成当今世界最大规模的教育体系,但还存在欠缺和不足的地方,突出表现为教育发展不充分。不充分指向某类发展的欠缺,也就是发展的薄弱和不够的地方,这里有面对新形势、新环境、新阶段而逐步呈现出来的新问题,也有难以快速攻坚的长线老问题。1949年,我国共有普通高等学校 205 所,在学总规模 11.7 万人,毛入学率只有 0.26%,即使到 1990 年毛入学率也仅为 3.4%。[①] 而到 2020 年,各种形式的高等教育在学总规模 4 183 万人,高等教育毛入学率 54.4%。[②] 可以看出,变化是翻天覆地的。目前,全国共有各级各类学校 53.01 万所,各级各类学历教育在校生 2.82 亿人,专任教师 1732.03

---

① 董鲁皖龙.扎根中国大地奋进强国征程——新中国 70 年高等教育改革发展历程[N].中国教育报,2020 - 09 - 22.
② 中华人民共和国教育部. 2020 年全国教育事业统计主要结果[EB/OL]. (2021 - 03 - 01). http://www.moe.gov.cn/jyb_xwfb/gzdt_gzdt/s5987/202103/t20210301_516062.html.

万人。① 教育事业多项指标已超过中高收入国家平均水平。行百里者半九十,越是接近梦想,越要头脑清醒、居安思危,既要看到成绩,更要看到困难和挑战。

教育发展不充分既有热点难点问题,也有战略性问题,主要表现在以下四个方面。一是先进教育思想培植实践不充分。面向未来,我们的很多教育理念还比较陈旧,人才培养模式相对于提高学生社会责任感、创新精神和实践能力的要求还有较大差距,死记硬背式的知识点学习、应试现象还比较严重,素质教育的思想还没有在实践层面得到有效落实。二是教育支撑国家战略发展能力不充分。现代教育体系尚不完善,拔尖创新人才和能工巧匠仍是人才培养的短板,特别是在以人工智能为代表的第四次产业革命浪潮来临之际,面对创新型国家建设需求,教育在中小学课程设置、高等学校学科建设等方面还未作好充分准备。三是教育内涵发展不充分。由于长期的惯性思维,使得我们对于育人内在的东西关注不够,教育外延扩展冲动依然强劲,质量、内涵等常常流于形式和表面,不同学校的特色也不够鲜明,面对未来社会发展转型的关注度也不充分。四是依法治教实现不充分。从教育法律法规体系角度考虑,我国当前的教育法律在建设的过程中还是存在很多需要完善的地方,比如,迫切需要加快学前教育法的制定工作,切实做好教师法、职业教育法、学位条例修订工作等。从行政执法来看,我们在转变政府职能、加强依法管理、创新监管方式、增强政府公信力和执行力方

---

① 中国政府网. 教育事业多项指标超过中高收入国家平均水平[EB/OL]. (2020 - 10 - 09). http://www.gov.cn/xinwen/2020-10/09/content_5549828.htm.

面,与建设人民满意的服务型政府还有差距。

第二节　攻坚关键领域,牵住教育改革"牛鼻子"

教育改革要坚持整体推进,但不是平均用力、"眉毛胡子一把抓",而是要抓重点。正如习近平总书记所指出,"坚定不移抓好各项重大改革举措,既抓重要领域、重要任务、重要试点,又抓关键主体、关键环节、关键节点,以重点带动全局"①。党的十八大以来,教育领域综合改革全面推进,一些长期制约教育事业发展的体制机制障碍得到破解,但还存在一些突出的问题和短板,如人才培养供需结构失衡、教育管理体制改革滞后、教育评价"五唯"问题严重等。这些都是牵动教育发展全局的敏感问题和重大问题。正所谓,造屋要架梁,撒网要抓纲。教育改革要"坚持问题导向,哪里矛盾和问题最突出,哪个疙瘩最难解,就重点抓哪项改革"②,聚焦关键领域,集中优势兵力强力攻坚突破。

一、以需求导向推进人才培养供给侧结构性改革

就业市场上"用工荒"与"就业难"共存的怪象连续多年引发社会关

---

① 中华人民共和国中央人民政府. 习近平主持召开中央全面深化改革领导小组第二十九次会议[EB/OL]. (2016 - 11 - 01). http://www.gov.cn/xinwen/2016-11/01/content_5127202.htm.

② 中华人民共和国中央人民政府. 习近平主持召开中央全面深化改革领导小组第二十九次会议[EB/OL]. (2016 - 11 - 01). http://www.gov.cn/xinwen/2016-11/01/content_5127202.htm.

注,已成为人才供需错配的真实写照。据统计,我国过半数新增劳动力接受过高等教育,[①]一线新增从业人员 70% 以上来自职业院校毕业生。[②] 教育是人才供给侧的最大主体,是人才战略内循环的重要引擎和支撑。所以,要解决人才需求和供给之间存在的结构性失衡问题,关键是要从人才培养供给侧发力,立足人的全面发展需求和经济社会需求,着力解决中低端人才"产能过剩"、高端紧缺人才供给不足、人才同质化等问题,减少无效和低端供给,扩大有效和中高端供给,以高效优质的供给补齐人才短板,为实现经济高质量发展提供坚强的人力资源支撑。

(一) 服务发展的育人理念是人才培养的科学指引

理念是行动的先导,一定的发展实践都是由一定的发展理念来引领的。[③] 育人理念反映的是教育的本质和时代特征,为人才培养工作提供科学指引。要确保人才培养供给侧结构性改革激活力、出实招、见实效,就要将育人理念提到首位,以育人理念创新引导人才培养改革。教育最首要的功能是促进个体发展,最基础的功能是影响经济发展。在实践中,服务人的全面发展和服务经济社会的发展并不是孤立存在,而是相互依赖、相互影响与相互作用的。教育促进个体的发展必然影响和促进经济社会发展,教育促进经济社会发展必然要求促进个体发展。

---

① 中华人民共和国教育部. 教育部:我国各级教育普及程度均达到或超过中高收入国家平均水平[EB/OL]. (2020 - 12 - 01). http://www. moe. gov. cn/fbh/live/2020/52692/mtbd/202012/t20201201_502753. html.

② 中华人民共和国中央人民政府. 教育部:一线新增从业人员 70% 以上来自职业院校[EB/OL]. (2018 - 11 - 09). http://www. gov. cn/xinwen/2018-11/09/content_5338595. htm.

③ 王冀生. 试论现代大学的教育理念[J]. 中国高等教育,1999(04):7—9.

归根结底,社会发展的核心是人的发展,社会政治、经济、文化等方面的发展都需要通过人的努力去实现。所以,人才培养要把为人的全面发展服务和为经济社会发展服务统一起来。

一是坚持以人为本、面向人人,为人的全面发展服务。以人为本是科学发展观的核心,是教育的基本理念和价值取向,强调人的可持续发展;面向人人,重在彰显教育公平价值,是由人的个性决定的;促进人的全面发展是以人为本的本体性和面向人人的公平性共同决定的,而教育是促进人的全面发展的重要途径。教育的对象是有血有肉的人,教育是在"与人的思想打交道,而不是与没有生命的物质打交道"[①]。人才培养工作中首先要把重视人、理解人、尊重人、爱护人、提升人和发展人的精神贯注于教育教学的全过程、全方位,深入推进素质教育,"更加注重学生爱国情怀、创新精神和健康人格培养"[②],使学生通过"树木"看见"森林",既学会知识技能,更学会做人做事。在此基础上,人才培养要注意"人"与"人"是不同的"人",需要的教育不同,适合的教育亦不同。所以,面向人人的人才培养,意味着"伴随每个人一生","让学习成为每个人的生活习惯和生活方式,实现人人皆学、处处能学、时时可学";意味着"平等面向每个人""让每个人不分性别、不分城乡、不分地域、不分贫富、不分民族都能接受良好教育";意味着"适合每个人","使不同性格禀赋、不同兴趣特长、不同素质潜力的学生接受适合自己成长需要的

---

① (英)教育的目的[M]. 怀特海. 徐汝舟,译. 北京:生活・读书・新知三联书店,2002.
② 中华人民共和国中央人民政府. 中华人民共和国国民经济和社会发展第十四个五年规划和2035年远景目标纲要[EB/OL]. (2021-03-13). http://www. gov. cn/xinwen/2021-03/13/content_5592681. htm.

教育";意味着"开放灵活""教育选择更多样、成长道路更宽广,使学业提升通道、职业晋升通道、社会上升通道更加畅通"①。在促进人的可持续发展基础上,尊重个性因材施教,释放每个人改变世界的力量,实现人的全面发展。人才培养要遵循为人的全面发展服务这一宗旨,在育人过程中既要加强和改进德育、智育、体育、美育、劳动教育,还要促进德育、智育、体育、美育、劳动教育有机融合,通过提高人的综合素质来促进人的全面发展。

二是坚持面向市场、促进就业,为经济社会发展服务。教育的基础功能决定了人才培养需要面向市场,市场所需从某个程度来说也就是经济社会发展所需;教育功能之于人,需要促进个体就业,发挥个人价值,实现"人尽其才";之于经济社会,需要促进就业,满足经济社会发展所需要的人力资源。教育发展的基础在于生产力和经济的发展,而教育又将作用于生产力和社会经济,成为推动生产力和社会经济发展的强大力量,最根本的就是奠定发展社会生产力所需要的人才基础。所以,人才培养要以市场需求为导向,面向世界科技前沿、面向经济主战场、面向国家重大需求、面向人民生命健康、面向文化大繁荣,急需培养更多适应高质量发展的各类人才。将人才培养与经济转型、产业升级、人民日益增长的教育需求相联系,为服务国家重大战略提供人才支撑,不断夯实经济社会发展的根基,增强教育服务创新发展能力。同时,引导广大青年学子树立和坚持正确的历史观、民族观、国家观、文化观,旗帜鲜明地确立服务国家、服务人民的导向,增进服务新时代改革开放的

---

① 中国教育报. 增强教育服务创新发展能力[EB/OL]. (2021 - 03 - 11). https://theory. gmw. cn/2021-03/11/content_34677567. htm.

思想自觉、行动自觉，把个人发展融入中华民族伟大复兴征程中，把事业之根、人生之根牢牢扎在祖国大地上。[①]　始终把国家和人民的利益放在第一位，始终把个人的前途命运与国家和人民的前途命运联系在一起，实现个人的全面发展与社会发展的有机统一。

（二）优化人才培养结构是改革的核心任务

发达国家经验表明，初级、中级和高级人才的比例一般为 15∶50∶35 较为适宜，呈两头小、中间大的"橄榄型"结构。而我国人才结构长期呈现"金字塔"型，初级技能人才多，中高级技能人才逐次减少，应用型、技术技能人才、高层次创新型科技人才以及中高级专业人才供给不足。[②]　教育是人才培养的主要途径，要有效解决适应未来产业结构调整和升级发展的人力资源保障和开发问题，就必须大力调整人才培养结构，提高人才培养的规模、结构和质量与产业发展的匹配程度，增强人才培养结构对需求变化的适应性和灵活性。

一是扩大应用型、技术技能人才培养比例，优化人才培养类型结构。《人工智能产业人才发展报告（2019—2020 年版）》数据显示，我国人工智能产业中，有效人才缺口达 30 万，且人才供需比严重不平衡。[③]　据《制造业人才发展规划指南》预测，新一代信息技术产业在

---

① 中国教育报. 增强教育服务创新发展能力［EB/OL］.（2021 - 03 - 11）. https://theory. gmw. cn/2021 - 03/11/content_34677567. htm.
② 董刚. 提高质量，高职教育发展的主旋律［N］. 中国教育报，2020 - 11 - 03：第 9 版.
③ 工业和信息化部人才交流中心. 人工智能产业人才发展报告（2019—2020）年［R］. 2020.

2025 年的人才缺口是 950 万人。[①] 人才缺口的背后直接指向的是当前国家战略性新兴产业蓬勃发展下应用型、技术技能型人才培养问题。应用型、技术技能型人才培养要将解决"有原料、没有好材料，能设计、不能优制造"问题作为重点突破方向。一方面，要引导普通高校更加注重以社会需求为导向，积极调整专业课程结构，增加应用性、实践性的课程，加强应用型人才学科专业建设；同时，加强学科专业整合，促进多学科交叉融合，大力发展复合型、交叉型学科专业，拓展复合型人才培养渠道，加强复合型人才培养。另一方面，要大力发展职业教育，不断优化德技并修、工学结合的育人机制，深化产教融合、校企合作，紧跟产业发展趋势，及时将新技术、新工艺、新规范、新标准纳入教学标准和教学内容，加快培养国家发展急需的各类技术技能人才，为推动产业基础高级化、产业链现代化提供强力支撑。

二是聚焦关键领域核心技术，加快高端紧缺人才培养。随着我国经济由高速增长阶段转向高质量发展阶段，关键核心技术受制于人已成为制约经济高质量发展的瓶颈。要破解液压式伺服冲压机、扫描透射电子全息显微镜、加氢反应器、电波暗室⋯⋯这些"卡脖子"难点，就要打好关键核心技术攻坚战，其关键在于念好高端紧缺"人才经"。第一，要将培养大批掌握关键核心技术的创新人才摆到更加突出和核心的位置。把创新精神培育纳入国民教育体系，突出培养学生的科技兴趣、思辨能力和创新精神，建立以创新创业为导向的人才培养机制，着

---

① 中华人民共和国教育部. 教育部　人力资源和社会保障部　工业和信息化部关于印发《制造业人才发展规划指南》的通知[EB/OL]. (2017 - 01 - 11). http://www. moe. gov. cn/srcsite/A07/moe_953/201702/t20170214_296162. html.

力培养具有创新意识、综合能力、国际视野的一流青年创新人才。第二，要大力发挥研究生教育"高端人才供给"和"科学技术创新"的双重功能，瞄准科技前沿和关键领域，深入实施"国家关键领域急需高层次人才培养专项计划"①，加快培养一批急需的高层次人才，真正担当起关键核心技术攻关的时代重任。第三，要在全社会宣传掌握关键核心技术人才的重要性。在全社会弘扬大胆质疑、勇攀高峰的科学精神，积极营造鼓励大胆创新、勇于创新、包容创新的良好氛围，营造"识才、爱才、用才、护才"的良好环境，培育有利于关键核心技术人才脱颖而出的"成长土壤"。

三是加强需求预测，建立人才培养与供给结构调整机制。要化解人才培养与用人需求不匹配的结构性矛盾，还应该加强人才需求预测，建立有效的供需调节机制。首先，要整合政府部门和劳动力市场的信息资源，充分发挥行业企业作用，建立人才需求的预测和预警机制。这就要整合国家统计数据、行业统计数据、大型招聘平台数据、教育与就业数据等数据资源，贯通产业分类、职业分类、企业岗位（群）、岗位任职资格标准、学科专业（群）、专业人才培养方案等人才培养发展重点环节，利用大数据获取、分析和挖掘等信息技术，建设产业人才大数据平台，预测未来人才需求数量、人才缺口数量，以职业岗位（群）为基础，构建人才紧缺度指标，科学编制紧缺人才需求目录。其次，要加强学科专业结构的宏观调控。根据产业人才需求预测报告，结合产业链结构、产

---

① 中华人民共和国教育部. 教育部　国家发展改革委　财政部关于加快新时代研究生教育改革发展的意见［EB/OL］.（2020 - 09 - 21）. http://www. moe. gov. cn/srcsite/A22/s7065/202009/t20200921_489271. html.

值规模等产业发展现状和未来发展趋势,合理规划学科专业布局,建立分学科、分专业的评估体系,引导学校调整学科专业设置和培养规模,调整结构性过剩学科专业。

(三)全面提高人才培养质量是改革的主攻方向

《中共中央国务院关于开展质量提升行动的指导意见》明确提出,"提高供给质量是供给侧结构性改革的主攻方向"。虽然教育领域供给侧结构性改革取得了阶段性成就,但提升人才培养质量仍是一项长期而艰巨的系统工程。当前,我国教育正处于内涵发展、质量提升、改革攻坚的关键时期,人才培养供给存在的问题,最根本、最集中、最关键的也是质量问题。习近平总书记也多次强调,要推进教育改革,提高教育质量,培养更多、更高素质的人才。因此,要"把高质量摆在更加突出的位置,作为教育发展的行动自觉和内在追求"[①],在人才培养领域掀起一场"质量革命",打造人才培养的"质量中国"品牌。

一是紧紧抓住"人才培养质量"这一核心,构建高水平人才培养体系。正如习近平总书记所指出,要"努力构建德智体美劳全面培养的教育体系,形成更高水平的人才培养体系"[②],人才培养质量高不高首先体现在学生的"德"上。因此,人才培养体系必须围绕立德树人这个核心来设计。要把立德树人融入思想道德教育、文化知识教育、社会实践教育各环节,贯穿基础教育、职业教育、高等教育各领域。人才培养体系

---

① 陈宝生.建设高质量教育体系　加快建成教育强国[J].旗帜,2020(12):8—10.
② 新华网.习近平:培养德智体美劳全面发展的社会主义建设者和接班人[EB/OL].(2018 - 09 - 10).http://www.xinhuanet.com/2018-09/10/c_1123408513.htm.

涉及学科体系、教学体系、教材体系、管理体系等,而贯通其中的是思想政治工作体系。第一,要深化推动思想政治工作体系贯穿于学科体系、教学体系、教材体系、管理体系,做到"四个贯穿"。第二,将统筹发展、动态调整、深入推进我国学科专业体系改革,加快建设适应社会主义现代化强国战略的中国特色学科专业体系。第三,要基于社会发展的新变化和人才培养工作实际,以实现学生全面发展和个性化成长为出发点,建立知识结构完备、方式方法先进的教学体系。第四,要尊重教育规律和学生成长规律,提升教材思想性、科学性、时代性,逐步形成适应中国特色社会主义发展要求、立足国际学术前沿的教材体系。第五,要深化学校内部管理制度、人事薪酬制度、科研评价制度等方面的改革,加快构建充满活力、富有效率、更加开放、有利于学校科学发展的体制机制,不断完善管理体系,为人才培养提供坚实的制度保障。

二是健全现代化人才培养质量保障体系,引导教育进入持续提升人才培养质量的螺旋循环。现代化的人才培养质量保障体系是促进教学资源要素优化配置,协调培养过程各环节的重要手段,是促进人才培养质量螺旋上升的重要保证。首先,要完善教育质量标准体系。《中国教育现代化 2035》提出,要"制定覆盖全学段、体现世界先进水平、符合不同层次类型教育特点的教育质量标准"。因此,要不断完善学前教育保教质量标准,建立健全中小学各学科学业质量标准和体质健康标准,健全职业教育人才培养质量标准,制定紧跟时代发展的多样化高等教育人才培养质量标准。其次,要建立全过程、全方位人才培养质量反馈监控体系。人才培养质量监控体系是实行人才培养全过程监控的重要抓手,对提升及检验人才培养质量具有重要作用。各类各级学校要加强教学质量监控体系建设,对人才培养目标、过程、质量进行全方位的系统监控和评价,及时解决人才培养中存在的问题。再次,形成以提高人才培养水平为核心的质量文化。质量文化是促进学校人才培养质量不断提升的最持久、最深沉的力量。学校要建立自觉、自省、自律、自查、自纠的质量文化,将提高人才培养水平的质量价值观落实到教育教学各环节,将质量要求内化为师生的共同价值追求和自觉行为,形成质量立校的良好氛围。

二、以破立并举推进新时代教育评价改革

当前,我国教育改革正在围绕教育发展的重大问题和群众关心的热点问题向纵深推进,教育评价改革正是其中重要一环。教育评价是教育改革发展的"指挥棒",事关教育改革发展方向,事关立德树人根本任务的有效落实,事关教育现代化的顺利推进。我们要深刻认识教育评价改革"改什么""怎么改"等重大问题,明确深化新时代教育评价改革的重点领域、关键环节和主攻方向,找准教育评价的价值导向、工作方法和有力抓手,将构建富有时代特征、彰显中国特色、体现世界水平的教育评价体系作为"最硬的一仗"来推进。

(一)聚焦破"五唯",扭转不科学的教育评价导向

有什么样的评价指挥棒,就有什么样的办学导向。[①] 正如习近平总

---

① 中华人民共和国教育部. 中共中央　国务院印发《深化新时代教育评价改革总体方案》[EB/OL]. (2020‐10‐13). http://www. moe. gov. cn/jyb_xxgk/moe_1777/moe_1778/202010/t20201013_494381. html.

书记所指出,要"深化教育体制改革,健全立德树人落实机制,扭转不科学的教育评价导向,坚决克服唯分数、唯升学、唯文凭、唯论文、唯帽子的顽瘴痼疾,从根本上解决教育评价指挥棒问题"①。有必要拿出攻坚克难的勇气、久久为功的韧劲,引导全党全社会树立科学的教育发展观、人才成长观、选人用人观,破除"五唯"顽瘴痼疾。

一是树立科学的教育评价观,为教育评价工作的开展、教育评价改革的发展指引方向。没有科学的教育评价观,教育评价就会偏离方向,甚至迷失方向,更为严重的是还可能与教育的目标、方向、任务背道而驰。要充分发挥教育评价的指挥棒作用,引导确立科学的育人目标,确保教育的正确发展方向。要改变传统教育评价过分注重选拔与甄别的倾向,使教育评价回归教育的本真,更多地体现人的全面发展、人的健康成长。为了推动多维度、全过程、立体式、综合性评价,引导教育事业发展沿着正确方向前行,教育评价要实现"三个转变"。第一,从注重"知识评价"向"能力素养评价"拓展;第二,从注重"分数结果评价"向"全过程评价"转变;第三,从注重"单向度评价"向"多向度多元综合评价"提升。

二是坚持问题导向,围绕党委和政府、学校、教师、学生、社会五类主体发力,彻底破除"五唯"痼疾。"五唯"问题,表现在教育,却与党委政府、社会家长如何"看教育、评教育"密不可分,很大程度上党委政府"唯什么",教育部门和学校就"追什么"。各级党委和政府要改变简单

---

① 新华网. 习近平:坚持中国特色社会主义教育发展道路　培养德智体美劳全面发展的社会主义建设者和接班人[EB/OL]. (2018 - 09 - 10). http://www.xinhuanet.com/politics/leaders/2018-09/10/c_1123408400.htm.

以升学率评价学校办学绩效和水平的导向和做法,尊重教育规律,引导学校以促进人的全面发展为导向,落实立德树人根本任务。学校发展要改变重智育轻德育、重分数轻素质等片面办学行为,探索建立学校分类发展、分类管理、分类评价的动态评价体系和机制。教师发展要转变片面以学生的考试成绩来评价教学绩效和水平的导向,注重教师师德素养的评价,促进教师专业发展和育人水平的提升。学生发展要转变"唯分数""唯升学"的应试教育倾向,遵循人才成长规律,促进学生全面而有个性的发展,实现个人发展与社会发展目标的统一。社会的人才选拔与评价要改变"唯文凭""唯论文""唯帽子"的单一评价标准,建立基于综合评价的人才评价机制,建立以品德和能力为导向的人才选拔与任用机制。

(二)抓住关键环节,进一步推进考试招生制度改革

考试招生制度是国家基本教育制度,在各级各类教育以及教育内外部之间起着枢纽作用,并深刻影响着教师的教学方式、学校的育人生态、社会的教育观念。改革开放以来,我国考试招生制度不断改进完善,初步形成了相对完整的考试招生体系。2014 年,国务院颁布了《关于深化考试招生制度改革的实施意见》,拉开了我国新一轮考试招生制度改革的序幕。2020 年,中共中央、国务院印发了《深化新时代教育评价改革总体方案》,进一步将"深化考试招生制度改革"列为重点任务之一,吹响了深化考试招生制度改革的号角。为此,我们要不断深化考试招生制度改革,打破"一考定终身"的做法,逐步形成分类考试、综合评价、多元录取的考试招生模式,构建衔接沟通各级各类教育、认可多种

学习成果的终身学习立交桥。[①]

一是推行多元录取机制，克服"一考定终身"的弊端。考试招生制度改革涉及考试形式、考试内容、录取机制等方方面面，是系统性、综合性的改革。录取机制改革是其中重要的一环。深化考试招生制度改革，首先要进一步完善和规范自主招生。要规范并公开自主招生办法、考核程序和录取结果，严格控制自主招生规模。其次，要完善高校招生选拔机制。加强学校招生委员会建设，在制定学校招生计划、确定招生政策和规则、决定招生重大事项等方面充分发挥招生委员会作用。建立考试录取申诉机制和招生问责制，及时回应处理各种问题。再次，要构建有利于人才选拔的多元录取机制。进一步完善夏季统招、春季统招、单考单招、自主招生、贯通培养等多种录取模式，使高考录取由竞争激烈的"独木桥"变为多元选择的"立交桥"，为各类学生提供不同的评价方式和多样化的成长成才路径。此外，还要拓宽社会成员终身学习通道。扩大社会成员接受多样化教育机会，中等职业学校可实行注册入学，成人高等学历教育实行弹性学制、宽进严出，为残疾人等特殊群体参加考试提供服务。同时，要进一步探索建立多种形式学习成果的认定转换制度，推动多种形式学习成果的认定、积累和转换，实现不同类型教育、学历与非学历教育、校内与校外教育之间互通衔接，畅通终身学习和人才成长渠道。

二是改革考试形式和内容，避免"高分低能"。要改革考试形式和

---

① 中华人民共和国中央人民政府. 习近平主持召开中央全面深化改革领导小组第四次会议［EB/OL］.（2014－08－18）. http：//www. gov. cn/xinwen/2014-08/18/content_2736451. htm.

内容,就要完善高中学业水平考试,规范高中学生综合素质评价,加快推进高职院校分类考试,深化高考考试内容改革。[①] 第一,完善高中学业水平考试。学业水平考试应由省级教育行政部门按国家课程标准和考试要求组织实施,确保考试安全有序、成绩真实可信。第二,规范高中学生综合素质评价。建立规范的学生综合素质档案,客观记录学生成长过程中的突出表现,注重社会责任感、创新精神和实践能力。第三,加快推进高职院校分类考试。高职院校考试招生与普通高校相对分开,实行"文化素质+职业技能"评价方式,引导不同阶段教育合理分流、协调发展,为学生接受高职教育提供多种入学方式。[②] 第四,稳步推进中高考改革,构建引导学生德智体美劳全面发展的考试内容体系,改变相对固化的试题形式,着重考查学生独立思考和运用所学知识分析问题、解决问题的能力,减少死记硬背和"机械刷题"现象。第五,要深化研究生考试招生改革,优化硕士初试科目和内容,强化复试考核,加强科研创新能力和实践能力考查,注重综合评价,另一方面要建立完善博士研究生"申请—考核"机制,强化对科研创新能力的考查。

三是强化监督管理,让考试招生全过程"阳光化"。近年来,教育领域在考试招生制度改革上取得了许多成绩,同时,也应该看到,强化考试招生监督管理的任务依然艰巨。一方面,要深入实施高校招生"阳光工程",健全分级负责、规范有效的信息公开制度,进一步扩大信息公开

---

① 新华网. 习近平主持召开中共中央政治局会议[EB/OL]. (2014 - 08 - 29). http://www. xinhuanet. com/politics/2014-08/29/c_1112288803. htm.

② 中华人民共和国中央人民政府. 教育部等九部门关于印发《职业教育提质培优行动计划(2020—2023 年)》的通知教职成〔2020〕7 号[EB/OL]. (2020 - 09 - 16). http://www. gov. cn/zhengce/zhengceku/2020-09/29/content_5548106. htm.

的内容,及时公开招生政策、招生资格、招生章程、招生计划、考生资格、录取程序、录取结果、咨询及申诉渠道、重大事件违规处理结果、录取新生复查结果等信息。另一方面,要健全教育考试招生的法律法规和各项制度,提高考试招生法制化和规范化水平,健全政府部门协作机制,强化教育考试安全管理制度建设,构建科学、规范、严密的教育考试安全体系,尤其是要健全诚信制度,加强考生诚信教育和诚信档案管理。此外,还要加强考试招生全程监督,加大违规查处力度。要严肃查处违法违规行为,严格追究当事人及相关人员责任,及时公布查处结果,对于构成犯罪的,由司法机关依法追究刑事责任。

(三) 创新方式方法,提高教育评价科学性和专业性

教育评价改革的核心任务是要解决"怎么评"的问题。"怎么评",就是要从整体上创新方式方法。过河,没有桥和船就不能过,教育评价方式方法就是达到评价目的、实现评价目标的桥和船。为此,要在评价方式方法上下功夫,采用多样化的方法和工具,通过不同评价方法得到的结果相互补充与印证,不断提高评价的科学性和专业性。

一是灵活运用多种评价方法,提高评价的科学性。《深化新时代教育评价改革总体方案》明确提出,"改进结果评价,强化过程评价,探索增值评价,健全综合评价",为系统改革教育评价提供了指导方针。改进结果评价,就是要全面界定教育目标,为学校教育教学提供科学依据与信息支撑。强化过程评价,就是要注重在教育教学过程中从发展性的角度科学判断评价对象教育目标的实现程度,提高教育评价有效性。探索增值评价,就是要关注教育目标实现程度的纵向比较和改善提高,

进一步评价教育教学和办学绩效。健全综合评价,就是注重对评价对象进行全面、综合、整体的教育要素的评价,全面考量和判断评价对象教育目标的达成度。

二是提升教育评价主体、实践和研究的专业性,推动教育评价走向专业化。教育评价专业化程度的高低关系着教育评价的科学与否和信效度高低。促进教育评价专业化建设可从以下三个方面着手:第一,增强评价主体的专业性。这需要支持专业机构和社会组织开展教育评价,对于那些在评估过程中始终能够秉持公正的机构给予适当的政策优惠。第二,加强评价方案设计和实践的专业化。评价方案的制定需要专业人士从专业的角度,秉持专业负责的科学精神进行反复商讨论证,方案的实践需要专业的评价人员遵循科学合理的程序进行,才能保证评价的信度和效度。第三,加大教育评价研究的专业化。专业化的研究是教育评价专业化的重要支撑和保障,需要高校加强教育评价学的学科建设,为教育评价研究培养和储备高质量的人才,同时要致力于构建中国特色的教育评价理论体系和话语体系,增强我国教育评价研究的能力与特色,以此推动教育评价研究的专业化建设。

三、以系统思维推进"放管服"改革

"放"是简政放权,"管"是放管结合,"服"是优化服务。"放"是前提、"管"是基础、"服"是目的,三者统一于转变政府职能这个大的改革过程之中。从简政放权到放管结合,再到优化服务,既是对政府职能转变认识的不断深化,又是我国行政体制改革走向成熟和系统化的体现。近年来,教育领域的"放管服"改革深入推进,释放了改革红利,为教育

高质量发展创造了良好条件。但也要清醒地看到,"放管服"改革已进入深水区,"不敢放、不会放""管得多、管不准""服不均、服不实"的现象仍然没有根本改变。正所谓,过了一山再登一峰、跨过一沟再越一壑。我们需要坚持系统观念持续深化"放管服"改革,唯有"放""管""服"的三个车轮同时转起来,改革方可"蹄疾而步稳"。

(一) 简政放权,"放"得彻底有序

简政放权是"一场自我革命",既是"攻坚战",也是"持久战"。放下的是束缚着教育发展的"无形枷锁"和错装在政府身上的"有形之手",放活的则是学校的活力、全社会的创造力。"放"不是一放了之,不是"没好处的容易放,有油水的死命攥",而是放活、放好、放得有序彻底。

打好转变政府职能的"当头炮",让政府"正位而不缺位,到位而不越位"。"转变政府职能,深化简政放权,创新监管方式,增强政府公信力和执行力,建设人民满意的服务型政府"①,这是以习近平同志为核心的党中央作出的重大战略部署,也为教育领域持续转变政府职能、深化简政放权指明了方向、提供了行动指南。一方面,要对政府角色进行重新定位。政府不再垄断学校管理权,而是与社会、学校合理分权,只保留对教育事业发展起决定性作用的重要事项的决策权和控制权,把原先独立承担的一些责任,转移给社会和学校,将政府对学校的单方面控制转变为政府、学校、社会共同参与的多方共同治理。另一方面,要敢于刀刃向内,依法落实和扩大学校办学自主权,在办学模式、育人方式、

---

① 人民网. 习近平在中国共产党第十九次全国代表大会上的报告[EB/OL]. (2017 - 10 - 28). http://cpc. people. com. cn/n1/2017/1028/c64094-29613660-8. html.

资源配置、人事管理、合作办学、服务社区等方面给予学校更多的自主决策空间,增强学校办学活力。

深化教育行政审批制度改革,提高简政放权含金量。当前,随着简政放权推向纵深,一系列改革举措获得举世瞩目的显著成效,但与此同时,还有一些改革的难点、硬点问题迟迟得不到解决,比如审批流程繁冗复杂、"两头办理、体外循环"现象严重,等等。这就需要以壮士断腕的勇气和决心,深化教育行政审批制度改革。一是依法审批,把该放的彻底放开,不搞变通。对审批事项实行动态管理,严禁部门(单位)变相审批、随意整合、拆分或违法取消下放行政许可事项,对法律法规没有明确规定的申请材料一律取消,严格依法审批。二是提速审批,把该减的彻底减掉,不留死角。按照"减要件、减程序、减环节"的原则,削减教育行政审批事项,减少教育行政审批申请材料,实行"一窗式办理""一站式审批",提高行政审批效率,切实方便学校和群众办事。三是规范审批,把该清的彻底清除,不留尾巴。对形式主义、缺乏实质性效用的规范文件予以全面清除,取消不合理的研究课题与成果奖项申报限额制,严格规范审批行为。

(二)放管结合,"管"得科学有效

放管结合,要"放"得有效,也要"管"得到位。[①] "放"和"管"相辅相成,只有管得住、管得好,才能放得开、放得活。因此,在教育领域简政放权的同时,要处理好放权与监管的关系,做到在"放"的基础

---

① 国务院推进职能转变协调小组办公室.简政放权放管结合优化服务——来自各地区各部门的改革实践[M].北京:人民出版社,2017:257.

上,对"管"进行变革和创新,①避免出现"一放就乱、一管就死"的章鱼效应。

建立教育行政权力清单和责任清单制度,改变过去仅仅依靠下达命令、制定计划以及分配资源的管理方式,实现依法行政和规范管理。权力清单是给权力划定边界,把权力关进制度的笼子,这个笼子以法律法规为材质,置于阳光下接受监督。这就需要通过政府公报、政府网站等便于公众知晓的方式,向社会全面公开教育及相关政府部门职能、法律依据、实施主体、职责权限、管理流程、监督方式等事项,为公民、法人或者其他组织提供优质服务,让权力在阳光下运行。要想让权力清单真正发挥作用,必须有相应的跟进举措,还要建立责任清单,健全与权力清单相适应的责任追究机制。通过责任清单,对教育领域违规行使或不正当行使权力的,坚决予以追责。此外,在有条件的地方和学校还可以开展负面清单管理试点,清单之外的事项学校可自主施行,要尽量缩减负面清单事项的范围,减少对学校的干预。

构建事中事后监管体系,做到"放"和"管"的紧密结合,彻底消除监督盲区、监管"飞地""灯下黑"问题。教育领域权力下放后,要切实加强党对高校的领导、加强事中事后监管、强化审计监督、强化信息公开与社会监督等,全方面加强对高校办学行为的监管,把该管的管住管好。2019年,国务院印发的《关于加强和规范事中事后监管的指导意见》将"科学高效"作为一项重要原则,明确提出要"充分发挥现代科技手段在

---

① 周洪宇.深化教育领域"放管服"改革,加快推进教育治理现代化[J].教育研究,2019,40
(03):15—19.

事中事后监管中的作用,依托互联网、大数据、物联网、云计算、人工智能、区块链等新技术推动监管创新,努力做到监管效能最大化、监管成本最优化、对市场主体干扰最小化"①。因此,我们要探索"互联网＋"教育监管新体制,用信息技术促进监管理念创新,实现监管的过程化和精确化;运用信息化手段促进监管线上线下结合,实现数据采集自动化、数据处理与分析智能化、评估结果可视化;利用信息技术实现现有数据累计和大数据分析,提升监管的全面性和准确性。

(三) 一次办好,"服"得更加到位

服务角色是否到位、服务效能是否提升是衡量"放管服"改革最终成效的试金石。在教育改革进程中,我们必须始终坚持服务为民、服务便民的发展理念,立足"办好人民满意的教育"的目标,以"一次办好"为标准,全力打造"教育服务、叫您满意"工作品牌,努力为学校、师生、社会提供优质高效便捷服务,着力解决好服务群众"最后一公里"问题。

加快推进"最多跑一次"改革,是落实以人民为中心发展思想的重要体现。教育领域的"最多跑一次"改革是一项复杂的系统工程,涉及到部门整合、资源配置、流程再造、信息共享、集成服务和新技术应用等一系列工作,发展仍相对较为薄弱。为不断深化教育领域"最多跑一次"改革,我们要认真贯彻以人民为中心的发展思想,按照"一次办好"

---

① 中华人民共和国中央人民政府. 国务院关于加强和规范事中事后监管的指导意见［EB/OL］. (2019 - 09 - 12). http://www.gov.cn/zhengce/content/2019-09/12/content_5429462.htm.

的理念和目标,围绕"服务学校""服务教师""服务家长和学生"三个维度,做到"学校办学不烦心、师生和家长办事不求人",让"最多跑一次"在教育领域生根、发芽、开花和结果。第一,教育行政部门建立覆盖全面、科学有效的"最多跑一次"服务标准体系,加强与市场监管、民政、消防、环保、住建等部门的沟通,促进学校办学审批"一件事"联办。

第二,推进教师资格证网上办理、教师培训网上审批等,并做好事前宣传工作和事中、事后的服务工作,为教师赢时间,使教师少跑腿。第三,利用信息化手段,实现入学报名、学籍管理、教育缴费等"一网式"在线办理,进一步方便广大学生、家长。

健全政府购买教育服务机制,是新一轮深化教育领域综合改革的政策引擎与不断优化教育服务水平的切入点。"政府购买服务"起源于西方国家,已是现代社会管理中一种常见的模式。伴随着我国改革开放的深入发展,社会结构的转型升级,我国的社会心理、人们的行为方式和利益诉求都发生了变化,对获得公平的竞争机会、享受优质的教育服务、实现个体的全面发展有了更为强烈的愿望和需求,这就迫切需要加快建立政府购买社会教育服务制度。我们要积极借鉴国外的成功经验,建立公平、公开、公正的招投标制度以及政府相关部门的监管制度,形成教育服务购买的财政保障制度,满足公众在教育领域的多元化和个性化的需求。特别是要对传统公共教育服务模式进行创新性改革,采取政府购买教育服务的新型机制,提高服务的质量,激发教育发展活力。

第三节　聚焦共建共治共享，构筑教育治理新格局

　　构建教育治理新格局，是在新的历史条件下推进我国教育治理体系和治理能力现代化的客观要求，是深化教育领域综合改革的总目标，对于实现社会主义现代化教育强国的战略目标具有深远意义。"共建""共治""共享"，是理解新时代教育治理新格局的三个关键词。"共建"，即共同参与教育建设；"共治"，即共同参与教育治理；"共享"，即共同享有治理成果。随着我国经济结构深刻变革、利益格局深刻调整、教育需求深刻变化，教育治理面临的形势和环境更为复杂，这就要求以教育改革为抓手，遵循教育发展的规律和实现教育现代化的要求，凝聚社会各界认同、支持和参与改革的强大合力，努力打造共建共治共享的教育治理格局。

一、多元参与，凝聚教育共建的强大力量

　　"共建"是基础，强调多元参与，依靠全社会共同发展教育。古人云：人心齐，泰山移。因此，当前和今后一段时期，要明确中央和地方、政府和学校、家庭和社会的教育职责与权限，加强分工合作。同时，要为社会力量发挥作用创造更多机会，增强社会力量参与教育建设的能力和活力，营造全社会共同为办好人民满意的教育而努力的氛围，将推进教育共建的重大使命转化为促进教育高质量发展、建设教育强国的强大动力。

（一）集中民智，建立更加民主化的教育决策机制

决策成功是最大的成功，决策失误是最大的失误。长期以来，教育决策因其复杂性、专业性和敏感性，在实现教育决策民主化方面面临严峻挑战。如何广泛集中民智，使教育决策真正建立在民主的基础之上，是教育现代化进程中迫切需要关注并解决的问题。

参与要广泛。一直以来，我国的教育决策多为"自上而下"的决策，学校、教师、学生、智库以及其他社会组织和个人很少参与重大教育决策。当下，仅靠政府的力量开展决策已无法有效应对日益复杂的社会形态和教育发展要求。因此，在教育决策过程中，一方面，要将更多的利益主体纳入决策范围，建立多元参与、广泛听取意见的教育决策机制，使公众广泛地"走"进来。另一方面，要着力发挥国家教育发展研究中心、中国教育科学研究院、省教科院以及北京师范大学、华东师范大学等教育智库的作用，提高教育决策水平。《全球智库报告2019》显示，全球顶级智库百强榜单中，中国智库上榜8家，却无1所教育智库。可见，如何打造中国特色新型高端教育智库成为关键。

决策要公开。只有将决策过程充分公开，才能够使各级教育行政部门、各类教育机构以及社会大众充分了解决策的环节过程和责任归属，才会明白政策的目的和内容，才能更好地配合教育政策的实施。第一，要克服消除封闭式、闭门式决策习惯，明确教育决策过程和结果等重要信息公开的时机和方式，建立健全重大教育决策预告制度，提升教育决策的公开度和透明度。第二，积极推进教育重点领域信息公开，比如公开教育督导报告、各级各类教育招生入学政策以及校舍建设、设备购置类项目进展情况等。第三，在政府门户网站开设教育专栏，使公众

能获取参与教育决策过程的信息,发表自己的意见和建议,保障公众广泛参与的实现。

(二)动员社会,构建适合教育发展的多元办学体制

党的十八大以来,以习近平同志为核心的党中央统筹教育改革发展大局,鼓励和支持社会力量参与办学,推动办学体制改革迈开新步伐。党的十八届三中全会提出"健全政府补贴、政府购买服务、助学贷款、基金奖励、捐资激励等制度,鼓励社会力量多种形式兴办教育"①。党的十九大报告重申"支持和规范社会力量兴办教育"②。在政策的指引下,我国公办教育一统天下的局面已经打破,多元主体办学的局面初步形成,但办学体制改革仍面临着新的供求关系和改革发展任务。在新的发展阶段,我们要进一步调动全社会力量关心和支持教育,加快构建办学主体多元、办学形式多样、充满生机活力的办学体制。

鼓励社会力量参与公办学校办学,扶持薄弱学校发展。近年来,各地采取了许多有效措施,一批公办薄弱学校改变了面貌,但"好学校人满为患、差学校门庭冷落"仍然存在。尤其是城镇乡村的公办学校,或因办学条件相对较差,或因师资队伍力量不强以及生源等方面的原因,学校社会声誉不高,呈现出"学生不愿去、家长信不过"的现象,很多家长宁愿花高价也要送孩子上办学水平高的私立学校。因此,要加大力

---

① 中华人民共和国教育部. 中共教育部党组关于认真学习贯彻党的十八届三中全会精神的通知[EB/OL]. (2013 - 11 - 26). http://www. moe. gov. cn/srcsite/A01/s7048/201311/t20131126_171849. html.

② 人民网. 习近平提出,提高保障和改善民生水平,加强和创新社会治理[EB/OL]. (2017 - 10 - 18). http://politics. people. com. cn/n1/2017/1018/c1001-29594550. html.

度扶持公办薄弱学校发展。具体来说,可以通过开展行业、企业参与的合作办学以及学校之间的联合办学,推动公办学校委托管理、非基本公共服务提供方式的改革,来扶持薄弱公办学校发展。但也要考虑到,社会力量参与公办学校办学必将会涉及公私合作形式、产权混合型的机构或者产权变更等方面的问题,需要周密地进行制度设计。

鼓励社会力量兴办教育,促进民办教育健康发展。支持民办教育做大做优做强,让民办教育更有作为,是关系到中国未来百年教育大计的战略选择。以美国教育为例,2020 年 QS 世界大学排名前 100 名中,美国 29 所学校入围,其中私立学校高达 18 所,占 62.07%,而中国入围的 12 所院校均为公办大学。[①] 我们应该看到,民办教育有着天然的灵活机制、创新基因和竞争优势,要大力支持各类办学主体通过独资、合资、合作、股份制等多种方式参与民办教育,把发展民办教育提升到国际竞争力的高度。民办学校要想在激烈的竞争中要立于不败之地,还要认真落实"以质量求生存、以特色求发展"的办学理念,打破以往只有"好学校""差学校"的情况。

探索多元主体合作办学,最大限度地提高办学效益。一是支持和规范中外合作办学。一方面,要坚持引进优质教育资源,加强能力建设的政策导向,充分利用国际、国内两种优质教育资源的优势,把我国顶尖学生留在国内,吸引国际优秀学生,办出世界一流水平的教育;另一方面,要加快建设中国特色海外国际学校,探索中外合作办学新模式,鼓励有条件的民办高校、职业院校等与海外高校合作,比如中外合作举

---

① 中华网. 两会热点:大力发展民办教育,鼓励实力企业办校[EB/OL]. (2020 - 06 - 01). https://hea. china. com/article/20200601/062020_529524. html.

办海外职业技术学院等。二是进一步探索举办混合所有制职业院校。虽然职业教育领域的混合所有制办学,全国各地已有很多实践和探索,但依旧任重而道远。当务之急要允许以资本、知识、技术、管理等要素参与办学并让其享有相应权利,遵循职业教育规律和市场规律,充分调动企业等社会力量参与职业教育的积极性、主动性,支持政府、学校与企业等社会力量实施多种形式的混合所有制办学。

（三）家校社联动,健全三位一体协同育人机制

办好教育事业,家庭、学校、政府、社会都有责任。①《中共中央关于制定国民经济和社会发展第十四个五年规划和二○三五年远景目标的建议》明确提出,"健全学校家庭社会协同育人机制"。这是对"十四五"时期建设高质量教育体系、形成广泛共识和协调行动提出的新要求,是将全面贯彻党的教育方针、坚持立德树人落实到基层的重要要求,也是"三全育人"的重要实现方式。那么,如何才能形成家校社协同育人机制?

重点在三方"协同"。三者之间的合作是跨越边界的行为,很容易导致某一方干着"份外的事",必须厘清三方的职责,使其同向发力。但是,第一,家庭教育是家校社协同育人的"地基"。目前,在家庭教育方面还存在认识不到位的问题,导致一些家庭出现了重智轻德、重知轻能、过分宠爱、过高要求等现象。要进一步明确家长在家庭教育中的主体责任,形成注重家庭、注重家教、注重家风的家庭育人氛围。第二,学校在家校

---

① 中华人民共和国中央人民政府. 习近平出席全国教育大会并发表重要讲话[EB/OL].
(2018 - 09 - 10). http://www. gov. cn/xinwen/2018-09/10/content_5320835. htm? from = singlemessage&isappinstalled = 0.

社协同育人中占据主动地位。要在认真做好学生减负工作的同时,开展形式多样、内容丰富的课后服务,帮助家长解决实际困难、缓解"教育焦虑",使家校社协同育人真正落到实处。第三,社会是家校社协同育人不可或缺的力量。教育事业是全社会共同参与的"集体舞",全社会都应是参与者、贡献者、行动者。要广泛动员社会力量参与家校社协同育人工作,尤其要发挥社区的作用,形成社区与教育的良性互动。

政府保障是基础。政府不是旁观者,不能置身事外,要担负起保障家校社协同育人的责任。第一,建立健全部门联动工作机制,将家校社协同育人纳入区域经济社会发展的整体布局。第二,围绕家庭教育和家校社协同育人机制中的重难点问题,有针对性地出台一批关于实施家庭教育和家校社协同育人的政策法规,明确划分政府、学校、社会、家庭的教育权利、义务和责任,引导和规范教育管理行为、学校办学行为、群众维权行为、社会参与行为,为家校社协同育人发展开拓道路并保驾护航。第三,充分培育、挖掘和提炼先进典型经验,大力宣传家校社协同育人案例,引导全社会重视和支持家校社协同育人工作,为家校社协同育人工作营造良好的社会环境和舆论氛围。

二、多管齐下,激发教育共治的生机活力

"共治"是关键,强调各类主体共同参与教育治理。教育治理是多元主体共同管理教育公共事务的过程,它呈现出一种新型的民主形态。[①] "共治"的理论基础是利益相关者理论,实现教育的"共治",其核

---

① 褚宏启.教育治理:以共治求善治[J].教育研究,2014(10):4—11.

心在于改变政府"单兵作战"模式,合理平衡各利益相关者之间的利益,运用各方之力发挥最大化优势。目前最重要的就是以建立系统完备的教育法律和制度规则体系为基本保障,以构建政府、学校、社会新型关系为核心,以创新多元共治的教育信息化治理模式为抓手,增强社会各方参与教育治理能力和活力。

(一)夯基础,完善教育法律和制度规则体系

推进国家治理体系和治理能力现代化,实现教育共治,必须以完善教育法律和制度规则体系为前提和基础,否则就是无源之水、无本之木。正所谓,工欲善其事,必先利其器。教育共治要在法治的框架内稳步推进,就必须坚持立法先行,注重立法质量,加快完善教育法律和制度规则体系,把各方面制度优势转化为教育治理的效能。

首要是推动教育立法,解决"有法可依"问题。目前,我国已经基本形成了以宪法为统领,以 8 部教育法律为主体,16 余部教育行政法规,100 余项地方性教育法规,200 多项教育部门规章和地方性规章构成的中国特色社会主义教育法律法规体系。[①] 该法律法规体系存在一定的滞后性,而良法才是共治的前提。因此,首先要以宪法和基本法律为依据,研究制定学前教育法,推动修订教育法、职业教育法、教师法、学位条例等,不断完善教育法律法规体系。其次,要加强部门协调,创新立法方式,提高立法技术现代化水平,保障"法"源于教育实际、符合教育实际并最终适用于教育实际,让每一部法律法规都立得住、行得通、真

---

① 叶齐炼. 完善我国教育法律体系的思考[J]. 中国高教研究,2019(2):16—20.

管用。再次,要鼓励部门和地方先行先试,针对重要教育领域和环节发展需求,制定部门规章、地方性法规及地方政府规章。

重点要加强教育执法工作,完善教育制度实施体系。只有在执法过程中真正做到"法定职责必须为、法无授权不可为",才能从"有法可依"到"有法必依"。一方面,要"加快建立健全权责清晰、权威高效的教育管理体制和政府统筹、部门合作、上下联动的执法工作机制"①。教育行政执法与一般的行政执法不同,要尊重教育规律,积极探索解决教育热点难点问题的综合执法和联合执法机制。但目前教育行政部门"条块分割"的格局尚未打破,依旧奉行部门主义思维,在联合执法时出于部门利益考虑往往存在"搭便车"思想。另一方面,要全面推进依法治校。要站在教育法治生态高度,完善学校法人治理结构,提升学校内部治理水平,健全学校师生申诉制度、社会参与和监督的有效机制,构建预防和惩治"校园欺凌"的有效机制,努力形成依法治校环境,切实保障师生的合法权益。

关键要加强法治思维,善于运用法治思维深化改革。运用法治思维和法治方式深化改革、推动发展、化解矛盾、维护稳定、应对风险,是习近平总书记提出的科学命题和政治要求。因此,国家教育行政机关和领导干部要提高运用法治思维和法治方式的能力,摒弃和改变以往那种"黑头不如红头,红头不如笔头,笔头不如口头"的非法治思维和非法治方式,以法治思维和法治方式凝聚改革共识,推进教育的改革与发

---

① 中华人民共和国教育部. 教育部关于加强教育行政执法工作的意见[EB/OL]. (2019 - 12 - 23). http://www. moe. gov. cn/srcsite/A02/s5913/s5933/201912/t20191227 _ 413733. html.

展。要善于用法治思路落实教育现代化发展目标,完善教育发展规划目标分解、统筹协调实施、监测评估及改进机制,健全行政问责和公共问责机制。此外,还要增强广大干部师生遵法学法守法用法的意识,加强青少年宪法法治教育,提高教育系统普法水平,通过法治思维和法制方式推动发展、化解矛盾、维护稳定、应对风险。

(二)定边界,构建政校社新型教育治理关系

政府、学校、社会三者的关系是教育治理体系建设的关键问题,也是教育现代化必须解决的重大课题。党的十八届三中全会提出,"深入推进管办评分离,扩大省级政府教育统筹权和学校办学自主权,完善学校内部治理结构。强化国家教育督导,委托社会组织开展教育评估监测"①。《加快推进教育现代化实施方案(2018—2022年)》进一步提出,要"推进政府职能转变,构建政府、学校、社会之间的新型关系,推进学校治理现代化"②。构建政府、学校、社会新型治理关系,从根本上说,主要解决的就是权力、责任在各级政府之间、政府与学校以及社会之间的分配问题,形成政府依法管理、学校依法自主办学、社会各界依法参与和监督的教育公共治理新格局。

对政府来说,需要落实管办评分离,合理界定政府职责。政府在政校社新型教育治理关系中处于基础地位,在给予学校经费保障、进行教

---

① 中国共产党新闻网. 中共中央关于全面深化改革若干重大问题的决定[EB/OL]. (2013 - 11 - 15). http://cpc. people. com. cn/n/2013/1115/c64094-23559163-12. html.

② 人民网. 中办国办印发《加快推进教育现代化实施方案(2018—2022年)》[EB/OL]. (2019 - 02 - 24). http://politics. people. com. cn/n1/2019/0224/c1001-30898641. html.

育立法和保障各项法律法规的实施、为学校提供必要的服务、对学校进行评价评估和把握整个学校发展的大方向等方面,起着把关定向的极其重要的作用。对学校来说,需要在教育治理、扩大学校自主权的框架下,根据国家事业单位分类改革和民办学校分类管理的基本要求,找到适应自身类型教育和人才成长需求的学校办学模式和内部治理制度,不断完善学校内部治理结构,形成以学校为主体的师生、家校、社校共治共管局面的治理结构。对社会来说,需要让社会力量参与、监督和投入到各级教育,改变过去以政府督导评估为主的局面。一方面,要健全社会参与学校管理和教育评价监管机制,让家长、社区、非营利组织、其他公民个人等各种社会力量参与进来,使社会参与学校治理常态化。另一方面,要畅通社会参与监督评议教育工作的渠道,推动监督落地,充分发挥社会对教育工作的监督作用,让学校治理全程处于社会各界民主监督之下。

（三）提效能,加快推进教育管理信息化进程

"没有信息化就没有现代化"[①]。我国教育体系规模大、链条长,要在这个世界最大规模的教育体系中实施"多元共治"至少要面对以下几个难题:一是如何使多元主体及时、充分地获得真实、有效、科学的教育信息;二是如何进一步优化教育行政过程的流程设置;三是如何让多元主体在治理过程中有效沟通、达成共识。面对这些问题,传

[①] 新华网.人民日报文章:朝着建设网络强国目标不懈努力——习近平总书记引领推动网络强国战略综述[EB/OL].(2017－12－01).http://www.xinhuanet.com/politics/2017-12/01/c_1122045725.htm.

统教育行政方式无疑是捉襟见肘的,但信息化却为这些问题的解决提供了道路。

第一,大力提升"互联网＋政务服务"水平,让"数据多跑腿、群众少跑路"。一方面,要利用大数据整合各级教育行政部门管理资源,理顺政务服务流程,建设好网上服务大厅、微信公众号、微博等服务平台,全面提升教育信息化支撑教育决策、管理、服务的能力,实现"一站式服务",提高教育行政管理效能。另一方面,要通过信息化加大对各项教育行政事项的改造,使流程更加优化,并依托信息化使各项教育行政业务中各主体所处的定位清晰、权限明了。第二,建设教育数据交换与共享系统,解决"各自为政、条块分割、烟囱林立、信息孤岛"老大难问题。要规范数据应用流程、数据交换流程和业务协作流程,支持各类管理系统的数据协同,使得各主体获取和传递教育信息更加便利、表达诉求更为便捷,这是实现学校与教育行政部门、教育行政部门内部之间的数据交换与共享的重要基础和有效途径。第三,重视教育管理信息安全,确保教育管理信息系统安全稳定运行。当前,随着网络信息技术的持续演进,互联网对整个教育发展的融合、渗透、驱动作用日益明显,带来的风险挑战也不断增大。我们必须主动作为,全面加强教育管理信息安全工作,按照"谁主管谁负责、谁运维谁负责、谁使用谁负责",做到教育管理系统和信息安全同步建设。

三、多措并举,形成教育共享的良好生态

"共享"是目标,强调各类主体共同享有教育治理成果。人民群众的获得感是共享发展理念的最终落脚点,也是改革的"试金石",是发展

的"风向标"。推动教育治理体系和治理能力现代化,归根到底是为了不断满足人民对更好教育的需要,让改革发展成果更多更公平地惠及人民,让人民群众在共享中拥有更多获得感。正所谓,民之所望,施政所向。我们要以人人参与、人人尽力、人人共享为主线,"心往一处想""劲往一处使",多解民生之忧,将人民群众的获得感作为标准衡量教育改革的成效。

(一)融合信息技术,促进优质教育资源均衡覆盖

2020 年初,突如其来的新冠肺炎疫情,引发了一次"史无前例、世无前例"的大规模在线教学实践。我们以信息化有效支撑了近 3 亿师生的在线教学,交出了一份合格的答卷。可以看出,教育信息化已由起步应用阶段进入融合创新阶段。当前的教育最大问题不是"上学难"而是"上好学难",是优质教育资源严重短缺。解决这一矛盾最快捷的手段,就是以信息化拓展优质教育资源。习近平总书记也曾提出,"坚持不懈推进教育信息化,努力以信息化为手段扩大优质教育资源覆盖面。"[1]

完善数字教育资源公共服务体系,更好地解决优质教育资源不均衡的问题。数字教育资源公共服务体系建设核心是政府提供数字教育资源基本公共服务载体,以网络学习空间为主要形式向广大学校、教师、学生、家长提供资源服务,并支撑基于信息技术的新型教育教学模式。"十三五"以来,作为"三通两平台"的重要组成部分,教育

---

[1] 新华网. 习近平致国际教育信息化大会的贺信[EB/OL]. (2015 - 05 - 23). http://www. xinhuanet. com/politics/2015-05/23/c_1115383959. htm.

资源公共服务平台边建设完善、边推进应用,已初具规模,数字教育资源公共服务体系已现雏形,数字教育资源应用渐成常态。但是,各级教育资源公共服务平台重硬件建设轻资源服务,数字教育资源服务机制不健全、对教育教学支持不到位等问题仍普遍存在。这就需要进一步完善数字教育资源公共服务体系,国家教育资源公共服务平台建成最具规模与影响力的"数字教育资源超市",不断提升教育基本公共服务均等化、普惠化、便捷化水平,将优质资源辐射到全国每个学习者,缩小数字教育鸿沟和差距,努力让每个孩子都能享有公平而有质量的教育。

建立优质数字教育资源开放共享机制,切实推动优质教育资源均衡化,确保扩大优质教育资源覆盖面取得实效。从全国范围看,教育资源公共服务还远远不能适应教育信息化发展的需要,全国各级资源服务平台互联互通还不够深入,区域之间尚未形成优质资源共享机制,优质资源难以充分共享。只有实现共享,才能保障不同地区、不同群体都能享受优质的数字教育资源,才能让人民在共建共享发展中有更多获得感。这就需要建立数字教育资源开放共享机制,将优质数字教育资源输送到农村和偏远地区,促进网络条件下的教育资源均衡配置,形成先进带落后、城市带乡村、优质学校带薄弱学校、优秀教师带普通教师的格局。

(二)缩小发展差距,奏响教育协同共进的"主旋律"

教育均衡协调发展一直以来都是老百姓关心的话题。随着多元化利益格局的形成,人民群众多样化教育需求不断增长、人人成才的诉求越来越强烈,教育发展不均衡、不协调的问题越来越突出,已成为社会矛盾的潜在爆发点。老百姓关心什么、期盼什么,改革就要抓住什么、推进什么。因此,必须促进教育统筹协调发展。习近平总书记指出:"坚持改革创新,坚持教育公平,推动教育从规模增长向质量提升转变,促进区域、城乡和各级各类教育均衡发展,以教育现代化支撑国家现代化。"①这为新时期教育均衡发展指出了明确的方向。

促进城乡、区域教育协调发展,是促进广大人民群众共享改革发展成果,实现教育全面协调可持续发展的首要任务。当前,最重要、最艰巨的任务在农村,不加快农村教育的发展、缩短城乡教育的差距,就不可能实现教育的协调发展。党的十九大报告提出,推动城乡义务教育一体化发展,高度重视农村义务教育。这是以习近平同志为核心的党中央对我国义务教育发展做出的重大时代性战略部署。因此要"推进城乡义务教育一体化发展,缩小城乡教育资源差距"②。城乡义务教育一体化是在我国进入新时代,实施乡村振兴战略、实现现代化强国背景下,为推进城乡教育均衡发展,保持与发挥城乡教育区域性特色与优势,支持我国乡村振兴战略和促进城乡协调发展的重要举措,对于决胜全面建成小康社会、实现建设现代化强国目标具有重大意义。另一方面,要促进区域教育协调发展。在新时代中国特色社会主义伟大事业

---

① 中华人民共和国中央人民政府. 习近平出席全国教育大会并发表重要讲话[EB/OL].(2018 - 09 - 10). http://www. gov. cn/xinwen/2018-09/10/content_5320835. htm? from = singlemessage&isappinstalled = 0.

② 中华人民共和国中央人民政府. 习近平在北京市八一学校考察时强调　全面贯彻落实党的教育方针　努力把我国基础教育越办越好[EB/OL]. (2016 - 09 - 09). http://www. gov. cn/xinwen/2016-09/09/content_5107047. htm.

中,区域协调发展被赋予新的时代使命。实践证明,不同区域,如革命老区、民族地区、边疆地区、京津冀、长江经济带等,各地推动、支撑教育发展的资源和基础各有特点、存在差异,甚至还各有优势。在推进区域教育协调发展进程中,就是要充分整合不同区域的需求和特色。在当前及今后一段时间内,教育帮扶仍将是促进区域教育协调发展的关键。为此,东部发达地区绝不能"头痛医头,脚痛医脚",要建立教育帮扶长效机制,不断加大对革命老区、民族地区、边疆地区等欠发达地区的教育扶持力度。

统筹各级各类教育协调发展,是构建中国特色社会主义教育体系,加快实现教育治理现代化,实现教育全面协调可持续发展的重要任务。要充分发挥党总揽教育全局、协调教育各方的领导核心作用,动员社会各方面力量、统筹社会各方面资源,稳步推动各级各类教育实现"齐步走"。一是在学校教育和校外教育的关系上,要在引导和规范学生校外辅导的同时,打破学校围墙、实行开门办学,为充分吸收利用校外教育资源、理念、技术和模式创造条件。二是在学历教育与非学历教育的关系上,要进一步明确学历补偿教育、闲暇教育、职业培训的功能定位和发展方向,制定鼓励终身学习的财政补贴和税收减免政策。三是在公办教育和民办教育的关系上,要改变民办教育仅仅是"公办教育的补充"的观念,把民办学校作为提供多样化教育服务的政府伙伴、教育改革创新的重要力量,督促各级政府协调推进分类登记、分类管理,细化落实分类支持政策。四是在普通教育与职业教育的关系上,要扩大职业教育的覆盖面,鼓励探索普职渗透、职业教育与职业培训一体化培养模式,尊重和扩大学生升学就业的选择权,推进中高职和应用型本科产教融合,落实行业企业在职业学校办学中的主导地位,把职业教育和培训做精做强。

（三）践行终身学习,营造全民泛在学习环境

营造泛在学习环境、实现全民终身学习,具有让改革发展成果更多惠及全体人民的题中应有之义。早在春秋战国时期,楚国学者刘向就提出:"少而好学,如日出之阳;壮而好学,如月中之光;老而好学,如炳烛之明"。宋朝大思想家朱熹这样描述理想中的全民终身学习社会:"无一人不学、无一事不学、无一时不学、无一处不学。"《中共中央关于坚持和完善中国特色社会主义制度　推进国家治理体系和治理能力现代化若干重大问题的决定》指出,"坚持以人民为中心的发展思想,不断保障和改善民生,构建服务全民终身学习的教育体系"[①],为新时代我国教育治理体系与教育治理能力的现代化指明了发展方向。

坚持面向每个人、适合每个人、更加开放灵活,健全教育与培训体系。全民终身学习有两个核心内涵:一是全体国民,包括每一个公民;二是终身学习,持续一生。从学校教育看,任何人都不可能在学校学习一辈子,学校只是人们终身学习的一个阶段。因此,要坚持教育与培训并重。一方面,要衔接融通各级各类教育,建设高质量学校教育体系。促进学前教育、义务教育、高中阶段教育、职业教育和高等教育等各个学段在育人目标、教学标准、培养方案等方面的有效衔

---

① 中华人民共和国中央人民政府. 中共中央关于坚持和完善中国特色社会主义制度　推进国家治理体系和治理能力现代化若干重大问题的决定[EB/OL]. (2019 - 11 - 05). http://www. gov. cn/zhengce/2019-11/05/content_5449023. htm.

接;畅通中职、高职、本科、研究生之间的通道,加强职业教育与普通教育间的对接合作,使教育选择更多样、成长道路更宽广。另一方面,要大力发展非学历继续教育、稳步发展学历继续教育,办好开放大学,并鼓励职业院校开展职业技能培训,构建惠及全民的终身教育培训体系。

建立国家资历框架,搭建起人才终身学习和职业生涯发展"立交桥"。在我国,"国家资历框架"这一概念始于 2016 年颁布的《中华人民共和国国民经济和社会发展第十三个五年规划纲要》。2020 年,国务院印发的《国家职业教育改革实施方案》进一步提出:"推进资历框架建设,探索实现学历证书和职业技能等级证书互通衔接"①。但由于我国各级各类教育和培训情况比较复杂,国内各区域间教育发展水平也不均衡,国家资历框架的建设实质性进展缓慢。因此,建立国家资历框架需顶层设计与地方试点统筹推进。一方面,需组建专门机构(如国家资历框架委员会),协调多方力量研制国家资历框架,形成建设国家资历框架的基本思路、实施蓝图和技术路线等方面的顶层设计。另一方面,要发挥行业组织和企业优势,分批分步开发和制定能力标准,要在吸收国外成熟经验基础上,深入推进"1 + X"证书制度试点、职业教育国家"学分银行"建设,为国家资历框架建设积累经验。

发展老年教育,促进老有所学。当前,我国已进入老龄化社会,2019 年底我国 60 岁及以上人口达 2.54 亿人,占总人口的 18.1%,其

---

① 中华人民共和国中央人民政府. 国务院关于印发国家职业教育改革实施方案的通知[EB/OL]. (2019 - 02 - 13). http://www. gov. cn/zhengce/content/2019-02/13/content_5365341. htm.

中 65 周岁及以上人口 17 603 万人,占总人口的 12.6%。[①] 老年教育是我国教育事业和老龄事业的重要组成部分,积极应对人口老龄化、促进老年人终身发展的重要举措,也是完善全民终身学习体系的重要内容。虽然《国家中长期教育改革和发展规划纲要(2010—2020)》《中国老龄事业发展"十二五"规划》《"十三五"国家老龄事业发展和养老体系建设规划》《老年教育发展规划(2016—2020 年)》等政策性文件,对老年教育发展提出了明确目标和要求,强调"支持鼓励有条件的地区通过制定相关地方法规促进老年教育事业规范健康发展"。但目前,我国老年教育发展与老年人日益增长的教育需求不相适应,必须明确坚持党委领导、政府主导、社会参与、面向基层、因地制宜、按需施教的原则,推动多元、特色发展老年教育,构建"老有所学"的终身学习体系,最大限度满足各类老年群众学习需求,保障老年人继续受教育的权利。

[①] 国家统计局. 中华人民共和国 2019 年国民经济和社会发展统计公报[EB/OL]. (2020 - 02 - 28). http://www. stats. gov. cn/tjsj/zxfb/202002/t20200228_1728913. html.

坚持普通教育与职业教育
双轨运行，加快构建中国特色
现代职业教育体系

国民教育体系是实施教育强国战略的基石,是全面建设社会主义现代化强国的重要支撑。2014 年,习近平总书记作出专门批示,"职业教育是国民教育体系和人力资源开发的重要组成部分",充分肯定了职业教育在国民教育体系中的重要地位与作用。然而,职业教育目前仍是整个国民教育体系中的薄弱环节,存在着社会吸引力不强、层次结构不合理等诸多问题。新时期,国民教育体系重构的关键,就是要坚持并巩固职业教育的类型定位,加快构建中国特色现代职业教育体系,更要推进职业教育与普通教育双轨运行、双向融通,不断增强适应性,推动职业教育高质量发展,为社会主义现代化建设建立巩固的、可持续的人才和技术竞争优势。

第一节　确立职业教育类型定位是关键一役

国家"十四五"规划纲要明确要"建设高质量教育体系"。《国家职业教育改革实施方案》提出"职业教育与普通教育是两种不同教育类型,具有同等重要地位"。职业教育作为一种独立的教育类型,是国民教育体系的重要组成部分,当然是建设高质量教育体系的应有之义。

我们要站在经济社会发展需求、国际教育共识和教育发展全局的高度，进一步巩固职业教育类型定位，完善职业教育和培训体系，深化国民教育体系从类型到层次变革，满足人民对教育多样化的需求，推动经济社会高质量发展。

一、职业教育从层次到类型是国民教育体系现代化的关键变革

"现代国民教育体系"一词最早是在党的十六大报告中正式提出，在报告中指出了要"形成比较完善的现代国民教育体系"，并将其列为"全面建设小康社会的奋斗目标"①。自此，正式开启了建设现代化国民教育体系的新征程。

职业教育开始成为现代国民教育体系的重要组成部分。2002年，时任教育部部长的陈至立提出了要"分三步走"，建立比较完善的现代国民教育体系。即"……到2010年，普及九年义务教育，职业教育和成人教育有更大发展，人口中接受高等教育的比重更接近中等发达国家水平；到2020年，在高质量普及九年义务教育的基础上，基本普及高中阶段教育，形成规模适当、结构合理的高等教育和职业教育体系。"②

我国现代国民教育体系"一体两翼"的发展格局初步显现。2004年，《〈中共中央关于完善社会主义市场经济体制若干问题的决定〉辅导读本》对"现代国民教育体系"的概念进行了明确界定，是指"由五个方面教育和三项保障机制所构成的整个教育事业。包括义务教育、基础

---

① 江泽民.全面建设小康社会　开创中国特色社会主义事业新局面——在中国共产党十六次全国代表大会上的报告[R].北京：人民出版社，2002：20.
② 李伦.陈至立提出：分三步走　建立现代国民教育体系[J].人民教育，2003(2)：2.

教育、高等教育、职业教育和成人教育,国民教育经费保障机制、国民教育教师保障机制和国民受教育权利保障机制。"①2005 年,时任总理温家宝在全国职业教育工作会议上的讲话中对"现代国民教育体系"进一步作出了简明扼要的论断:"要把基础教育、职业教育和高等教育放在同等重要位置,统筹兼顾,协调推进。这三个方面相辅相成,共同构成我国的现代国民教育体系。"并且着重强调:"必须进一步完善国民教育体系,加快职业教育发展,合理配置教育资源,实现教育合理分流。"②职业教育地位更加凸显。

　　职业教育类型化发展是国民教育体系"一体两翼"的必然趋势。2014 年,《现代职业教育体系建设规划(2014—2020 年)》中,明确提出了要建设现代职业教育体系,这是我国首次将职业教育作为一个独立教育体系进行系统规划。该文件颁布之后,极大地推进了我国职业教育的体系化发展。2019 年,《国家职业教育改革实施方案》中提出"职业教育与普通教育是两种不同教育类型,具有同等重要地位。"之后,我国现代职业教育体系获得快速发展,本科层次职业教育的发展更是打破了职业教育体系发展的"天花板",基本形成了"普通教育和职业教育两翼、初等、中等、高等教育各个层次"的级中有类、类中有级的现代国民教育体系框架结构。因此,要推动职业教育从层次到类型,这是现代国民教育体系发展的应有之义,更是国民教育体系现代化水平的重要

---

① 名词解释[G]//本书编写组.《中国中央关于完善社会主义市场经济体制若干问题的决定》辅导读本. 北京:人民出版社,2003:488.
② 温家宝. 大力发展中国特色职业教育——在全国职业教育工作会议上的讲话[DB/OL].(2005 - 11 - 07). http://www.gov.cn/gongbao/content/2006/content_149641.htm.

评判标准。

二、人民对教育需求的多样化是职业教育类型化发展的核心动力

随着我国社会生产力水平明显提高，人民群众需要呈现出多样化多层次多方面的特点。习近平总书记强调，要把满足人民对"更好的教育"的期盼，同满足他们对"更稳定的工作、更满意的收入"期盼一道，作为全党必须努力实现的工作目标。经过半个多世纪的努力，中国已经建立了覆盖各级各类教育系统的完备的教育体系。但是，伴随社会主要矛盾的变化，人民日益增长的美好生活需要已经并将越来越多地表现在对美好教育的需求上。随着物质生活条件的改善和视野的开阔，人民群众多样化教育需求不断增长、人人成才的诉求越来越强烈。

改革开放以来，中国职业教育驶入快车道，占中国教育"半壁江山"，实现了职普大体相当。但是，由于受传统文化中追崇知识性学习而鄙薄技艺等落后陈腐观念影响，加之社会中学历主义盛行，职业教育长期以来被视为"低层次、低水平"的教育，是学生学历和能力的"断头路"。进入职业教育学习对于学生家长来说并不是愉快和自豪的事情，相反，却是很多学生及家长被迫无奈的选择。广大学生家长认为只有普通教育才是唯一的走向人生成功之路。解决这个问题的关键一招就是推动职业教育类型化发展，为每个学生提供适合的教育，这是需求所在、活力所在、规律所在。通过巩固职业教育类型，构建纵向贯通、横向融通的"双通制"职业教育体系，实现职教内部体系化、横向融通化，为学生在不同成长阶段都能够实现多样化选择、多路径成才搭建渠道。同时，引导全社会包括学生、家长树立正确人才观，营造"人人皆可成

才、人人尽展其才"的良好环境,努力"让每个人都有人生出彩的机会"。

三、彰显职业教育类型特色是经济社会高质量发展的内在要求

我国幅员辽阔,生产力具有多类型和多层次的特征,对于人才的需求也呈现出多元化的特点。[①] 当前高质量发展推动经济从"规模扩张"向"结构优化"、从"要素驱动"向"创新驱动"发展,产业逐步迈向中高端水平,不仅对高端创新人才的需求日益迫切,而且对高端技术技能人才的需求也明显增加。但现实表现是,教育供需矛盾依然比较突出。数据显示,我国劳动年龄人口数量自 2012 年以来开始出现下降,预计"十四五"时期将继续减少 3500 万人[②],但这并不意味着我国就业压力将从根本上得到缓解。随着我国供给侧结构性改革的深入推进,大量"僵尸企业"从市场上出清,特别是大量新技术、新业态、新商业模式不断涌现,我国就业市场面临比较突出的结构性问题:一些人因为缺乏职业技能,或者在就业意愿上"高不成低不就"而难以就业;一些工作岗位又因为技能要求高,或者盲目追求"高学历、海外经历和知名院校"等就职条件而招不到人。另有数据显示,预计到 2025 年,我国制造业从业总人数约达 1. 3 亿,其中技术技能型从业者人数约 8 000 万,占比约为 61. 5%。[③]

---

① 卢晓,吴全全,闫智勇. 职业教育类型化发展的内涵解析、逻辑生成与对策建构[J]. 教育与职业,2021(01).

② 中国新闻网. 人社部:十四五期间中国老年人口将超过 3 亿人[EB/OL]. (2021 - 02 - 26). http://www. chinanews. com/gn/2021/02-26/9419664. shtml.

③ 付卫东,林婕."中国制造 2025"战略下职业教育的应对之策[J]. 职业技术教育,2016(24): 62 - 66.

教育要适应经济高质量发展需求,"既需要培养爱因斯坦,也需要培养爱迪生,还需要培养鲁班,我们都需要"①。普通教育主要培养学术型和应用型人才,而职业教育主要对接我国各区域多样性的生产力对人才的需求,培养技术技能型人才,保障现代制造业、现代服务业、现代农业等平衡且充分的发展。然而,长期以来,职业教育发展陷入两个误区中,一方面我国的职业教育简单模仿普通教育办学,试图培养学术型、理论型人才,脱离了培养技术技能人才的特定教育类型定位;另一方面,将职业教育简化为职业培训,培养了大量机械型的"工具人",丧失了类型教育的本质。这两个误区导致职业教育人才培养供给和社会对人才的需求之间存在着较为严重的结构性矛盾。这种情况不仅制约了职业教育对经济社会转型升级的支撑作用,也大大限制了主体多元化的发展需求。因此,必须在适应经济社会多元化发展的基础上,彰显职业教育类型特色,推动类型化发展。

四、职普双轨双通是发达国家教育发展的共性规律

职业教育作为一种教育类型,而不是一种教育层次,已成为世界共识。既是当今世界职业教育发展的一种趋势,也是职业教育适应现代经济社会发展需要的一种共性反应。在产业转型与教育普及的双重影响下,世界主要发达国家纷纷采取举措,明确职业教育的类型定位,不断促进职业教育与普通教育相互沟通、相互渗透。

第一,从法律层面明确职业教育的类型地位。比如瑞士将教育分

---

① 中国经济网.陈宝生谈职业教育:既需要培养爱因斯坦 也需要培养鲁班[EB/OL]. (2017 - 03 - 12). http://www.ce.cn/xwzx/gnsz/gdxw/201703/12/t20170312_20922271.shtml.

为"A"(学术教育)和"B"(职业教育)两个轨道,赋予二者同等重要的地位。在 2004 年修订生效的《联邦职业教育法》(*Bundesgesetz über die Berufsbildung*)中,将高等职业教育定义为独立的高等教育类型,与研究型大学和应用科学技术大学并列,是"非学术领域应用导向的高等教育"[①]。第二,建立了相对独立的职业教育体系。独立的职业教育体系是类型教育的基础特征,也是彰显职业教育中国特色和现代化水平的显著标志。纵观世界,很多国家都建立了涵盖中职、本科、研究生层次的相对完整且与普通教育相互沟通的职业教育体系,比如德国、瑞士、日本、澳大利亚等。学界普遍认为"把职业教育看作一种教育类型,不只是强调职业教育与普通教育在性质上的差异,而且要求把职业教育建设成一个具有独立形态的体系。"[②]但目前我国职业教育体系中只有中等和高等专科两个层次的职业教育,本科层次职业教育刚刚起步,更高层次的尚属空白领域。因此,有必要顺应国际教育发展的共同趋势,建立健全中国特色现代职业教育体系。第三,制定国家资格框架,巩固职业教育与普通教育等值的"教育类型"地位。英国、澳大利亚等国家的成功经验表明,职业教育的类型化发展和构建现代职业教育体系,需要有一个制度性的国家资格框架予以支撑,把基于认知规律的学历资格证书与基于技能形成规律的职业资格证书加以融合,从而实现职业教育与普通教育的等值、实现教育体系纵向衔接与横向融通。

----

① Der Bundesrat. Bundesgesetz über die Berufsbildung [EB/OL]. (2004 - 01 - 01)[2020 - 04 - 10]. https://www. admin. ch/opc/de/classified-compilation/20001860/201901010000/412. 10. pdf.

② 徐国庆. 确立职业教育的类型属性是现代职业教育体系建设的根本需要[J]. 华东师范大学学报(教育科学版),2020(01):1—11.

第二节　职业教育成为一种类型首先
要建立完整的体系

　　构建完整的职业教育体系是职业教育成为一种类型教育的前提，是职业教育类型化发展的基础保障。完整的职业教育体系如何构建？包括哪些核心要素？高质量如何表征？这些都是迫在眉睫的问题，事关职业教育发展方位、方向和方略。基于对我国普通教育体系构成要素的对比分析，和对国际职业教育发展规律的总结归纳，完整的职业教育体系至少应包含以下五大核心要素，分别是职业教育学校体系、办学格局、管理体制、育人机制以及支撑职业教育学校体系运行的关键制度。其中，职业教育学校体系是实体基础，办学格局与管理体制是对体系构建相关主体权责利关系的系统安排，关键制度是有效支撑，育人机制则是体系构建的最终落脚点。

一、职业教育学校体系：纵向贯通、横向融通

　　构建纵向贯通、横向融通的中国特色现代职业教育学校体系有两层内涵：一是纵向贯通，二是横向融通。所谓的纵向贯通，就是建立中等职业教育、高等职业教育纵向贯通的职业教育学校体系；所谓横向融通，是建立职业教育和普通教育并重的"双轨制"框架结构，打通两者有效衔接、相互转换、深度融合的渠道，只有这样，才有利于学生的分流，最大程度地满足社会对多样化人才的需求。

（一）贯通学校体系打通技术技能人才成长通道

按照技术技能人才成长规律,职业教育学校体系应包含中等职业教育、高等职业教育两个层次,其中,高等职业教育包括专科、本科及以上层级。

中等职业教育是高中阶段的职业教育,是整个职业教育学校体系构建的基础。其发展的基本方向是多样化,即根据各行各业对学制长短和培养模式需求的差异,举办多种形态的中等职业学校,以满足不同行业与学习者的需求。除原有的中等专业学校、职业高中、技工学校以外,还可举办综合高中,及以艺术、体育、机器人等特色专业为核心培养内容的特色高中。中等职业教育在培养学生扎实的职业基础能力的同时,还应培养学生扎实的文化基础素质。中等职业教育未来要朝两个方向发展,一是坚持人才培养的基础性。搭建中职教育学生升入高等教育的桥梁,使其基础性人才培养功能具有教育制度体系的保障。二是坚持办学形态的多样性。在强化现有不同类型学校人才培养定位差异的同时,还可举办新型的特色高中,如机器人学校、工程师学校等,并通过把这些学校与高水平大学对接起来,培养更高水准的专业型人才。在有特定需要且具备条件的地区,也可设立综合高中。

高等职业教育是职业教育体系的主体,是高水平技术技能人才的主要供给途径,应包括专科和本科以及专业学位研究生教育三个层次。职业专科教育面向生产、建设、管理、服务一线,主要培养在特定职业领域具备扎实专业知识、娴熟操作技能、较强问题解决能力,能良好地胜任目前工作并具有较强职业迁移能力的高素质技术技能人才。职业专科教育的学生毕业后可以升入职业本科教育继续学习,同时也拥有升入普通本科教育继续学习的机会。职业本科教育主要培养具有复杂实际问题解决能力、审辨式思维能力、创新能力的专家型技术技能人才。但职业本科教育在我国尚处于初步发展阶段,必须将其作为构建高质量职业教育体系的突破口,努力实现职业本科教育应与普通本科教育相互渗透和融通,招生主体以中职学校和职业专科学校毕业生为主、以普通高中毕业生为辅。专业学位研究生教育是现代职业教育体系的最高层次。专业学位是相对于学术型学位而言的学位类型,其目的是培养具有扎实理论基础,并适应特定行业或职业实际工作需要的应用型高层次专门人才。专业学位与学术型学位处于同一层次,培养规格各有侧重,在培养目标上有明显差异。专业学位教育的突出特点是学术型与职业型紧密结合。获得专业学位的人,主要是从事具有明显职业背景的工作。

（二）融通职普教育促进学生多样化发展

职业教育与普通教育"双轨"融通就是要实现两类教育的相互结合与统一,形成一个较为完整的整体,而不是互相割裂。职普融通与德国的"双轨制"教育不同,职业教育与普通教育不是彼此分立、各自独立的,而是要两者之间通过制度纽带形成互为沟通的有机整体。只有实现职业教育与普通教育的彼此沟通、结合和渗透,才能够形成一个统一、协调以及高效的国民教育体系,才能够充分发挥两种教育不同的育人功能,才能够实现办学功能彼此互补,从而为学生生涯发展提供更加灵活的发展通道。

一方面,从学生生涯发展的角度出发,职普融通是指各级职业教育与普通教育之间相互沟通、融合,学生可以较为自由地在不同轨道上根据自身生涯发展的需求进行轨道的转换。在具体的形式上,包括从普通高中升入高职教育,从普通本科升入专业学位研究生教育,从中职升入普通本科,从高职升入学术型研究生等。另一方面,从资源融通的视角来看,职普融通是指职业教育和普通教育在教育资源的共享上建立较为完善的机制。例如,职业学校向普通中小学开放教育资源,实施职业启蒙教育,丰富普通教育学生职业体验的内容与形式。

二、职业教育办学格局：多元办学、产教融合

发展现代职业教育,必须坚持面向市场、服务发展、促进就业的办学方向,充分发挥企业的重要办学主体作用,重视行业参与和指导作用,建立产教深度融合、校企紧密合作"双元"育人的体制机制。习近平总书记强调,职业教育必须要深化体制机制改革,创新各层次各类型职业教育模式,要坚持产教融合、校企合作,坚持工学结合、知行合一;要健全多元化的办学格局,推动企业深度参与协同育人,鼓励和支持社会各界特别是行业企业积极发展职业教育。2019 年,《国家职业教育改革实施方案》明确要求推动新时代职业教育办学"由政府举办向政府统筹管理、社会多元办学的格局转变"。

（一）政府统筹管理、社会多元办学

培养技术技能人才,企业是主体,学校教育是基础,学校和企业二者缺一不可。当前我国大部分职业学校属于地方政府办学,企业参与

积极性不高、参与渠道不畅、参与程度不深,导致职业学校"职业"属性缺失、人才培养"产销"不对路。职业教育自身的"跨界"属性决定了职业教育办学主体必定也必须是多元的,这就需要鼓励和支持不同的行业、企业来办职业教育、参与职业教育,形成完善的行业、企业参与职业教育办学的机制。因此,实现政府统筹管理、社会多元办学的格局是职业教育与培训体系由传统的"供给导向型"向"需求导向型"转换的必然要求。

一方面,政府要发挥在产教融合上的统筹管理作用。按照《国家职业教育改革实施方案》的要求,办学体制要由政府举办为主向政府统筹管理、社会多元办学的格局转变。各级政府部门要深化"放管服"改革,加快推进职能转变,由注重"办"职业教育向"管理与服务"过渡。政府主要负责规划战略、制定政策、依法依规监管。鼓励和支持多元办学,有效发挥政府统筹管理的地位和作用,在法律、政策、投入、监督等方面不断完善环境,激发行业、企业等多元主体参与职业教育并发挥多元主体的积极性。一是相关法律法规应逐渐完善。通过法律法规的完善确立行业、企业等多元主体举办职业教育的主体作用和功能定位,确立多元主体举办职业教育权利、义务和责任,为行业、企业等多元主体作用的发挥提供法律保障,赋予多元主体合法的身份和地位。二是要制定可操作性政策激发多元主体办学的积极性。明确行业企业等多元办学主体举办职业教育的公益属性,对积极举办职业教育的相关主体提供金融、财政、土地、税收等方面的激励政策。

另一方面,形成行业、企业等多元社会主体办学的格局。行业、企业等多元主体成为职业教育重要的办学主体,这是由职业教育自身的职业属性和实践属性所决定的。一是从办学主体来看,行业、企业等多元主体可以单独举办或者联合举办职业学校和职业培训机构,大型企业可以独立举办职业学校,中小型企业可以联合举办也可以通过其他校企合作的方式参与职业教育。二是从投资主体来看,行业、企业等多元主体可以通过采取单独投资或联合投资的方式举办职业教育。企业应积极投入人财物来举办职业教育,可以按照职业教育自身的育人规律,将企业的生产或经营场地作为学生的教学场所,将一些机器设备、生产服务工具、实验仪器作为教学设备,企业的高技能人才、管理人员则可以担任实践教师。三是从培养主体来看,在人才培养过程中,行业、企业等多元主体积极参与课程体系的开发、实习实训基地的建设等人才培养环节。四是从管理主体来看,行业、企业等多元主体积极参与到对学生日常行为规范的管理,制定学生实习实训的教学标准,履行人才培养全过程管理的职责,完善教学质量保障体系的构建,提升人才培养质量。五是从评价主体来看,在现有法律框架下,行业、企业等多元主体积极履行企业人才质量评价的义务,过程评价与结果评价相结合,职业素养与职业能力并重,充分发挥企业在职业教育人才培养质量评价上的主体作用。

（二）产教深度融合、行业企业广泛参与

纵观世界发达国家的职业教育,无论是德国的"双元制"、澳大利亚的 TAFE 系统,还是新加坡的"教学工厂"、美国的社区学院,尽管表现方式千差万别,但基本特征就是,宏观上产业与职业教育深度融合,微观上企业与职业学校无缝对接。因此,产教深度融合、行业企业广泛参与是衡量一个国家职业教育体系是否具有活力的重要标准。产教融合运行体系需要在宏观、中观和微观三个层面实现体系化的构建。

一是在宏观层面上，要有效夯实产教融合的制度基础。在区域发展、产业发展、城市建设和重大生产力布局规划与政策设计中，明确产教融合发展要求，教育优先、人才先行融入各项政策，统筹优化教育和产业结构，同步规划产教融合发展政策措施、支持方式、实现途径和重大项目。产教融合作为促进经济社会协调发展的重大举措，要有效融入产业转型升级各环节，贯穿职业教育人才培养全过程，形成政府企业学校行业社会协同共进的格局。

二是在中观层面上，行业服务、指导职业教育发展的能力显著增强。行业主管部门和行业协会在国家教育方针和政策指导下，积极开展本行业技术技能人才需求预测，对本行业专业设置与人才需求之间的匹配情况展开深入调研，发布预警信息，引导职业学校专业设置与人才培养面向市场需求进行动态调整。行业协会积极利用所掌握的信息优势，建立公共信息平台，为校企双方牵线搭桥，充分发挥监督协调作用，保证校企合作真正落实到育人层面，保证企业深度参与职业教育人才培养全过程。行业积极指导职业学校的专业建设、课程设置和教材建设，帮助职业学校及时将新兴职业岗位的知识和技能融入到课程教学之中，推进职业教育教学改革。

三是在微观层面上，职业学校和企业要在人才培养上实现深度合作。企业深入参与学校专业规划、教材开发、教学设计、课程设置、实习实训，企业需求融入人才培养环节。校企双方合作开展专业建设，合作设置专业，共同研发人才培养标准，开发课程体系、教学标准及教材；校企合作开展人才培养,共同制定人才培养或职工培训实施方案,校企双方互相为学生实习实训、教师实践、学生就业创业、员工培训、企业技术和产品研发提供支持。

三、职业教育育人机制:德技并修、工学结合

职业教育必须落实好立德树人根本任务,培育和践行社会主义核心价值观,健全德技并修、工学结合的育人机制,规范人才培养全过程。要加快实现我国从"中国制造"向"中国创造"的转变,就必须培养大批"德技并修"的高素质技术技能人才作为支撑。"德技并修"强调的是人文素养、职业精神和职业技能融为一体,同大国工匠"精于工、匠于心、品于行、化于文"的精神内核保持高度一致。而"工学结合"则强调"学习的过程是工作,通过工作实现学习",始终将学习与工作紧密结合在一起。

(一)思政教育、职业精神、工匠精神融入育人全过程

职业教育落实立德树人根本任务就是培养"德技并修"的技能劳动者,具体而言就是要将思政教育、职业精神和工匠精神与职业技能实现融合培养。一是融入到专业课程教学体系之中。在课程开发、教学标准制定、职业能力规范等多个教学关键要素中有机融入道德素养的培养,学生在学习过程中能够认识到敬业守信、精益求精、勤勉尽责、团队合作等优秀职业精神的实质内涵,通过实践育人、体验育人、养成育人全面提升学生的道德素养。二是融入到真实的工作和生产、服务过程之中。在校企合作开展人才培养过程中,道德素养的培育融入到技能

养成过程之中,学生在真实的职业情境之中感受企业的规章制度、行为规范,通过文化环境的熏陶与培养,让学生认识到作为一个合格的职业人应该具备的职业素养和精神。三是融入到校企共建的校园文化之中。产业文化进教育、行业文化进校园、企业文化进课堂,职业学校将企业的优秀文化和精益求精的道德理念融入到校园文化的建构中,将道德的文化理念和价值观念渗透到育人的每一个环节之中,在润物细无声中塑造每一个身在其中的学生,将其陶冶成一个完整的、立体的职业人。

(二)以实践导向为核心重构职业教育人才培养范式

工学结合是职业教育的基本育人模式,进一步办好新时代职业教育,不能简单地参照普通教育的体制、标准和办法,要把职业教育和普通教育区分开来,把科学和技术区分开来,把知识和技能区分开来。在相当长的时期内,"以学科为中心""以知识为本位"为主要特征的传统学科教育一直主导着我国职业教育的发展,模糊了职业学校与普通学校的差别,淡化了职业学校的职业属性。从知识特性上看,职业学校教育与普通学校教育的根本不同在于前者以传授"实践(经验)知识""隐性(默会)知识"为主,后者以传授"科学知识""显性知识"为主,技术技能人才成长需要广泛开展实践性教学,在"干中学""学中干"。要突出实践环节,不能只在"黑板上种田",一定要给学生实际本领,要坚持理论教育与实践实训相结合,合理确定文化教育与实践教学的课时比例。要把学校建在开发区里,把专业建在产业链上,把工匠精神刻在学生心中,把创新意识融入学生血液。要探索发展现代职业教育的路子,使学校像企业、教室像车间、课堂像工段、教师像师傅、学生像学徒、教案像图纸、作业像产品。

四、职业教育管理体制：部门协同、上下联动

"职业教育管理体制是国家领导职业教育的基本方式，不仅在宏观上决定了职业教育发展的速度、规模、质量，而且在一定程度上影响并决定着办学、投资、招生体制以及学校内部管理制度等。"[①]有效的职业教育管理体制对于提升职业教育办学成效，推进职业教育改革深化，激发相关主体参与职业教育办学的动力具有重要价值。改革开放以来，我国职业教育管理体制经历了多次变革，最终形成了"分级管理、地方为主、政府统筹、社会参与的管理体制"。未来我国职业教育管理体制应以国务院领导下多元参与为核心，在强调中央政府对职业教育事业发展宏观引导的同时，继续落实地方政府管理职业教育的职责，不断优化管理运行机制，鼓励行业、企业等主体积极参与，针对职业教育管理中存在的职责交叉与分散问题，要加强职业教育工作部门联席会议的协调力度。

（一）部门协同形成职业教育发展合力

在职业教育管理体制上，同职业教育发达国家相比，目前还存在着分头管理的问题。我国中等职业教育格局中，中专主要由行业或区县举办，职业高中由区县举办，这两类学校统一归教育部门管理；而技工

---

① 刘淑云，祁占勇.改革开放40年来我国职业教育管理体制改革探析[J].职业技术教育，2018（13）：38—43.

学校主要由行业和企业举办，劳动部门实施综合管理。从体制来看，这种管理体制，与绝大多数国家的管理差别不大，但是，在具体运行上还是有很大区别：第一，多数国家全日制的学校教育，一般归教育行政部门管理，我国的技工学校、技师学院，则归人力资源和社会保障部门综合管理；第二，发达国家教育行政部门和其他部门、行业和企业，在职业教育管理中的职能定位清晰、依法各司其责，我国政府部门、企业（国有企业）在职业学校设立、教育标准制定、经费投入等方面，职能交叉又各自为政、互不沟通；第三，发达国家职业学校与企业关系密切，课程教学遵循行业规则和人才市场规律，具有较大的办学自主权，而我国政府对学校包揽管理较多、学校面向市场自主发展空间狭小。这种部门分割带来的问题，就是很难实现部门政令统一、教育标准统一。新时代职业教育管理体制改革，应贯彻党的十九大精神，"完善职业教育和培训体系"，对职业教育和培训进行统筹管理。

首先，在横向管理机制改革上，要通过明晰部门职责，有效改变教育与人社部门"交叉管理"局面。从标准制定、人才培养、技能水平评价全过程实现对技术技能人才培养的统筹管理。政府要发挥宏观调控职能，通过经济手段、法律手段、政策法规实施资源配置与管理调控，统筹中职、高职、技工学校、应用型本科与各种各类培训职业教育一体化发展。教育部门统筹各类职业教育的规划和发展，协调各部门职教工作。行业、企业配合教育部门制定人才培养规划，参与本行业职教的评估和督导，促进职业教育与产业部门的产教融合。人社部门会同各行业部门负责管理各类职业培训，制定行业岗位标准、岗位规范，组织实施技能考核、考试及发证。①

其次，在国务院领导下，要发挥好职业教育工作部际联席会议制度的作用，协调好教育、经济、劳动、就业等领域。要切实发挥联席会议统筹规划、综合协调和宏观管理职业教育的作用，整合学校职业教育和培训职业教育两个系统。包括技工学校、技师学院在内的学历教育学校归口教育行政部门宏观管理，职业培训归口人力资源和社会保障部门及其他部门综合管理，各部门、行业企业以"大职教"的思路、在"大平台"上分工合作共同治理，最终打破部门之间、政府与企业之间的藩篱。通过不断完善联席会议工作机制，能够将思想认识统一到党中央和国务院决策部署上来，调集教育内部、外部各种有利因素，扩大职业教育政策影响，释放政策红利，形成支持职业教育改革发展的新动能。

（二）央地联动激活职业教育的改革动力

在纵向管理体制改革上，应始终坚持以中央宏观管理、地方政府统筹协调为基本原则，赋予省、市、县级政府在职业教育事业上的自主管理权，充分发挥地方政府在职业教育改革创新发展方面的主动性，充分结合地方经济社会发展的特色，探索形式多样的职业教育办学模式，形成在中央统一领导下，地方政府统筹协调、以分级管理为核心的纵向管理体制。

首先，央地之间要形成领导与监督、分工与协作的良性互动关系。

---

① 李俊.企业参与职业教育的关键制度要素研究——基于新制度经济学的分析[J].江苏高教，2017(01)：85—89.

地方政府特别是省级政府应逐步成为职业教育的规划者、举办者,以及办学经费的有力支持者。中央政府的主要责任在于提升并保障职业教育的重要地位、建立协调区域共同发展职业教育的机制、改革和完善转移支付制度、加强职业教育督导评估等。中央尊重激发地方和基层在职业教育领域的创造精神,形成顶层设计与基层探索良性互动的格局,有效发挥好"部省共建职业教育创新发展高地"在央地合作中的示范引领作用。落实地方政府发展职业教育的主体责任,落实和扩大职业学校办学自主权;把职业教育工作纳入对地方督导督查的重要内容和工作考核的重要依据,推动省市两级职业教育改革创新。

其次,实现简政放权和强化统筹相结合。做好简政放权,向社会放权、向学校放权,在发挥行业企业、社会参与学校治理的作用的前提下,扩大学校办学自主权,让职业教育学校发挥对接市场的优势、增强市场适应能力。权力放下去了,各部门之间、政府与企业之间职能交叉等问题,就会弱化。当务之急,要加快建立行业企业、社会各方面参与的理事会,以法律法规和学校章程明确其在学校治理中的职能。在简政放权的同时,还要强化统筹,也就是要在中央和地方层面,建立政府有关部门、行业企业合作治理的平台,统筹制定职业教育与培训发展规划、重大政策、质量标准和考核制度等。

(三)多方参与提高职业学校的治理水平

在学校治理体系建设方面,改革创新一直都没有停止步伐。在社会监督方面,有第三方定期发布质量年报;在政府监管方面,有督导评估报告;在行业自律方面,有行指委的人才培养调研报告、专业标准等;

在学校治理方面,有教学工作诊断与改进制度建设。但是,学校仍然高度依附于政府,缺乏基本的独立性和自主性,仅有政府的大治理远远不够,还需要学校内部学术权力、教职员工和社会多元主体的积极参与。

一是坚持好一个制度,即党委领导下的校长负责制。加强党对学校工作的全面领导,正确处理好党委领导和校长负责的关系,认真贯彻执行民主集中制,完善协调运行的工作机制,有效提升学校的资源整合、科学决策和战略规划能力。

二是打造好一个体系,即形成以章程为统领的制度体系。章程是依法自主办学、实施管理和履行公共职能的基本准则。学校以章程为依据,制定内部管理制度及规范性文件、实施办学和管理活动、开展社会合作。以章程为准绳,建立学校规章制度的动态梳理和调整机制,形成系统化制度标准和流程,保障学校高质量发展。

三是用好一个权力,即充分发挥好学术权力重要作用。以学术委员会为核心的学术管理体系与组织架构得到健全,学术组织依照章程行使职权得到保障,充分发挥其在专业建设、学术评价、学术发展和学风建设等方面的重要作用,积极探索教授治学的有效途径。

四是调动多方力量,即支持学校发展的各方力量得到充分调动。职业教育是跨界的教育,职业学校要设立行业企业等办学相关方代表参加的理事会或董事会机构,发挥咨询、协商、审议与监督作用;推进教职工代表大会等制度的有效实施,发挥工会、共青团、学生会等群团组织作用,健全依法自主管理、民主监督、社会参与的治理结构;积极实施校院(系)两级管理,推进权力下放,调动教学单位积极性、主动性和创造性;建立健全绩效工资制度,统筹兼顾各类岗位收入分配水平,注重向优秀人才和关键岗位倾斜。通过常态化的自我诊断和改进,健全内部质量保证体系,保障高素质劳动者和技术技能人才培养质量持续提升。

五、职业教育制度体系:要素完备、运转顺畅

职业教育关键制度建设是构建高质量职业教育体系的重要支撑。完整的职业教育体系的构建不仅需要夯实以职业教育学校体系为基石的实体基础,也需要进一步建立并完善支撑现代职业教育体系有效运转的关键制度。"回顾 20 世纪 80 年代甚至更早时间以来西方发达国家职业教育的改革与发展,会发现其主要内容就是完善国家基本制度体系,尤其是以职业教育需求与内容为核心的国家制度建设,以及在此基础上进行的旨在提升职业教育地位的国家职业资格证书体系建设和国家资格框架建设。"[①]因此,衡量教育体系的独立性与完整性不仅要看是否建立了相对健全的学校体系,还要看是否构建了能够保障学校体系有效运转的制度支撑。

(一)构建串联职业学校体系的制度纽带

职业教育作为一种教育类型确立起来,从制度构建的角度看,不仅需要各个学制层面的职业教育,而且需要把各个层面的职业教育衔接起来的制度纽带。

一是职教高考制度。基于不同的人才培养目标,建立健全不同的

---

① 徐国庆.职业教育实现现代化的关键是完善国家基本制度[J].华东师范大学学报(教育科学版),2021,39(02):1—14.

人才选拔方式、考试内容。职教高考也要具有公开、公平、常规化、自由选择的性质，依托这一制度，任何职校生都可以通过统一考试进入任何职业学校的任何专业。有了职教高考制度，职校生的升学空间将大大得到拓展，同时也将使中等职业教育与职业专科教育、职业本科教育在内容上衔接起来，这对于提升各级职业教育之间的相互促进关系具有极为重要的意义。

二是普职融通制度。这既是通过教育实现社会融合的需要，也有助于促进职业教育与普通教育的资源共享和理念相互借鉴，为学生的全面发展提供制度性保障。普职融通的制度设计可在课程共享与学生流动这两个层面进行。

三是国家资历框架制度。规定职业教育学生与普通教育学生学习成果等值互换关系，进而规定在特定领域两个教育序列的学生享有同等权利的制度。国家资历框架是保障职业教育类型地位的关键性支撑制度。只有当职业教育学生的学习成果能给他们带来与普通教育学习成果同等的社会效果时，人们才会真正认可职业教育的类型地位。

（二）健全职业教育体系运行的关键制度

除了制度纽带，还需要建立现代职业教育体系运行的制度支撑。中国特色现代职业教育体系的运行需要六项支撑性条件。这是按照从技术技能人才培养的起点到终点环环相扣而又层层递进的逻辑顺序进行设计的。

一是产业人才数据平台。现代职业教育建设需要持续、深入跟踪各行业、职业人才需求数据的专业化研究平台，及时准确发布人才需求报告,引导职业学校专业设置、招生规模与人才培养目标定位,解决目前职业学校无数据可依、所依数据不科学、盲目设置专业和招生规模问题,促进职业教育与产业人才需求更为精准对接与融合。

二是专业教学标准。以标准建设为提升人才培养质量的抓手,深度开发以职业能力清单和学习水平为核心内容的专业教学标准,为职业学校人才培养过程建设提供专业依据,为教学质量整体提升与监测提供基本制度保障,使人才培养更为深入地体现职业教育特色。

三是产教融合型企业。发挥企业办学主体作用,探索混合所有制办学,建立基于产权制度和利益共享机制的校企合作治理结构与运行机制,为企业参与职业学校人才培养和技术研发提供稳定的制度保障。

四是教师专业化培养体系。根据职教教师能力形成规律,建立大学培养与在职教师教育齐头并进的双轨制职业教育教师专业化培养体系,使职业学校有稳定的途径获得高质量教师,使每位希望进入职业教育体系的未来教师能清楚地知道每个阶段应完成的学习任务和要达到的要求。

五是教育教学质量监控体系。确立全面质量管理理念,建立健全全员参与、全程控制、全面管理的质量保证体系。完善由学校、行业、企业和社会机构等共同参与的质量评价、反馈与改进机制;完善职业教育质量年度报告制度,加强人才培养状态数据采集与分析,充分发挥数据平台在质量监控中的重要作用。

六是公平的升学与就业制度。通过制度设计确保职业教育轨道学生在升学、求职、工作待遇、职务晋升等方面享有与普通教育轨道学生平等的机会,并通过制度实践使人们普遍形成技术技能人才与学术人才、工程人才之间的差别是类型的而不是等级的观念。

第三节　职业教育高质量发展迫切需要增强适应性

国家"十四五"规划纲要在"建设高质量教育体系"一章中,用一节的篇幅来详细阐述"增强职业技术教育适应性"的战略部署。可以看出,"增强职业技术教育适应性"已然成为我国在新发展阶段推进构建新发展格局的重大战略举措。职业教育迎来了增强适应性的重要战略窗口期,迫切需要让适应性在各个层面落地生根、开花结果,为构建同经济社会发展相适应的现代职业教育体系,开启全面建设社会主义现代化国家新征程、向第二个百年奋斗目标进军作好基础准备。

一、坚定"四个面向",提高职业教育精准度

职业教育是与经济社会发展联系最紧密最直接的教育类型,是国民教育体系中最为复杂又自成体系的一个教育类型。所以说,要增强职业教育的适应性,首先要明确职业教育的定位。只有找准定位,明确职业教育是何种教育,才能锚定方向、提高精准度,真正按照规律去办职业教育。

（一）职业教育是面向人人的终身教育

三百六十行,行行出状元。人人皆可成才,是马克思主义人民群众创造历史的唯物史观在人才观中的重要体现。职业教育要坚信人人皆

可成才，发挥好面向人人的教育优势，为人人尽展其才创造条件。从实际情况看，职业院校开展学历教育和培训"一条腿长、一条腿短"的现象还普遍存在，主要根源在于学校和教师的积极性不高。要坚持用终身教育理念统领职业教育发展，使职业教育面向全体社会成员开放，更好服务全民终身学习，服务学习型社会建设，使所有人都能享受更加公平而有质量的教育，获得自身发展和造福社会的能力，过上有尊严的幸福生活。要坚持学历教育与非学历教育培训并举并重，在办好学历教育的基础上，建立灵活的学习制度，增加非学历培训比重，为学习者提供多种学习方案和多个学习时段，满足社会成员个性化、多样化、终身化的学习需求，畅通面向人人的职业教育和培训渠道。要坚持职业教育与普通教育、继续教育统筹协调发展，建立国家资历框架，实现学历证书和职业技能等级证书的等值、互认，保障技能学习成果的社会价值。

（二）职业教育是面向市场的就业教育

职业教育归根结底是一种就业教育，要突出就业导向。一方面，当前我国正处于产业转型升级的关键期，职业岗位在不断更新迭代，对知识与技能的要求越来越高，亟需大量高素质技术技能人才。另一方面，受新冠肺炎疫情影响，我国包括零工在内的数以亿计的灵活就业人员亟需稳定就业。这对作为就业教育的职业教育来说，是挑战，更是机遇。职业教育要紧跟新技术革命和产业发展潮流，适应产业结构调整的需要，合理优化院校及专业布局，培养规模宏大的高素质技术技能人才队伍和一线产业工人队伍，促进更多劳动者长技能、好就业。要关心关爱职业院校学生，让他们立志追求人无我有、人有我优、技高一筹的境界,学到真本领,用勤劳和智慧创造美好人生。要加快实习实训基地建设,改革教学教法,强化技术技能训练。要大规模开展职业技能培训,着重解决结构性就业矛盾,鼓励创业带动就业。作为一种就业教育,职业教育当前还存在毕业生待遇及社会地位不高的突出问题,需要我们全社会共同努力,切实树立正确的人才观,提高技术技能人才待遇水平,提高职业教育吸引力。

（三）职业教育是面向能力的实践教育

职业教育的特色在于使学生掌握必需的文化和专业知识的同时,具备熟练的职业技能和适应职业变化的能力。所以,加强实践教育是职业教育人才培养的应有之义。从德国的"双元制"教学模式,到美国、加拿大推行的以能力为基础的教学模式,都无一不突出实践教育的特点。要进一步落实好教育与社会实践相结合的方针,组织学生广泛开展劳动教育实践活动,拓宽他们的职业视野,增长他们的社会经验。要把产教融合、工学结合作为职业教育办学的基本模式,建好用好各类实训基地,改革教学教法,强化技术技能训练,让学生在一线实际劳动中增长才智、提升技能。要通过实践教育,使学生初步养成诚实守信、积极进取、精益求精、爱岗敬业的职业品质和职业意识,在实践过程中激发其创新意识、培养其创新能力。

（四）职业教育是面向社会的跨界教育

跳出教育看教育,职业教育具有天然的"跨界"特征,同其他社会组织与机构保持高度关联、协同与共融。要建立职业教育统筹发展机制,把企业、院校、行业和政府的各类资源有效整合起来,由政府举办为主向政府统筹管理、社会多元办学的格局转变,由参照普通教育办学模式向企业社会参与、专业特色鲜明的类型教育转变。要跨越企业与学校割裂的桎梏,推进职业教育与社会、经济、人力资源需求结构相匹配,推进职业学校和企业联盟、与行业联合、同园区联结。要健全职业教育区域性布局,使之与特定的产业聚集区、经济带、省域、市域或县域、民族地区的经济社会发展相匹配。要强化职业教育的社会服务与建设功能,发挥职业教育机构参与社区治理、城镇管理、文化体育、环境卫生和专业性服务的作用,以更好融入和带动当地社会发展。

二、处理好"五个关系",增强职业教育硬实力

在明确职业教育"四个面向"的根本定位问题后,接下来要明确的就是怎么干、怎么推进的问题。正所谓"毛羽未成,不可以高飞"。要让"四个面向"落地有声,就要把握好、处理好"五个关系",切实提高职业教育自身可持续的硬实力,为职业教育振翅高飞提供源源不断的驱动力。

(一)协调职普关系,坚持和巩固职业教育类型定位

以"职教20条"为标志,职业教育和普通教育是两种不同类型教育的定位得以进一步确定与巩固。职业教育与普通教育是"两种不同教育类型""具有同等重要地位",其核心内涵,就是普通教育和职业教育是对等的,没有高低之分;两者是不同的类型,一个着眼于知识,一个着眼于技能。因此,要协调好职普关系,确定今后中国职业教育发展模

式。即不再是过去那种普通教育录取之后,职业教育再录取,有高低之分;也不再是公务员和事业单位工作人员招聘时,职业院校毕业生禁入。这是一个重大的思想解放。"职教 20 条"印发实施以来,职业教育在坚持类型特色、彰显中国特色方面已经迈出了一些步伐、采取了一些措施,并取得了一些成效。当然,中国特色的职业教育模式探索还将是一个长期的实践过程。

(二)深化产教关系,推进职业教育供给侧结构性改革

所谓产教关系,就是产业和教育的关系,这里主要是指产业和职业教育的关系。我们知道,职业教育是直接服务于产业发展的,但是不可否认,现在职业教育和产业发展还不同程度地存在着两张皮的现象,职业教育热、产业冷,衔接不紧密,职业教育的结构特别是专业还不能很好地适应经济结构优化、推动高质量发展的需要。当前和今后一段时间,我国职业教育改革发展必须在这方面下更大功夫,核心就是要把职业教育人才培养和产业发展的供需两端更加紧密结合起来,而不是像现在这样,有些学生培养出来之后适应不了需要。解决好产业和教育的关系,必须建立健全职业教育发展机制,比如把专业建在产业链上、把学校建在开发区里等。

(三)聚合校企关系,打造校企命运共同体

校企合作是职业教育的立身之本,增强职业教育的适应性必须要建立健全校企合作、协同育人机制,形成真正的校企命运共同体。过去,职业学校大部分是建在企业里。改革开放以来,相当一部分企业剥

离了职业教育功能。从以往实践看,学校究竟是建在企业内部好,还是通过其他一些机制把它们结合起来,这并没有一定之规。制度经济学中的一个基本原理,专门研究市场是怎么产生的:市场原来是在企业内部的,当交易成本大到一定程度时,就会把市场即销售从企业里分割出来,进而形成独立的外部市场。当外部费用高到一定程度时,市场交易又会内部化。我们职业院校建设也是这样,过去我们的企业是全能型企业,什么职能都有,现在发展到这一步,我们要适应经济社会发展新的需求,对校企关系进行新的探索。探索的方向无非是两个方面:有的可以"引校入企",把学校引入企业,内化为企业的一个组成部分,德国就有很多这样的企业。还有的可以"引企入校",把企业的要素引入学校,比如共建实习基地;推动双师型队伍建设,建立旋转门,师傅可到学校来当老师,老师也可到企业去工作一段时间,互相学习、互相促进。这就是所谓的"双元制":企业一元,学校一元。在此基础上,更好地把普通教育和职业教育衔接起来,建立互联互通的"立交桥"。

（四）重塑师生关系,深化教师教材教法改革

所谓师生关系定方法,其核心是建立健全中国特色学徒制。职业教育中的师生关系不同于普通教育中的师生关系,它在很大程度上类似于过去的师徒关系。所以,现在我们在职业教育中要大力推行以师带徒的中国特色学徒制。职业教育中的学校像企业、教室像车间、课堂像工段、老师像师傅、学生像学徒、教案像图纸、作业像产品,实践教学成为教学的主体。要提高职业教育质量,就是要通过以师带徒的实践教学方法,来替代传统的教学方法。这其中要注重同步推进教师、教

材、教法的改革。比如,要加强职业教育教材建设,完善职业教育教材规划、编写、审核、选用使用、评价监管机制;实行教材分层规划制度,引导地方建设国家规划教材领域以外的区域特色教材,在国家和省级规划教材不能满足的情况下,鼓励职业学校编写反映自身特色的校本专业教材;要对接主流生产技术,注重吸收行业发展的新知识、新技术、新工艺、新方法,校企合作开发专业课教材。要根据职业学校学生特点创新教材形态,推行科学严谨、深入浅出、图文并茂、形式多样的活页式、工作手册式、融媒体教材。

(五)融通中外关系,以质量和特色走进世界职业教育中心

习近平总书记关于教育工作的重要论述,很重要的一点就是突出强调牢牢抓住"中国特色"这个关键。对此,职业教育领域既要有信心,也要付出更大努力。近些年来,经过不断探索,职业教育的中国特色已经更加鲜明,我们创造了一种新的组织形式,这就是"鲁班工坊"。一些发展中国家到中国来考察,谈得最多的也是职业教育,他们在这方面有很强烈的需求。中国职业教育已经是当今世界规模最大的职业教育。不过也不可否认,我们在为世界提供中国职业教育发展方案、智慧、道路等方面做得仍然不够,还缺乏示范性、引领性。所以,要使中国职业教育真正走向世界,不是取决于规模,而是要靠质量和特色取胜。为此,职业教育要坚持开放、合作、团结、共赢的信念,坚定不移地全面扩大开放,在双循环相互促进的新发展格局下,构建全新的国际职业教育交流机制,形成互利共赢的国际合作新局面。要建构新的合作模式,以开展国际产能合作为载体,积极搭建国际职业教育合作平台,加强职业

教育涉外行业组织建设,办好一批示范性中外合作办学机构和项目。以"鲁班工坊"为依托,提供与中国企业和产品"走出去"相配套的职业教育服务。

三、推进"五个入",优化职业教育发展软环境

为不断适应新形势走好长远发展之路,职业教育须在立足本来基础上,超前谋划如何更好地面向未来。因此,要不断推进职业教育长入经济、汇入生活、融入文化、渗入人心、进入议程,发挥好职业教育在促进经济社会发展中的重要作用,推动职业教育高质量发展,保持其对国家经济社会发展、科技革命、产业变革的持续适应力,努力建设技能型社会,进而为教育事业改革发展创造良好软环境。

(一)长入经济,使职业教育成为经济活动的内生变量

职业教育要成为经济活动的内生变量,成为构成产业链、产品链、供应链、资金链、信息链的"砖瓦"和基本要素。首先,要促进职业技术教育区域化。职业教育来自地方、依靠地方、服务地方,必须提升教育服务区域发展战略水平。要优化区域间教育资源配置,持续深化职业教育东西部协作,促进东中西部和大中小城市协调发展;同时,加快形成点线面结合、东中西梯次发展的教育发展空间格局,引导学校紧贴地方文化优势和产业优势,办出地方特色,刻上地方烙印。其次,要促进区域职业教育产业化。职业教育的本职功能是服务区域产业发展,要扎根到区域产业中办学,服务产业转型升级。要合理确定各层次职业教育规模,完善专业动态调整机制,形成紧密对接产业链、创新链的专

业体系。再者,要促进产业职业教育集群化。分级分类编制发布产业结构动态调整报告、行业人才就业状况和需求预测报告,为区域职业学校和各类市场主体提供精准信息服务。同一区域内的职业院校要抱团取暖,把基础相同、领域相近的专业打造成专业集群,发挥溢出效应,更好地服务产业链、生产链。

(二) 汇入生活,提高全民技能素养

要充分发挥职业教育在构建全民终身学习教育体系方面的功能,建立全民技能学习平台,促进全民终身学习,全民学习掌握技能。一是弘扬终身学习理念,建设处处能学的基础设施,实现人人皆学、处处能学、时时可学。二是满足社会大众多样化的教育需求,开发时时可学的数字资源,为广大学生和其他社会成员接受职业教育提供多种渠道。三是满足社会对职业教育高质量供给的新要求,重构职业能力,加快技能更新、课程内容更新。针对重点人群有重点地开展技能教育和培训。包括实施残疾人技能服务行动、退役军人职业技能提升行动,切实做好农村劳动力、农村转移人口培训等。

(三) 融入文化,营造崇尚技能的社会环境

要引导全社会合理看待学历和能力关系,增加文化中的技能含量,在全社会建设技能文化。首先,要引导全社会深入学习贯彻习近平总书记关于崇尚劳动、尊重技能的重要论述,加大对劳动精神和技能人才的宣传力度,鼓励以劳动精神和技术技能人才为题材的文艺创作,做到"报上有名、电台有声、电视有影、网上有论",让技能人才成为社会关注

的对象、让劳动精神引领时代发展。其次,要促进职业教育社会化,从破解"鄙薄技能"的根本矛盾入手,整合政策举措、优化资源配置、拿出实招硬招,构建国家技能开发体系,消解国家需求与企业需求、个体需求之间错位带来的发展困境。完善处处能学的技能教育网络,构建技能人才成长成才的制度环境,营造国家尊重技能、社会崇尚技能、人人享有技能的社会氛围,厚植职业技术教育改革发展的土壤。

(四)渗入人心,树立技能宝贵的价值导向

职业教育要扛起时代责任,引导劳动者和技术技能人才树立正确的价值观和人生观,认识到没有技能寸步难行,使技能交融于国计,扎根于民生,深植于民心。一方面,要强化全社会的职业精神培养。大力传承并弘扬甘于奉献的劳模精神、崇尚劳动的劳动精神、追求卓越的工匠精神。深入开展"大国工匠进校园""劳模进校园""优秀职校生校园分享"等活动,宣传展示大国工匠、能工巧匠和高素质劳动者的事迹和形象,激励广大青年走技能成才、技能报国之路。积极开展企业技能文化建设,塑造爱岗敬业、精益求精、追求卓越的职业精神,增强技术技能人才的使命感、责任感和荣誉感。另一方面,要改革技能人才评价与激励制度。建立以职业能力为导向、以工作业绩为重点、注重职业道德的技能人才评价方式,依据国家职业分类,建立由国家职业技能标准、行业企业评价规范、专项职业能力考核规范等构成的职业标准体系。加大对技术工人创新能力、解决问题能力和业绩贡献的评价比重。健全职业技能多元化评价方式,引导和支持企业、行业组织自主开展技能评价。

（五）进入议程，加大对职业教育支持力度

职业教育高质量发展离不开各级党委和政府的高度重视，将职业教育纳入规划、政策体系、议事规则、预算保障，发挥好职业教育在促进经济社会发展中的重要作用。一方面要加强法制保障，制定适合本地实际情况的地方性法规，理顺职业教育管理体制机制。推进修订相关法律法规，将参与职业教育和培训作为企业的重要社会责任，明确校企双方培养技术技能人才的权利、义务和责任。另一方面，要持续加强政府投入力度。中央和地方各级财政新增教育经费要向职业教育倾斜，将技能公共服务设施建设纳入基础设施建设范围，将技术技能人才队伍建设经费纳入各级政府人才工作经费预算。同时，还要注重健全多元投入机制，统筹企业职工教育经费、地方人才经费和行业产业发展经费等用于职业教育改革发展。

第七章　教育的依靠力量

坚持把教师队伍建设作为
最重要的基础性工作，为教育
事业发展提供关键支撑

教育大计，教师为本。教师是人类历史上最古老的职业，也是最伟大、最神圣的职业，承担着传播知识、传播思想、传播真理的历史使命，肩负着塑造灵魂、塑造生命、塑造人的时代重任，是国家富强、民族振兴、人民幸福的重要基石。一个民族拥有源源不断的好老师，这个民族的文明传承就有了根本依靠，未来发展就有了坚强依托。坚持把教师队伍建设作为基础工作，就要从战略和全局的高度来认识教师工作的极端重要性，切实抓紧抓好，按照尊师、重师、强师、严师的要求，引导广大教师既精于"授业""解惑"，更以"传道"为责任和使命；既成为"学问之师"，又成为"品行之师"，当好塑造学生品格、品行、品味的"大先生"。

第一节　尊师：让教师成为令人尊重和羡慕的职业

有人说，中国教育最大的悲哀，就是人人都可以对老师指手画脚。话语虽然偏激，但不无道理。让教师成为令人尊重和羡慕的职业，这不只是一个美好的愿景，更是一项系统工程，需要改善和优化教育环境，大力弘扬尊师重教的优良传统，提高教师的政治地位、社会地位、职业地位，使尊师重教成为全社会共同的崇尚，形成"近者悦，远者来"的良好氛围。

一、大力弘扬尊师重教的优良传统

人类社会发展史告诉我们,哪个国家、哪个时代尊师重教,这个国家、这个时代就会灿烂辉煌。只有不断擦亮尊师重教的底色,让广大教师享有应有的声望,赢得更多的社会尊崇,教育才能更好地决定未来,未来才会充满希望。

(一)尊师重教是中华文明的重要传承

中华五千年文明的延续与数千年间尊师重教的优良传统是息息相关的。自古以来,我国就有浓厚的尊师重教、崇智尚学的传统。《礼记·学记》首次提出了尊师重教这一概念:"凡学之道,严师为难。师严然后道尊,道尊然后民知敬学。"意思就是,在学习活动中,尊敬教师最难做到;只有教师受到尊敬,他所传之道才能得到民众的尊重;道得到尊重,人们才会懂得敬重学业。《尚书·泰誓》中说:"天佑下民,作之君作之师。"将君和师并列于同等地位。自汉唐至明清,历朝历代都有大儒名士。当时社会,上至帝王将相,下至贩夫走卒,无不将尊师重教作为一致的价值取向。我们耳熟能详的成语,如万世师表、一字之师、程门立雪、门墙桃李等,都是从古代尊师重道的典故中提炼概括而来,不仅滋养着一代代的民众,也一以贯之地启迪着新时代的我们。

从古人提出师严道尊,再到今人提出尊师重教,其在精神上是一脉相承的,有历史的关联和内在一致性。从 1985 年起,国家决定将每年的 9 月 10 日定为教师节,确立了人民教师的政治地位。1994 年 1 月 1

日起《中华人民共和国教师法》正式实施,这是我国教育史上第一部为教师制定的法律,对维护教师的合法权益、在全社会牢固树立尊师重教的良好风尚起到了重要作用,代表着我国数千年教育文明所达到的一个新高度。2014 年教师节前夕,习近平总书记到北师大看望师生,号召全国广大教师"做党和人民满意的好老师"。在座谈会上,习近平总书记开头即引述了《荀子·大略》中有关"国将兴,必贵师而重傅;贵师而重傅,则法度存"的话。讲话中,习近平总书记还引述了韩愈《师说》中有关"师者,所以传道受业解惑也"的话,并对"师道"和"传道"做了新的阐发,即教师的价值观以及教师在传承社会主义核心价值观方面的榜样示范作用。这种阐发是对中国古代尊师重教传统的继承与弘扬。

(二)师道尊严传统受到多重挑战

尊敬师长,源于对知识的敬畏、对教育的重视以及对礼的遵守,在某种程度上来说,也反映着社会的文明水平。然而,近年来,社会舆论对教师群体的偏见和家校关系紧张让教师的地位每况愈下,教师不再被视为道之代表、礼之化身、德之典范。在中国这个自古以来就"尊师重教"的国家,教师的形象、教师的尊严受到冲击,给从古至今一脉相承的师道尊严传统带来挑战。这个挑战,至少来自三个方面。

一是市场经济发展扭曲了师道尊严的传统价值观念。改革开放以来,随着市场经济的飞速发展,其突出强调物性价值的追求观念也不知不觉地渗透进社会生活的方方面面,教育也不例外。昔日纯洁美好的师生关系被各种功利化目的所挟持,教育逐渐走向商品化和产业化。在"唯分数""唯升学""唯就业"的压力下,教师不单纯是教师,而是利害冲突下的选择性施教者;学生也失去了学的本质,他们把接受教育作为参与社会竞争的工具,学习目的成为了"工作好""挣钱多"。在这种价值观念的引导下,人们如何期望学生能够尊重和爱戴老师?

其二,多元职业分化弱化了教师职业的吸引力。教师工资待遇不高,导致高素质、能力强的人才不愿将教师作为首选的职业,影响着教师队伍整体素质的比较优势。教师入职所需要资格证考取成本低,相比于医生、律师等职业,进入教师行业的门槛并不高。私立学校、教育培训机构对教师的选拔、培训和管理缺乏规范,给外界释放出一种"不专业"的信号。这些都一定程度上损耗了社会对教师的期许,稀释了民间的尊师传统。

其三,后喻文化社会使得教师的优势正在丧失。随着社会的发展,知识传递层面正在发生转变,"前喻文化"也在转向"后喻文化",学生获取新知识的渠道更多,学习新知识的速度更快,以学生为主体的新型师生关系,从根本上颠覆了以往教师中心的知识灌输教育理念,即由学生向教师传递知识,反哺教师以新的知识技能。"教师中心"到"学生中心"的转变,对教师提出了新的挑战,教师地位正在朝着"去中心化"、祛魅的趋势发展。

(三)新时代对尊师重教提出新的更高要求

谁站在讲台前,谁就决定了教育的质量。要实现民族振兴、赢得国际竞争主动,培养顺应社会发展和时代进步,具有健全人格、宽厚基础、创新思维和社会责任感的人才,关键在教师。如果全社会缺乏对教师足够的尊重,教师就会失去教书育人的精神动力,难以产生职业的自豪感、获得感、幸福感，提高教育质量也就成了一句空话。2019 年 3 月 7 日，陈宝生部长参加政协委员教育组小组讨论，他在回应政协委员提出的教师形象问题时呼吁社会各界，"教育质量是尊敬出来的，不是谁抓出来的，不尊师重道，不尊敬老师绝不会有好的教育产业。"不尊重教师，教育何谈大步发展？ 没有强的教师队伍，就无法实现教育强国，这是再简单不过的道理。

建设教育强国，对教师队伍建设提出新的更高要求，也对全党全社会尊师重教提出新的更高要求。进入新时代，习近平总书记结合时代精神对尊师重教进行创造性继承和转化，他把教师视为中国的立教之本、兴教之源，从战略高度强调尊师对于推进民族进步发展的重要意义，提出强调"百年大计，教育为本。教育大计，教师为本"的论断，高度肯定了教师的地位和作用。他还强调教师对每个个体成长的重要价值，认为，"一个人遇到好老师是人生的幸运，一个学校拥有好老师是学校的光荣，一个民族源源不断涌现出一批又一批好老师则是民族的希望"。他更强调要让教师成为让人羡慕的职业，要求"各级党委和政府要满腔热情关心教师，让广大教师安心从教、热心从教、舒心从教、静心从教，让广大教师在岗位上有幸福感、事业上有成就感、社会上有荣誉感。"这些重要论断，是习近平总书记在新的时代新形势下对教师地位做出的新思考新定位，赋予了"尊师重教"新的更高要求。

二、确立教师的崇高地位

教师的地位直接影响着教师队伍的稳定与发展，关系到教育质量的提升与进步，更与教育强国战略的实现紧密相连。党的十九大胜利闭幕后一个月,习近平总书记主持召开十九届中央全面深化改革委员会首次会议,审议通过《全面深化新时代教师队伍建设改革的意见》,《意见》强调了教师的"特别重要"地位。在其后召开的全国教育大会上,习近平总书记又再次强调了教师的"特别重要"地位,要求"全党全社会要弘扬尊师重教的社会风尚,努力提高教师政治地位、社会地位、职业地位,让广大教师享有应有的社会声望。"①

（一）提高政治地位,让教师在岗位上有幸福感

教师的政治地位,反映了教育在党和国家各项事业发展中的地位,以及教师在政治生活中所起的作用和受重视的程度。我国教师承担着教书育人、培养社会主义事业建设者和接班人、提高民族素质的使命,必须赋予其足够的政治地位。

一是健全法律政策,保障教师的政治权利。尽管教师政治地位已有较大提升,党和国家也一直致力于通过真招实招,比如:通过确立公办中小学校教师作为公职人员的特殊法律地位,从法律上保证了中小学教师的工资待遇和公务员一致。但总的来看,教师政治地位仍有待提高。一方面,按照国家公职人员的定位,修订并完善《教师法》等相关法律并积极推动落实,明确教师在政治生活中的定位,为提高教师政治地位给予法律保障。另一方面,完善教师收入的政策法规,执行与教师特殊公务员身份相配套的分配制度。特别是对于民办教师,要遵照《教师法》《民办教育促进法》以及《工会法》等相关法律法规,保障民办教师

---

① 习近平.坚持中国特色社会主义教育发展道路 培养德智体美劳全面发展的社会主义建设者和接班人[N].人民日报,2018-09-11.

与公办教师享有的同等权益,如工资、福利待遇、业务培训、职务聘任、科研立项等,唤醒民办教师主体意识,调动民办教师的积极性,鼓励他们安心从教。

二是拓宽参政议政渠道,提高教师的政治待遇,扩大教师社会话语权。首先,在健全政策法律的基础上,引导各级党委和政府应完善相关制度举措,充分发挥教师在地方参政议政、社会治理实践、教育行政管理等方面的重要作用,提高教师的政治参与程度。其次,借助教育智库、学校联盟等平台,为教师群体,特别是中小学教师提供更多发声机会和参政议政渠道,适当增加教师群体在人大代表、政协委员中的比例,增强教师的教育责任感和使命感。再次,完善教职工代表大会制度,优化学校董事会(理事会)的人员结构,依法落实教师对学校办学管理的知情权、参与权、表达权、监督权。

(二) 提高职业地位,让教师在事业上有成就感

教师的职业地位指教师在经济收入等方面的总体状况,反映的是一定时期内教师职业的价值观,是对教师工作和付出的肯定。只有教师的职业地位提高了,教师才能生活得更加有尊严,工作得更加体面,才会有越来越多的优秀人才愿意成为教师。为此,我们必须做好两个方面的工作。

首先,改善教师待遇。保证教师待遇,能让教师过上体面的生活,也是保证喜欢教师职业的优秀人才愿意选择教师职业的前提条件之一。近几年,我国教师平均工资实现了连年增长,总体情况较好。但是仍有一些地方由于思想不重视、政策理解有偏差等原因,对教师工资待

遇落实不到位,与公务员相比,不少地方还存在差距。我们要正视存在的问题,一要不断完善教师待遇保障机制,推动各地将教育投入更多向教师倾斜,健全中小学教师工资长效联动机制;研制中小学教师绩效工资总量核定办法,完善教师收入分配激励机制。二要积极改善教师的工作环境和生活条件,为有需要的教师配备周转房等生活设施,保证教师舒适、无后顾之忧地工作与生活。三要增加在职教师接受职后培训的途径,为教师提供多层次、多维度的职后教育,积极为教师专业发展创造条件。

其次,把提升乡村教师职业地位摆在优先位置。推进乡村振兴,办好乡村教育,关键在教师。让乡村老师安心从教、长期从教,我们要提高他们的待遇,继续落实国家有关教师工资待遇保障政策,继续实施乡村教师专项补助,确保教师平均工资收入水平不低于当地公务员平均工资收入水平,健全"越往基层、越是艰苦,待遇越高"的激励机制。另一方面,要给予乡村教师更多的情感关怀以及职业成就感,要充分考虑乡村社会环境与乡校教育环境的双重状况,在工资待遇、职称晋升和进修培训等方面给予乡村教师以差异性支持,加强乡村教师周转宿舍等基本生活保障设施建设,注重对乡村教师的荣誉激励。此外,要全面提升乡村教师职业素养。在加强对现有乡村教师队伍的专业培训和技能提升的同时,加大高等教育对乡村教师培养力度,通过增加师范专业投入、"特岗计划"等方式鼓励吸引优秀大学毕业生服务乡村教育事业。

(三)提高社会地位,让教师在社会上有荣誉感

教师的社会地位,反映的是一个社会对教师的重视程度。而一个

社会对教师的重视程度,反映了一个社会文明发展的程度。提高教师社会地位,建立师道尊严,既需要政府的大力倡导,也需要社会的共同认知。

首先,树立尊师惠师的鲜明导向。尊师重教并不是空洞的大道理,而是有着深刻的内涵和具体的要求。我们要在教师的情感和诉求上给予更多的关怀,使尊师风尚融入各级党委和政府治国理政理念和实践中去,把加强教师队伍建设作为基础工作来抓,确保教育规划、政策、经费等要素优先向教师队伍建设倾斜。同时,还需要强化顶层设计,通过周到的制度安排,在教师激励制度、教师职称评定、教师居有所安、教师业务培训、教师疗休养制度等方面加快落实,让备受尊重成为教师的日常感受,让教师神圣成为共同的情感基础,体现出全社会尊师惠师的力度和温度。

其次,加强传统美德教育。主要从三个方面着手:一是加强社会教育。强化教师作为教育主体的道德榜样作用,大力宣传表彰模范教师教书育人、无私奉献的感人事迹和尊师重教的模范典型,正确引导社会舆论,提高教师威望。二是加强学校教育。从幼儿园开始加强尊师教育,推进尊师文化进教材、进课堂、进校园,通过尊师第一课等形式,将尊师重教观念渗透进学生的价值体系,使尊师的接力棒得到更有力的传递。三是加强家庭教育。家庭是社会的基本细胞,是人生的第一所学校,尊师重教要蔚然成风,就不能忽视家庭教育的重要性,"家长要尊重学校教育安排,尊敬老师创造发挥,配合学校搞好孩子的学习教育,同时要培育良好家风,给孩子以示范引导"①,使尊师风尚汇聚成一

① 习近平:全面贯彻落实党的教育方针　努力把我国基础教育越办越好[N].人民日报,2016-09-10.

股力量,使教育之光代代相传、薪火不灭。

第二节　重师：发挥教师"筑梦人"的重要作用

每一个人,无论成就有多大,都离不开教师的教导和指引。"今天的学生就是未来实现中华民族伟大复兴中国梦的主力军,广大教师就是打造这支中华民族'梦之队'的筑梦人。"①尽显习近平总书记对教师这个第一资源的重视,也进一步彰显了教师队伍在新时代建设教育强国、实现中华民族伟大复兴伟业中的重要作用,即教师肩负传播真理、传播思想、传播知识,培养中国特色社会主义事业建设者和接班人的神圣使命。

一、以信仰树信仰,帮助学生"扣好人生的第一粒扣子"

新时代青年正处在中华民族发展的最好时期,既面临着难得的建功立业的人生际遇,也面临着"天将降大任于斯人"的时代使命。他们信仰什么主义、举什么旗、走什么路,决定未来国家和民族的命运。这是时代赋予教师的重大使命,广大教师应当以习近平总书记为榜样"担当起该担当的责任",做社会主义核心价值观的坚定信仰者,理直气壮地教育说服学生,以情感人,努力成为学生理想、信念和道德的表率,更好担当起学生健康成长的引路人和指导者重任。

---

① 习近平:做党和人民满意的好老师——同北京师范大学师生代表座谈时的讲话[N].人民日报,2014-09-10.

（一）传道者必要先明道、信道

传道是教师的第一要务和立身之本，而明道、信道是传道的前提条件。立足新时代，我们要"明"的"道"就是马克思主义世界观和方法论、中国特色社会主义共同理想和共产主义远大理想、社会主义核心价值观；"信道"要信的就是要坚定地信仰马克思主义和中国发展道路，树立牢固的"四个自信"，认同社会主义核心价值观。"欲人勿疑，必先自信。"只有我们老师心中有对马克思主义和中国特色社会主义道路的笃定信仰，真正做到"我讲的就是我信的，我信的就是我照着去做的"，才能引导并帮助学生"扣好人生的第一粒扣子"，让学生形成正确的世界观、人生观和价值观，"培养一代又一代拥护中国共产党领导和我国社会主义制度、立志为中国特色社会主义事业奋斗终身的有用人才。"①

在明道和信道的基础上，我们教师传道，就是要努力传播先进思想文化、科学文化知识、中国特色社会主义理论与党的各项方针政策，把教师自身对中国特色社会主义的理论认同、政治认同、情感认同，转化成当代大学生的理论认同、政治认同、情感认同，引导学生正确认识世情、党情、国情，正确认识时代责任和历史使命，使学生弄清楚、理解透中国共产党为什么"能"、马克思主义为什么"行"、中国特色社会主义为什么"好"，帮助青年一代树立对马克思主义的信仰、对中国特色社会主义的信念、对中华民族伟大复兴中国梦的信心。在怎么传，怎么传好的问题上，毛泽东同志在"抗大"上课时，给我们树立了很好的榜样。他坚

① 习近平.思政课是落实立德树人根本任务的关键课程[M].北京：人民出版社，2020：6.

持理论联系实际,不仅将马列主义的基本原理同中国革命的具体实践结合起来,与当时国际国内形势联系起来,将革命斗争实践中产生的最新的理论成果及时地充实到教学内容中,而且用实际生活中丰富多彩的事例来论证自己的观点,既具有时效性,也很接地气。从中我们不难体会到:传道不是说教,必须遵循教育规律,把"传道"之"道",蕴含于"授业"和"解惑"的过程之中,寓价值观引导于知识传授和能力培养之中,在润物无声中完成对大学生的价值引领和精神塑造。

(二)培养壮大传道、弘道队伍

传播先进思想文化,关键在凝聚育人合力,发挥协同效应。一方面,要打造高素质、专业化的思政课教师队伍。2019 年 3 月 18 日,习近平总书记主持召开学校思想政治理论课教师座谈会并发表重要讲话。一门课程的教师座谈,由党的总书记亲自主持召开,这在党的历史上还是第一次。究其原因,是因为在先进思想文化的传播中,思政课发挥着"压舱石"作用,各项工作都要通过思政课这根"红线"穿起来,思政课教师队伍责任重大。建好这支队伍要求我们教育引导思政课教师坚定理想信念,用当代中国最鲜活的马克思主义——习近平新时代中国特色社会主义思想武装头脑,先学一步,深学一层,常学常新,真学真信,带头增强"四个意识",坚持"四个自信",坚决做到"两个维护",做讲政治、有信仰的人,努力成为政治强、情怀深、思维新、视野广、自律严、人格正的思政课教师。唯有如此,才能适应新时代发展需要,更好地担负起时代赋予的重任。

另一方面,要从全员、全过程、全方位的角度把辅导员、专业课教师、党务政工干部等各方依靠力量都统筹为一体,使传道、弘道的队伍来源更丰富、阵营更强大。一是打造专业化、职业化的辅导员队伍,发挥辅导员管理者和服务者的双重作用,使他们带着责任与担当深入学生宿舍、班级和学习场所,了解学生实际困难、掌握学生思想动态,对学生进行"润物细无声"的思想教育。二是打造既教书、又育人的专业课教师队伍,发挥专业课隐性教育的作用,挖掘出每一门课程背后蕴含的丰富思政元素,使学生产生情感共鸣,在不断启发中进行思想引领、价值塑造。三是打造能带头、善指挥的党务政工干部队伍,坚持思想政治工作与学校中心工作同研究、同部署、同检查、同考核。四是打造阅历深、能示范的兼职教师队伍,把有德有才、能说能干的"真把式"请进校园,广泛开展老红军、老革命、劳动模范进校园等活动,讲好党的故事,弘扬好时代精神。

二、以德育德,千教万教教人求真

以德育德,就是以有德之师育有德之人。陶行知认为,"道德是做人的根本。根本一坏,纵使你有一些学问和本领也无甚用处。并且没有道德的人,学问和本领愈大就能为非作恶愈大。"因此,他提出了"教人求真"的德育目标。这个目标也是新发展阶段我们做好德育工作的出发点和根本归宿。教师唯有以德育德,用教育者的"德"来唤醒被教育者的"德",引导学生形成正确的道德认知,帮助学生锤炼高尚品格,教化学生追求真理,爱护真理,为国家、为人民服务。

(一)行德育者,需有德的基本素养

"为师之道,端品为先。"与其他职业的道德规范相比,师德更加具

有特殊性和重要性。教师的职业道德水平决定着人才培养质量,教师在世界观、人生观、价值观方面的任何偏颇,都会影响到学生。叶圣陶先生就说过:"教育工作者的全部工作是为人师表。教师都是必须具有高尚道德品质和崇高的精神境界的人。"习近平总书记同北京师范大学师生代表座谈时指出,"好老师首先应该是以德施教、以德立身的楷模"①。习近平总书记的这个判断将"教书"和"育人"的职责高度关联在一起,使"为人师表,立德树人"比以往任何时候都更具分量。

对教师而言,"德"是施教的手段、方式,表明了施教的特色,即并不是用"力"、用"权",也不是单纯地用"理"来施教,而是主动将公民基本道德、职业道德内化为个体的道德品质,用对事业、对学生的真诚投入来感化学生,培养塑造出具有共产主义远大理想与中国特色社会主义共同理想的学生群体。否则教师的工作就只是匠人的工作,教育就是没有灵魂的技术,就不可能真正成为唤醒和成就学生的美好精神世界的活动。基于这个认识,我们教师就必须全面提升思想政治素养,以德立身、以德立学、以德施教、以德育德,"努力做到每一堂课不仅传播知识、而且传授美德,每一次活动不仅健康身心、而且陶冶性情,让同学们都得到倾心关爱和真诚帮助,让社会主义核心价值观的种子在学生们心中生根发芽"。

(二)善德育者,需在德的氛围浸染

把"德"的精神融入教育,让教学有灵魂。蔡元培先生曾指出,"教

---

① 习近平:做党和人民满意的好老师——同北京师范大学师生代表座谈时的讲话[N].人民日报,2014-09-10.

育是帮助被教育的人给他能发展自己的能力,完成他的人格",而"不是把被教育的人造成一种特别器具"。这就要求教师一方面将德育与社会生活相结合。以往的德育中过分注重道德理论知识的传递,德育内容与现实生活脱节,难以使学生产生认同和共鸣。新时代德育要回归于人、回归生活,将德育课程的目标、内容与发生在学生身边的真实、鲜活的事例结合,使传递的知识有效地内化并转化为学生自身的价值信念。另一方面,以自己的模范行为影响和带动学生,做学生锤炼品格、学习知识、创新思维、奉献祖国的引路人。就像毛泽东同志的老师徐特立,品德和学识都堪称一流,特别是徐特立坚定的革命态度和"革命第一,工作第一,他人第一"的高尚品格,对毛泽东产生了重要和积极的影响。在徐特立 60 岁生日时,毛泽东同志在贺信中说:"你是我二十年前的先生,你现在仍然是我的先生,你将来必定还是我的先生。"①教师只有将自己的一言一行转化为学生内心深处的精神力量,才能引导学生在润物细无声中实践教师的品德。

把"爱"的关怀融入教育,让教学有温度。苏霍姆林斯基认为,"教育技能的全部奥秘是热爱学生。爱可成为开启学生心扉的一把钥匙,点燃学生心灵的一把火焰。"这与我国传统文化中"亲其师,信其道;尊其师,奉其教;敬其师,效其行"的理念是一致的。因此,教师首先要理解学生。理解学生,才能走近学生,把握当代学生的心理需求和价值诉求,洞悉学生的喜怒哀乐,关照学生的合理需要。其次要尊重学生。尊重学生,才能走进学生,帮助学生在各自的基础上得到最适合自己的成

---

① 共产党员网. 你是我二十年前的先生,现在仍然是我的先生——毛泽东致徐特立[EB/OL].
　(2019 - 08 - 01). http://www. 12371. cn/2019/08/14/ARTI1565763725513611. shtml.

长与发展。第三要宽容学生,宽容才能有教无类,用放大镜去看每一个孩子身上的优点,让每一个学生健康成长。

三、以才育才,授人以鱼更授人以渔

前人强不如后人强,教会学生学好知识本领,国家、民族才能更强。作为学生的"筑梦人",老师要发挥"授业""解惑"作用,增长学生的知识见识,让学生拥有过硬的本领。

(一)用精深广博的知识引领学生

教师是知识的化身,教师需要通过不断延伸储备知识的深度,来更好地弘扬和传播知识。2014年5月,习近平总书记来到北京市海淀区民族小学,参加庆祝"六一"国际儿童节活动时,专门请来了他的语文老师陈秋影。习近平总书记对陈秋影老师说:"我还记得读初中一年级时,您教我们语文,把课文解释得非常好。"[①]2014年9月,习近平总书记在同北师大师生座谈,谈及"做党和人民满意的好老师"时,还特意引用国外一位教育家的话"为了使学生获得一点知识的亮光,教师应吸进整个光的海洋"。习近平总书记的这些论述,点出了一个朴素的道理:教师对学科知识理解得越深刻,学生的学习效果就越理想。

因此,教师要当好学生的引路人,就必须深入了解本学科的教学发展动态及最新理论成果,把抽象的理论课讲得具体、生动、形象;就必须广泛涉猎自己从事领域之外的专业知识,丰富自身的知识结构,引领学

① 人民网. 向筑梦人致敬! 习近平这样谈教师[EB/OL]. (2019 - 09 - 09). http://politics. people. com. cn/n1/2019/0909/c1001-31344899. html.

生去探寻更广阔的未知世界。只有时刻保持"本领恐慌",积极站在时代前沿,刻苦钻研、严谨笃学,与时俱进地更新各种科学文化知识,才能成为不断生长的"新鲜活水",向学生传播新型知识,帮助学生获得知识,体验过程,掌握方法,陶冶情操,开发能力,促进其发展。

(二)用创新的教学方法激发学生

要授人以渔,就学生而言,是要教会他们如何把"知识"转化为内生的"智识"。英国社会学家斯宾塞指出:"应该引导儿童自己进行探讨,自己去推论,给他们讲的应当尽量少些,而引导他们去发现的应当尽量多些。"为了实现"授人以渔"的目标,教师首先要通过科学的、引导性、创造性的方法,教会学生掌握获取知识的基本方法,了解所学知识的作用和价值,提高学生合理运用知识、灵活解决问题的能力。其次要尊重学生在教学过程中的主体地位,积极探索学生自觉参与教学过程的路径和方式,使学生养成独立自主的学习习惯,掌握有效的学习方法、学习技巧,以及迅速、高效地获取有用知识和准确信息的途径,指导学生成为知识的研究者和发展者。再者,还要注重培养学生的创新思维能力,有意识地引导和鼓励学生充分发挥主观能动性和创造力,把握自己的心智与情感,鼓励他们大胆地提问,富有创造性地解决问题。

就教师而言,这是要把投身教育创新实践作为毕生的职业追求,积极探索适应新时代特点的教育教学方法。所谓创新,就是要有创造性的表现,并且产生创造性的成果。2020 年,第 36 个教师节前夕,习近平总书记向全国广大教师和教育工作者致以节日祝贺和诚挚慰问时,要

求"积极探索新时代教育教学方法,不断提升教书育人本领。"①教师的
"教书育人本领"包括教育能力、教学能力、反思能力、教育创新能力以
及各类创新性教学方法等。为适应新时代教学工作的新要求,教师一
方面要精心设计教学过程,把传统的教师讲学生听,教师写学生抄的
"填鸭式"教学,转变成讲、做、研、议等多种形式的师生双边活动。另一
方面要根据学生需求动态调整教学策略,比如在当前大规模在线教学
的背景下,互联网、大数据、人工智能等现代信息技术与教育教学深度
融合,我们的老师就需要通过"互联网 + 教学""智能 + 教学"新形态,推
进教育观念革命、课堂革命、技术革命、方法革命,提高学生主动参与学
习过程的兴趣,激发教与学的活力,而不是每天都拿着一张教案的"旧
船票""重复着昨天的故事"。

第三节　强师:打造高素质专业化创新型师资队伍

师资队伍是教育发展的基础性问题,建设教育强国,必须以高素
质、专业化的教师队伍作为人力支撑,既要着眼于激活职前教师培养体
系,又要致力于改善职后教师培训机制。

---

① 新华社. 在教师节到来之际　习近平向全国广大教师和教育工作者致以节日祝贺和诚挚慰
问[EB/OL]. (2019 - 09 - 09). http：www. gov. cn/xinwen/2020-09/09/content_5541866.
htm.

一、打造从"封闭"走向"多元"的职前培养体系

职前培养是教师培养的主渠道，是教师队伍的源头活水。职前培养体系好不好，很大程度上决定着教师队伍素质高不高、教育事业发展强不强。教师教育是职前培养的主要形式，建设教育强国，就要从源头抓起，做强工作母机、做活培养模式、做优保障机制。

（一）做强工作母机，多要素推进教师教育布局

教师教育是教育事业的工作母机，要对标办好人民满意教育的要求，对标新时代高素质专业化的师资需求，对标开放、协同、联动的现代教师教育体系建设的目标，加强统筹规划、系统布局，构建以师范院校为主体、其他高校参与的教师教育体系，培养适应新时代新要求的师资队伍。

加大对师范院校的支持力度。"兴学之本，惟有师范"，师范教育这一环的质量，直接影响着我们教育事业整体的质量。邓小平同志曾说："师范大学要办好。省、市管的师范院校，教育部也要经常派人去检查。"①从历史上看，师范院校支撑着我国庞大的基础教育，功不可没；未来，在相当长的时期内，师范院校仍将是我国教师教育的主体力量。加大投入办好师范大学在今天依然具有重要的战略意义。想要办好师范教育，我们就必须进一步加大对师范院校的支持力度，引导师范院校强化办学特色，统筹处理好强化特色与综合发展的辩证统一关系。这其中

---

① 中共中央文献研究室.邓小平同志论教育[M].北京：人民教育出版社，1990：52.

有四个关键点需要把握：一是稳保数量,从师范院校的数量上保证师范教育的正常运行,禁止师范院校随意更名、改变师范教育办学方向等行为;二是拉高标杆,研究制定师范院校建设标准,鼓励各类师范院校要突出和体现师范教育特色,确保师范院校正确的办学方向,提升师范教育办学质量;三是建强学科,通过学科建设来加强培养培训,改变师范院校缺教师教育学科、"只育不研"的现状,提升人才培养质量;四是强化保障,落实好师范院校建设经费,继续坚持和推广公费师范生教育。

此外,我们还应该鼓励高水平综合大学开展教师教育。高水平综合性大学办教师教育是国际上的普遍做法,也是世界教育发展的大势。例如哈佛大学、哥伦比亚大学、斯坦福大学等世界一流大学,都是美国教师教育体系的重要供给部分。进入新时代,基础教育、职业教育需要更多学科知识扎实、专业能力突出、教育情怀深厚的高素质复合型人才。这个方面综合性大学大有可为,概括起来就是要发挥好四个优势。一是发挥多学科交叉的优势,开设更多厚基础、宽口径、多样化的教师教育课程,满足教师综合素质的提升的需求;二是发挥学术性强的优势,提升教师的专业能力与创新创造能力;三是发挥与国际、国内强联系高开放的优势帮助教师建立更宽广的视野;四是发挥综合性大学自身的品牌优势,吸引高分考生报考师范专业,提高生源质量。随着职业教育的大改革大发展,我们还可以继续拓展渠道,发挥职业技术师范大学的带头培养作用,开展理论与实践并重的职前职业教育、教师教育。

(二)做活培养模式,一体化推进教师教育改革

当下,我国的教师教育本科、硕士和博士培养脱节严重,难以有效

地满足新时代对教育教学和教师素质提出的新要求,亟需对传统的教师教育培养模式进行改革,探索灵活的新型教师培养模式。具体而言,我们可以从两个方面着力。

一是推进本—硕—博一体化培养体系改革。作为教师教育的主体,师范院校应当加强顶层设计,充分利用学科、学位点上的既有优势,提升培养层次,积极适应新时代教育改革需要。比如:选拔一批优秀的大四学生,通过培养目标的调整、培养方案的优化和课程体系的重构,实行从本科到博士的一贯制培养,提高师范生的培养质量和师范院校的办学效益。当前,多所师范院校已经进行了本—硕—博一体化培养模式的有益探索,如重庆师范大学的教育学本硕一体化人才培养模式、陕西师范大学开设"本硕博一体化精英教师"实验班,这些都是对教师教育改革的有益探索。

二是促进各方协同参与教师教育一体化改革。近年来,许多高校都探索推进协同培养模式,统整高校、地方政府、教研机构和中小学的教师教育资源和力量,建立"G-U-S"(政府—大学—中小学校)一体化教师教育模式改革,促进地方政府、师范大学和中小学校联合联动地培养师范生、促进教师成长、打造高端智库和服务基础教育。比如东北师范大学U-G-S协同培养机制、西南大学U-G-I-S协同培养机制等,就很好地打破了教师教育职前与职后培养壁垒,使高校与其他利益相关主体的联系日益密切,提升了培养质量。

(三)做优保障机制,全方位推进教师教育提质

教师教育政策等保障机制不仅对宏观层面的管理体制、办学体制

等起到规范作用,而且对微观层面的课程设计、评估督导等也具有明显的导向作用。必须坚持围绕教师教育的关键环节建章立制,为教师教育提供全方位的体制机制保障,使教师教育充满活力、做优做强,全面提升教师教育质量与水平。具体而言,要做好两个方面的工作。

一个方面要加大政策供给。通过实施"卓越教师培养计划",建设一流师范院校和一流师范专业,培养出具备各级各类学校教育所需的素质与学历的教师。继续完善部属师范大学和地方师范大学师范生公费教育,鼓励高水平综合性大学成立教师教育学院,吸引优质生源报考师范专业。此外,我们还可以通过实施"国培计划"、中小学名师名校长领航工程等,发挥骨干教师的示范带领作用;通过推进"互联网+"教育,实现培训方式的混合式、多样化;通过加强教师培训需求诊断,满足不同区域、不同类别教师的个性化成长发展需求,增强培训的实效性。

另一个方面要强化资源保障。在全面整合相关资源的基础上,新建、重组或重建贯通教师职前、入职、职后教育的教师教育机构,同时制定相关管理制度,确保教师队伍建设改革落实落地。组建一批由高校专家、中小学教师和教研员等组成的教师教育师资队伍,定期分析研判,为教师的专业化发展提供科学的培养培训方案。建设教师教育智库、线上资源平台等高水平的教师教育资源平台,满足师范生专业发展需求。

二、构建从"专门"走向"专业"的职后培训机制

当今社会,随着新一轮科技革命和产业变革兴起、重大颠覆性技术出现,人类的思维方式、知识获取方式和传授方式、教和学关系都发生

了深刻变化,国家对教师队伍的要求经历了从合格胜任到高素质专业化创新型的转变,需要职后培训从应然转向实然,从教师该学什么转向教师想学什么、需要学什么,基于诉求,为教师提供针对性、及时性的专业指导和帮助。

(一)构建教师发展需要的课程体系

一个人不是都学会了才当老师,而是一边当老师一边学。随着人民群众对更好教育的需要日益增长,教师对适合、管用的职后培训需要也在日益增长。因此,我们要立足入职和职后教师的不同发展需求,建立基于实践导向的层级式课程体系。一方面要注重适应力和胜任力提升,开设好理论与实践相结合的课程,提升新教师的教育能力和实践技能,帮助新教师站稳讲台。另一方面要着眼于优秀教师的养成,基于各类专业知识与能力的螺旋式上升设计课程,开设好综合类、教育类、学科类以及实践类课程,更新教师的知识体系,提升教师的教学反思能力与教学研究能力,促进教师专业化发展。此外,还需着眼于教师个体的专业发展需求,面向不同类别的教师设计具有较强针对性的个性化课程体系。比如:对职业院校教师,要根据职教教师能力形成规律,建立大学培养与在职教师教育齐头并进的双轨制职业教育教师专业化培养体系,既让职业院校有稳定的途径获得高质量教师,又让职业教育教师在专业化的培训中提升教育教学能力。

(二)深化开展分层分类的全员培训

"扎实的知识功底、过硬的教学能力、勤勉的教学态度、科学的教学方法"是教师的基本素质,如果教师"知识储备不足、视野不够,教学中必然捉襟见肘,更谈不上游刃有余"①。特别是随着知识更新速度的增长以及新媒体新技术的广泛使用,各层各类教师都要提升专业素质、教育能力和创新能力,提升应对国情社情校情学情变化的能力。解决这个问题,关键还是要根据终身学习的理念,坚持分层分类、线上线下结合,推进教师全员培训。

分层分类做好基础教育、学前教育、职业教育、高等教育教师培训。培训学前教师重点引导学前教育走好终身学习的开端,突出保教融合,切实提高教师专业水平和科学保教能力,培养一批懂儿童、懂教育、业务精湛的高素质园长和幼儿教师。培训中小学教师侧重发挥基础教育的基础性、先导性作用,通过设立中小学教师教育标准、建立中小学教师培训基地、创新中小学教师培训模式和突出校本差异,培养一批在专业情意、专业技能、专业知识方面体现特质的基础教育中小学教师。培训大学教师着重把握高等教育高水平、内涵式发展趋势,着眼于师德师风、专业能力与教学能力建设,培养一批懂人才培养、会科学研究、能社会服务、讲文化传播的大学教师,推进高等教育的内涵式发展。培训职业教育教师则要注重促进人力资源开发和多样化人才培养,开展与职业教育现代化发展相适应、与"双师型"教师需求相适应的职后培训,培养一批合乎职教、侧重双师的职业教育教师。

此外,随着教育信息化和智能化程度的不断提高,线上教育形式层

---

① 新华社. 习近平:做党和人民满意的好老师——同北京师范大学师生代表座谈时的讲话 [EB/OL]. (2014 - 09 - 09). http: www. gov. cn/xinwen/2014-09/10/content_2747765. htm.

出不穷。尤其是在疫情防控常态化背景下,线上培训提升已经成为一种常态。开展教师培训要推动信息技术与教师培训的有机融合,突出线上培训在学习资源、学习途径上的多元化、便捷性,一方面满足各级各类教师个性化发展的需要,满足各级各类学校教学的需要,另一方面也能使得更多优质培训资源得到共享。

第四节　严师:形成教师自律他律的激励约束机制

教育是培养接班人的事业,也是关乎青年一代成长的事业。它需要广大教师以专业的精神奉行职业道德准则,以专业的态度和行为投入到教育事业中去。明确新时代教师职业规范,既要树起师德师风"第一标准",也要用好评价考核"指挥棒",引导广大教师切实将人才培养作为最核心的本职工作,回归和坚守教书育人的初心。

一、树起师德师风"第一标准"

习近平总书记指出"评价教师队伍素质的第一标准应该是师德师风"[①],这个论断强调了"为师先修德"的重要性,要求我们将师德师风对教师和教育的影响力、约束力落到实处,加快建设师德全员养成体系,着力健全师德长效机制,使良好的师德师风浸润人心、传之久远。

---

① 习近平. 在北京大学师生座谈会上的讲话[M].北京:人民出版社,2018:2.

（一）健全"全覆盖"的师德教育养成体系

一是要建立覆盖全员、全过程、全方位的师德教育体系。"三全育人"的这个"人"，不能狭隘地局限于学生，理应适用于教师。建立"三全"的师德教育体系，首先，要坚持全覆盖、无死角，将师德教育覆盖包含师范生、学校教师和教育从业者在内的全体人员，通过培养造就一支以德为先的高素质专业化创新型教师队伍，来办好人民满意教育、落实立德树人的根本任务。其次，要全过程推进把控，建立以师德养成教育为统领的培养体系，将"育新人""育新师"的价值取向贯穿于师范生人才培养的全过程，将师德养成教育列入在职教师培训方案，使师德养成教育贯穿职前、入职、职后教育全过程。鼓励师范生在教育专业实践中将"学科知识传授"与"师德价值引领"相结合，实现学科与师德的双育人。再者，要全方位协同，通过学校、家庭和社会的影响力，以家风学风带动师德师风，形成良好教育环境。

二是要突出课堂育德、典型树德、规则立德，引导教师树立学为人师、行为世范的职业理想，培育爱国守法、规范从教的职业操守。课堂育德这是要在课程内容开发上，积极探索挖掘各类教育课程中的思政教育元素，加强教师教育课程的政治性、系统性和丰富性，探索教师更能接受、更易转化成行动自觉的有效方式。典型立德就是要通过正反案例，以案说德，加强典型教育与警示教育；创设师德养成教育情境，丰富师德体验形式，让身边的师德小故事成为师德教育的重要内容，营造良好氛围。规则立德这是既要依靠教师自身为党育人、为国育才的责任感、使命感，又要加强外在制度的导正，靠制度使失德失范行为没有空子可钻。《新时代高校教师职业行为十大准则》《中小学教师违反职业道德行为处理办法》等文件,就是高悬在教师头顶的"达摩克里斯之剑"。

(二)完善"全链条"的师德建设长效机制

师德的制度化保障是引导和约束教师自律自强、安心从教的重要保证,规范教师恪守师道必须健全师德建设长效机制,严把教师入口关、日常培训关,并构建多元监督体系,形成"全链条"的长效机制。

要把师德摆在教师引进的首要位置,严把入口关。在教师资格认定工作中,严格思想政治和师德考察,把好教师入职的第一道关口。探索开展心理健康测评,考查并评估预备教师的政治立场、世界观、人生观和价值观。建立校院两级材料审查体系,对预备教师的品行、操守进行严格把关。落实公示公开要求,通过广泛监督争取更大范围的把关,并加强试用期考察,全面评价聘用人员的思想政治和师德表现。

要加强教师的师德日常培训,守好过程关。抓好新教师培训,促进角色转变,教会教师应该以什么样的职业道德思想、情感、态度、行为和作风去面对学生,帮助教师在职业发展过程中正冠系扣、提高修养。推行师徒制,通过老教师的"传、帮、带"和新教师的跟岗学习,加强对新教师师德师风、教育理念和教学方法的引导。开展集中学习,通过印发师德手册,加强教师职业道德、行为准则学习教育,纠正师德认知偏差,明确职业行为规范。

要建立多方联动参与的监督协同机制。充分发挥线上线下两个平台的作用,建立教师监督评价"一张网"工作机制,探索构建由政府、学校、教师、学生、家长和社会广泛参与的师德监督体系。建立并共享师德典型与失范违法信息库,录入师德模范引领先进事迹,也录入师德失范信息,为教师入职资格审查的程序规范提供补充,强化师德建设成果的运用。

二、用好评价考核"指挥棒"

教师评价改革点多面广线长,必须在实处、细处、深处发力,找准病根、对症下药、精准突破。只有坚持把立德树人作为根本任务、把提高教育质量作为最终目的,才能让真正热爱教育的教师能够从评价机制中得到应有的肯定。

(一)把准脉搏,找准制约教师评价的"病根"

长期以来,教师评价不同程度存在唯论文、唯帽子、唯学历、唯奖项、唯项目等问题,仅靠一套固定的评价标准对教师过往的成就做出简单价值判断,破坏了良好的教师发展生态,妨碍了立德树人根本任务的全面落实,是必须解决的老大难问题。概括而言,目前教师评价主要存在两个方面的症结。

一个方面是现行的教师评价指标简单粗糙,唯量取胜。目前,教师评价体系以简单数量型指标设定居多,导致教师对学术论文的热衷程度远远高于对教学方法以及教学技能等方面的创新,一些高校教授讲课效果不好、高层次人才教学不积极、部分教师授课不认真、治学不严谨,盲目追求学术数字生产力,追求"短平快"的研究,忽视真正的学术创造,忽视立德树人的根本任务,不仅催生了"学术泡沫",也为"唯文凭""唯论文""唯帽子"等顽瘴痼疾提供生长土壤。

另一个方面,评价过程教师缺位,评价结果的应用过于功利化。教师是有着独立价值、尊严和个性的人,教师评价应该尊重教师的感受和差异。然而在实际中,评价未能充分考查教师教育教学工作实际,教师也较少参与评价标准制定和评价过程,对评价结果缺乏必要认同。很多教师不仅不了解评价的内容和过程,对评价目的和评价方案的制定也不够了解,甚至对评价结果也毫不知情。而评价结果又与利益分配过度关联,被作为配置学术和教育资源的唯一指标和人才流动的核心参照,这无疑阻碍了教师的专业发展和人才的良性交流。

(二)对症下药,使教师评价考核回归教育本真

教师评价考核牵涉面广、影响深远,是一项系统工程。做好教师评价要坚持问题导向,从四个维度促使教师考核回归教育本质。

一是以过程评价提升教师专业能力。过程评价是一种凸显教师的发展过程和专业反思的评价。在评价内容上,采集教师职业生涯发展过程中的重要节点数据作为内容,并整合内容建立教师成长数据库;在评价方法上,采用协商式评价,组织教师评价部门和专家共同评价;在评价工具上,建立传帮带制度、设立学校教师发展中心对新教师进行发展性的、专业化的指导;在评价结果应用上,在对教师专业能力做出准确研判的基础上,提出针对性的专业发展建议,引导教师发挥专业能力、挖掘专业潜力、提升专业水平。

二是以增值评价体现教师价值成长。增值评价是对教师在一段工作时间内教学科研水平提升的程度、或使学生在德智体美劳等方面所取得进步的程度进行的评价,是一种尊重基础、体现发展和公平的"进步奖"性质的评价。实施增值评价,首先要做好评价前的准备工作,科

学设置评价指标、开发针对性的评价工具;其次要科学搜集相关数据,对教师的工作业务和所培养学生进行全程跟踪,搜集能够反映评价指标的数据,尤其是要精准地搜集评价对比两个阶段的数据;最后要准确分析评价结果,深入研究教师和学生取得进步的主要影响因素,挖掘教师在人才培养工作中的价值并给予充分肯定。

三是以综合评价助力教师全面发展。综合评价可以在基本标准的基础上,根据教师的具体情况设置不同的考核标准。评价内容的综合化,能把师德师风、教书育人、科研成果和水平等统统纳入考核内容;评价方式的综合化,能综合运用过程评价、增值评价、结果评价等评价方式和方法;评价方法的综合化,能为不同老师设置不同的评价标准、或相同标准上不同的评价权重;评价主体的综合化,能建立学生、同行、主管部门、同事和教师本人共同参与的多方评价机制,更能增强教师在评价中的主体地位;评价周期的综合化,能将中长期评价与短期评价相结合,重点进行中长期的评价引导。

四是以结果评价激励教师干事创业。结果评价对教师具有重要的激励作用,为了纠正结果评价的功利导向,必须对教师结果评价进行改进。为此,我们首先要改进评价指标,把师德作为评价教师的硬性指标和第一标准;其次要改进评价内容,把立德树人成效、教研水平作为教师评价的重要内容,彻底扭转基础教育重知识传授、轻育人,高等教育重个人科研、轻教学的错误倾向;再次要改进评价方法,建立定量与定性方法相结合、以同行专家定性评价为主的评价机制,着重考查教师的能力、实绩、贡献、潜力;最后,还应突破对评价结果的依赖,充分发挥评价的指导规划作用。

坚持和加强党对教育工作的
全面领导，确保中国特色社会主义
教育事业沿着正确方向
不断开拓前进

中国共产党是中国特色社会主义事业的领导核心,处在总揽全局、协调各方的地位。"党政军民学,东西南北中,党是领导一切的,是最高的政治领导力量。"①坚持和加强党对教育事业的全面领导是引领中国特色社会主义教育事业不断前进的最大政治优势,是做好教育工作、建设教育强国的根本保证。

第一节 党对教育工作全面领导的主旨要义

2018年,习近平总书记在全国教育大会上把"坚持党对教育事业的全面领导"作为教育改革发展的成就和经验之一,并置于"九个坚持"之首。这就从历史经验和政治高度的视角,进一步阐述了党的领导是办好中国特色、世界水平的现代教育的根本政治保证。② 而什么是党对教育的领导,在哪些方面加强党对教育的领导,则是我们必须明确的理论前提。

---

① 习近平在党的十九大开幕会上的报告[N]. 人民日报,2017 - 10 - 18.
② 习近平在全国教育大会上强调:坚持中国特色社会主义教育发展道路 培养德智体美劳全面发展的社会主义建设者和接班人[N]. 人民日报,2018 - 09 - 11.

一、深刻认识全面领导的核心要点

新时代加强党对教育工作的全面领导,其核心在"领导",要义在"全面"。所谓"领导"就是指我们党所要把握的发展方向、规划的发展道路和谋划的篇章布局。所谓"全面"则是指拓展党对教育工作的领导广度、阈度。一般说来,党对教育工作的全面领导主要包括政治领导、思想领导、组织领导,三者之间是一个系统的整体。其中,政治领导为教育事业定向明目,思想领导为教育事业铭心铸魂,组织领导则是教育事业得以全面实现的载体和保证,三者融为一体,缺一不可。

(一)以政治领导坚持中国特色社会主义教育发展道路

旗帜鲜明讲政治,坚持和加强政治领导,是中国共产党的优良传统与独特优势。坚持党对教育工作的全面领导,首先是政治领导。党对教育工作的政治领导,就是制定和贯彻执行正确的政治路线,坚持正确的办学方向,加强和完善社会主义办学体制、办学制度。其核心内容是保证教育工作服从以习近平同志为核心的党中央领导,坚定不移走中国特色社会主义教育发展道路。党领导人民在创建和发展新民主主义教育、探索和实践社会主义教育的基础上,开辟了一条中国特色社会主义教育发展道路。这条道路,凝结了中国共产党领导人民发展教育事业的基本经验,深刻回答了我国教育改革发展中的一系列带有方向性、根本性、战略性的重大问题,是发展社会主义教育事业的唯一正确道路。我们坚持走这条道路,建成了世界上最大规模的教育体系,确立了中国特色社会主义教育制度,保障了亿万人民群众受教育的权利,极大地提高了全民族的素质,实现了由人口大国向人力资源大国的转变,创造了人类教育史上的奇迹。[①]

实践证明,我国教育改革发展的伟大成绩,根本就在于中国共产党掌舵领航、把脉定向,形成了强大的政治导向、政治定力和政治引领。[②] 我们要以习近平新时代中国特色社会主义思想为指导,增强政治意识、大局意识、核心意识、看齐意识,自觉维护党中央权威和集中统一领导,全面贯彻党的教育方针,坚持社会主义办学方向,把党对教育工作的全面领导贯彻好、落实好。

(二)以思想领导坚定共产主义理想信念

党对教育工作的思想领导就是制定和贯彻执行正确的思想路线,坚持用党的指导思想和理论基础培养人,引导人树立正确的世界观、人生观、价值观,保证思想统一、步调一致。其核心内容是用习近平新时代中国特色社会主义思想武装头脑,坚定共产主义理想和中国特色社会主义信念。理想信念是共产党人精神上的"钙"。习近平总书记指出,对马克思主义的信仰,对社会主义和共产主义的信念,是共产党人的政治灵魂,是共产党人经受住任何考验的精神支柱。[③] 党的百年奋斗历程和伟大成就,关键就在于对马克思主义信仰、共产主义远大理想的坚定不移。信念如磐,才能始终不渝、百折不挠,才能让党和国家事业

---

① 袁贵仁.沿着中国特色社会主义 教育发展道路奋勇前进[J]. 中国高校社会科学,2011(09):4—7.

② 段妍. 推动教育事业高质量发展的根本保证[N]. 中国教育报,2020-12-03.

③ 胡锦涛.坚定不移沿着中国特色社会主义道路前进 为全面建成小康社会而奋斗——在中国共产党第十八次全国代表大会上的报告[N]. 人民日报,2012-11-08.

兴旺发达、后继有人。

党领导下的教育事业要坚持把理想信念植根于教育实践之中，融入到学生内心深处，引导学生树立共产主义远大理想和中国特色社会主义共同理想，增强学生的中国特色社会主义道路自信、理论自信、制度自信、文化自信，立志肩负起民族复兴的时代重任，培养一代又一代自觉做拥有共产主义远大理想和中国特色社会主义共同理想的坚定信仰者、忠实实践者，自觉为实现新时代党的历史使命不懈奋斗。

（三）以组织领导发挥战斗堡垒和先锋模范作用

党的组织领导是党的领导的重要内容和组成部分。党对教育工作的组织领导就是制定和贯彻执行正确的组织路线，进一步加强党中央对教育工作的集中统一领导，进一步加强教育重大理论和实践问题的统筹和决策，从组织领导层面把加快推进教育现代化、建设教育强国提升到新的高度。其核心内容是建立健全各级各类学校党组织，充分发挥党组织的战斗堡垒和党员的先锋模范作用。

党的力量来自组织，党的全面领导、党的全部工作要靠党的坚强组织体系去实现。学校党组织是党在学校中全部工作和战斗力的基础，是党的教育方针在学校贯彻落实的组织者、推动者和实践者，发挥着政治核心作用。党的十九大要求把包括高校在内的基层党组织建设成为"宣传党的主张、贯彻党的决定、领导基层治理、团结动员群众、推动改革发展的坚强战斗堡垒"①。因此，要以改革创新精神不断加强各级各

① 敬菊华.加强高校基层党组织建设　培养堪当大任的时代新人[N].重庆日报,2018－07－16.

类学校党组织建设和党的工作,从立德树人根本任务出发,以提升组织力为重点,突出基层党组织的政治功能、教育功能、服务功能,充分发挥学校党组织的战斗堡垒作用和党员的先锋模范作用,为教育事业成为坚持党的领导的坚强阵地提供组织力量。

二、准确把握全面领导的领域范畴

从党的领导的领域范畴维度看,党的领导必须是全面的、系统的、整体的,必须体现在经济建设、政治建设、文化建设、社会建设、生态文明建设等各方面。无论哪个领域、哪个方面、哪个环节缺失或者弱化了,都会削弱党的力量,都会损害党和国家的事业。加强党的领导不仅要解决加强党对教育工作领导力度的问题,还要拓宽我们党对教育工作领导的广度、深度,把党的领导力度延展到中国特色社会主义教育事业的各个维度。①

(一)各级各类学校都是坚持党的领导的坚强阵地

大中小学校党组织是党在学校中全部工作和战斗力的基础,发挥着政治核心作用。全面负责学校党的思想、组织、作风、反腐倡廉和制度建设,把握学校发展方向,参与决定重大问题并监督实施,支持和保证校长依法行使职权,领导学校德育和思想政治工作,培育和践行社会主义核心价值观,维护各方合法权益,推动学校健康发展。

2016 年,中央组织部、教育部党组联合印发《关于加强中小学校党

---

① 靳玉乐,张铭凯.努力探索新时代中国特色社会主义教育思想体系[J].西南大学学报(社会科学版),2018(1):5—11.

的建设工作的意见》明确提出,要进一步健全完善中小学校党建工作管理体制,全面提升中小学校党组织建设水平。[①] 2018 年 5 月,习近平总书记在北京大学考察时指出,"坚持党对高校的领导,坚持社会主义办学方向,把我们的特色和优势有效转化为培养社会主义建设者和接班人的能力。"[②]可以说,党中央从民族复兴的使命担当出发制定教育事业发展的各项方针政策,各级党委将党的教育方针政策深入解析、全面推广,各级各类学校在党委领导下坚决贯彻落实党的各项教育方针政策,自上而下、一以贯之、全面推进,真心实意感党恩、听党话、跟党走,成为坚持党的领导的坚强阵地。

(二)党的教育方针贯彻在教育事业发展各个环节

教育方针是国家或政党为了发展教育事业,在一定历史阶段,根据社会和个人两方面发展的需要与可能而指定的具有战略意义的总政策或总的指导思想。我国教育方针的总路线是中国共产党在中国革命的各个历史时期提出的教育工作总方向,规定了一个时期党和国家教育事业及其发展的根本性质、价值取向和教育目的,具有方向上的引领性、行政效力上的权威性和实践工作上的针对性。

党的教育方针融入教育事业改革发展的全方位运行体系,体现在教育教学、人才培养各方面。在治理体系建设方面,各级各类学校坚持和加强党的领导的组织体系、制度体系、工作机制。在办学体系方面,党的教育方针体现在全面落实立德树人根本任务上,学科体系的设计

---

① 中央组织部,教育部党组. 关于加强中小学校党的建设工作的意见[Z]. 2016.
② 习近平. 在北京大学师生座谈会上的讲话[M]. 北京:人民出版社,2018.

和运行服从于这一根本任务的完成。在教学体系建设和教材体系建设中,既重视智育,不断提升学生的知识创新、科技创新能力;也推出了一批高水平德育教材,并将德育渗透于专业知识的教学之中,同时加强体育、美育、劳动教育的教学体系、教材体系建设,使"全面发展"落到实处。在考核评估方面,教育方针的贯彻落实情况是考核评估教育教学工作的重要内容,保证了党的教育方针的权威性和指导性。[①] 在育人机制方面,党的教育方针体现在帮助青少年扣好人生第一粒扣子,引导学生做社会主义核心价值观的坚定信仰者、积极传播者和模范践行者,培养德智体美劳全面发展的社会主义建设者和接班人。[②]

第二节　办好中国特色社会主义教育事业关键在党

改革开放 40 多年来的实践与经验表明,当前中国教育取得的举世瞩目的成就与党的领导紧密相关,与党对教育毫不动摇的领导信念密切关联。[③] 历史与实践证明,只有坚持党对教育工作的全面领导,坚持社会主义办学方向,坚定中国特色社会主义教育之路,才能实现教育强国、民族复兴。

[①] 李福华.论党的教育方针及其在高等学校贯彻落实的主要路径[J].中国高教研究,2019(3):66—71.

[②] 王炳林.加强党对教育事业的全面领导,是办好教育的根本保证[J].中国高等教育,2020(18):4—11.

[③] 朱益明,王瑞德,等.中国教育现代化 2035:从规划到实践[M].上海:上海教育出版社,2020:349—350.

一、党的领导是教育事业发展实践的重要经验

新中国成立以来，我国教育实现了从"建起来"到"大起来"再到"强起来"的伟大跨越，基本完成教育体系建构和普及发展的双重任务，从教育大国迈向了教育强国。回首这段波澜壮阔的教育发展历史，我们能够清晰地看到党在其中把握方向、总揽全局、协调各方的关键作用。

（一）新中国成立初期党领导教育事业快速恢复和不断发展

新中国成立初期，在党的领导下，"建体系、定方针、推普及"成为教育工作的主线。1949 年 12 月，第一次全国教育工作会议在北京召开。会议研究确定了新中国教育工作总方针，明确规定中华人民共和国的教育是新民主主义教育，提出人民政府应有计划有步骤地改革旧的教育制度、教育内容和教学法。1950 年，毛泽东同志在《人民教育》创刊号上题词："恢复和发展人民教育是当前重要任务之一"①。1951 年，学制改革旨在探索与我国政权性质相适应的教育体系，拉开了我国教育体系建构的序幕。1952 年以后，根据国家建设的需要，进行了高等学校的院系调整，在各级学校中开展教学改革，创办了工农速成中学，积极开展成人教育，规定了一切学校都向工农开放，实行人民助学金制度。1953 年新中国进入第一个五年计划时期，教育事业纳入国家计划轨道。在这个时期，教育事业得到了迅速的发展。1961 年前后，国民经济处于暂时困难时期。随后，党中央提出"调整、巩固、充实、提高"的

---

① 陈宝生. 国之大计　党之大计——新中国教育事业的历史成就与现实使命[N]. 人民日报，2019 - 09 - 10.

方针,1961—1963 年间对教育事业进行了大幅度调整。经过调整,各级各类学校的教学质量和高等学校的科研水平得到提高。

(二)改革开放后党领导教育事业面向现代化、面向世界、面向未来

1983 年 10 月 1 日,邓小平同志为北京景山学校题词:"教育要面向现代化,面向世界,面向未来"。这为新时期我们党工作重点转移和全面进行社会主义现代化建设指明了正确的方向,规定了明确的任务。为了更好贯彻这个战略方针,我国先后又召开了多次教育大会。第一次全国教育大会(1985 年 5 月)颁布了《中共中央关于教育体制改革的决定》,第二次全国教育大会(1994 年 6 月)开始全面贯彻落实中共中央、国务院于 1993 年 2 月制定印发的《中国教育改革和发展纲要》,第三次全国教育大会(1999 年 6 月)颁布了《中共中央关于深化教育改革 全面推进素质教育的决定》,第四次全国教育大会(2010 年 7 月)制定颁布了新世纪第一个教育规划纲要,即《国家中长期教育改革和发展规划纲要(2010—2020 年)》。

经过 40 多年的发展,在党的全面领导下,我国教育体制不断完善,教育治理体系和治理能力现代化水平不断提高,教育质量得到显著提高,办学条件得到改善,特别是高等教育得以恢复,规模扩大,结构调整取得显著成效。90 年代以来我国教育部门在坚持教育要面向现代化、面向世界、面向未来的教育方针下进行了一系列重大改革和创新,教育经费投入大幅度增加,建立了科学规范的治理体系,围绕教育治理体系改革、教育治理能力的提高,深化教育综合改革;通过深化教育综合改

革,实现教育事业的科学发展;通过教育事业的科学发展,不断促进教育公平,不断提高教育质量。

(三)十八大以来党领导教育事业加快现代化进程

党的十八大以来,以习近平同志为核心的党中央对新形势下的教育事业作出了重要部署。在教育的地位功能上,强调"始终把教育摆在优先发展的战略位置";在教育发展方向上,提出"发展具有中国特色、世界水平的现代教育";在人才培养目标上,"坚持把立德树人作为中心环节",从民族振兴、国家强盛的使命高度,指出教师是"立教之本、兴教之源";在教育发展价值追求上,倡导"以教育公平促进社会公平正义";在教育发展动力上,坚持"大力推动教育改革发展",把握信息时代社会发展的新特点,要求"坚持不懈推进教育信息化",遵循文明传播和发展规律,号召"扩大教育对外开放"。这些论断和要求为深化教育领域综合改革、全面推进依法治教、加快推进教育现代化提供了坚强保证。

2018年9月,我国召开了第五次全国教育大会,围绕"加快推进教育现代化、建设教育强国、办好人民满意的教育"这个主题,作出了一系列新的论断和决策,讨论通过了《中国教育现代化2035》和《加快推进教育现代化实施方案(2018—2022年)》。新的历史时期,党领导下的教育事业在提高质量、促进公平、优化结构等方面进展显著,在改革考试招生制度、提高基础教育质量、完善现代职业教育体系、创建一流大学学科、加强教师队伍建设等方面也取得许多突破性成果,教育脱贫配套举措成为国家打赢脱贫攻坚战的重要环节,社会各界支持教育改革、民间资本投入教育与学习领域出现新的气象,互联网、大数据、人工智能与创新教育服务业态的关系日趋密切,亿万人民群众对教育改革发展的获得感持续增强,中国特色社会主义教育事业加快迈入教育现代化新征程。

二、党的领导是推动教育事业开拓前进的核心保证

从党的历史经验中汲取智慧和力量以推动党的事业不断开拓前进,是我们党的一个优良传统和政治优势。[①] 党的领导是我国教育事业发展实践取得巨大成就的重要经验,也是推动中国特色社会主义教育事业不断开拓前进的核心保证。

(一)始终把思想政治工作贯穿教育教学全过程

通过思想政治工作实现党的领导,是马克思主义政党的重要特征。高度重视思想政治工作,既是我们党的政治特色,也是政治优势。站立于中国特色社会主义进入新时代的历史方位,习近平同志提出"思想政治工作是学校各项工作的生命线"[②]这一重要论断,不仅坚持了马克思主义关于思想政治教育的基本立场和观点,也是对中国共产党人关于"思想政治工作生命线"理论的坚持和发展。

第一,思想政治工作是我国教育事业繁荣发展的优良传统和经验总结。从近百年中国共产党推动学校教育事业发展历程来看,做好思想政治工作无疑是我国大中小学宣传贯彻党的政策、培养优秀人才、繁荣发

---

① 中华人民共和国中央人民政府.习近平:认真学习党的文献　充分发挥资政育人作用[EB/OL].(2011 - 06 - 16). http://www.gov.cn/govweb/ldhd/2011-06/16/content_1886089. htm.

② 习近平.坚持中国特色社会主义教育发展道路　培养德智体美劳全面发展的社会主义建设者和接班人[N].人民日报,2018 - 09 - 10.

展教育事业的优良传统和宝贵经验。① 新民主主义革命时期,在中国共产党的领导下,根据地和解放区各级、各类学校坚持以马克思主义为指导,讲授党的路线、方针、政策,科学规划教学内容,为党推动革命洪流夯实了力量基础,解放了广大群众尤其是妇女们的思想,培养了一大批优秀人才。新中国成立后,我们党领导的各级学校积极开展思想政治教育,为加强青少年群体的思想改造、推进社会主义事业建设造就了一大批科技知识分子和党、政、军干部。改革开放以来,在党的领导下,我国大中小学校扎实开展思想政治教育,为培养社会主义事业建设者和接班人作出了重要贡献。尤其是新时代以来,随着思想政治教育工作的守正创新,青少年群体积极把爱国情、强国志与报国行融入到日常学习生活之中,强化了为实现中华民族伟大复兴的奋斗意志与使命担当精神。

第二,思想政治工作这条"线"贯穿教育全过程。马克思主义认为,人既是物质生产的整体,也是观念生产的整体。这就意味着,面向人的思想灵魂开展的立德铸魂工程,也应是一项观念生产的整体工程。因为只有布局和实施立德铸魂的整体工程,人们的思想灵魂才能获得完整的教育目标、教育内容、教育环境以及系统的教育力量。党对教育工作的领导强调思想政治工作覆盖全过程、统筹全方位、实现全面发展,着力构建思想政治工作整体运行的立德铸魂系统,实现每个人在每个阶段的学习成长都处于立德铸魂的总体观照之下,实现教育系统中的各层级、各方面、各领域、各点位教育主体都能围绕立德铸魂中心目标

---

① 汪希,解英丽.改革开放以来我国大中小学思想政治工作的实践演进和经验[J].邓小平研究,2020(6).

同心而动、同向而行,形成齐抓共管的大格局。"思想政治工作是学校各项工作的生命线",作为一条红"线",遍布学校工作各方面,贯穿学校各项工作始终,充分发挥其导向牵引渗透作用。这条"线",由党作为总牵线人,围绕立德树人根本任务而展开,由学校教育的根本目标统摄,开合有度,形成合力。①

(二)始终牢牢掌握意识形态工作领导权

意识形态工作是加强党对教育工作领导的核心工作。教育战线不仅是我们党意识形态工作的重要基础,也是前沿阵地,更是独特战线。

第一,意识形态直接关系到举什么旗、走什么路等重大政治方向问题。意识形态工作历来都事关全局,党的历代领导核心、领导集体对这个问题都有明确的认识。党的十八大以来,习近平同志从治国理政和意识形态工作对国家的治理体系和治理能力现代化所具有的重要作用这个高度,对意识形态工作作了全面的、科学的论述。就教育战线来说,意识形态工作的主要力量在教育系统,全国哲学社会科学领域80%多的知识分子在教育系统。社会上从事意识形态工作的人,大都是从教育战线走出去的,社会上出现的思想、风气和生活方式发生的微小变化,总是要首先传导到学校和学生。因此,教育战线在意识形态工作中的地位和作用是其他方面替代不了的,它一旦出现了问题,就是全局性的,就是致命的,所以不容许发生颠覆性问题。② 各级党委要把做

---

① 李忠军,李钰阳."思想政治工作是学校各项工作的生命线"内涵解析[J].思想理论教育,2018(12).

② 陈宝生.做好教育战线意识形态工作[J].紫光阁,2016(12).

好意识形态工作摆在重要位置,加强组织领导,及时掌握意识形态形势和动态,对各种政治性、原则性、方向性问题要敢抓敢管,对各种错误思想必须敢于亮剑。

第二,学校意识形态新格局是推动教育事业凝心聚力的思想根基。党的十八大以来,以习近平同志为核心的党中央深刻认识到意识形态工作的重要性,全面加强党的意识形态建设工作,牢牢掌握意识形态工作的领导权和主动权,我国社会主义意识形态建设取得了巨大成就,意识形态领域某些方面曾经存在的被动局面得到根本扭转。在教育领域,各级各类学校党委(党组)制定意识形态工作责任制,明确各级领导干部的意识形态工作责任,把思想和行动统一到中央对意识形态工作的认识和形势判断上来,坚决守好"责任田",强化党管宣传、党管意识形态,牢牢掌握意识形态工作的领导权、主动权、话语权。通过这一制度的推进,马克思主义在学校意识形态领域的指导地位不断巩固,形成了党委(党组)统一领导、党政齐抓共管、宣传部门组织协调、各相关部门积极配合,共同做好意识形态工作的格局,①不仅为推动教育事业筑牢思想根基,同时也满足了社会对先进思想文化的需求,在举旗帜、聚民心、育新人、兴文化、展形象上发挥着应有的引领和带动作用。

(三)始终坚持党管干部、党管人才

党管干部、党管人才是党组织在干部路线、干部工作方针和干部政策贯彻执行过程中充分发挥管理和监督的重要职能。中国共产党的性

---

① 姜迎春.十八大以来我国意识形态建设的主要特点[J].人民论坛,2017(03).

质和宗旨决定了坚持党管干部、党管人才对人民幸福和民族复兴的重要意义。坚持党管干部、党管人才，是进一步巩固党的执政地位的重要保证。

第一，坚持党管干部、党管人才是加强教育战线党的建设的重要内容。在党的六届六中全会上，毛泽东同志明确指出，"政治路线确定之后，干部就是决定的因素"，并提出"才德兼备"的干部标准和"任人唯贤"的干部路线。① "干部是决定因素"，并不是说"干部决定一切"，中国共产党是中国特色社会主义的领导核心，对执政党来说，党要管党，最关键的是干部问题。教育战线实现党对干部工作的绝对领导，是保证党对学校各级领导干部的领导权和管理权，通过对各级干部的领导，进而实现对教育工作各领域的领导。同时，党管干部和党管人才相辅相成。"党管人才"战略，是中国共产党在"党管干部"的基础上，为调动一切积极因素实现全面建设小康社会，加快推进社会主义现代化奋斗目标的新举措。党管人才具有明显优势，既尊重人才成长规律，又紧密结合人才资源的市场配置，为人才发展优化环境、创造条件，真正做到了人尽其才，尽展其才。习近平总书记强调，"有了源源不断的人才优势，中华民族伟大复兴指日可待。"② 只有旗帜鲜明地坚持党管人才原则，才能够确保我们的人才优势不落后，确保推动时代向前的动力不减弱。

第二，新形势下干部队伍和人才队伍建设带动教育事业蓬勃发展。中国共产党是在一个大民族中领导伟大革命斗争的党，没有许多才德

---

① 冯舟.深刻理解新时代党的组织路线[N].学习时报,2018－07－13.
② 腾讯新闻.习近平杭州考察：人才不断　伟大复兴指日可待[EB/OL].(2015－05－27).
　　https://news.qq.com/a/20150527/012167.htm.

兼备的领导干部,是不能完成其历史任务的。我们党培养了不少领导人才,军事、政治、文化、党务、民运各方面,都有我们的骨干,这是党的光荣,也是全民族的光荣。在新的历史时期,学校干部队伍建设和人才队伍建设工作思路和方法不断创新。各级各类学校党委坚持《党政领导干部选拔任用工作条例》《党政领导干部考核工作条例》等干部工作制度,努力打造高素质干部队伍;提任提级干部把政治标准放在第一位、"凡提四必"得到贯彻落实;党政领导干部、教学教辅类领导干部的日常性考核、近距离考核、差异化考核机制不断完善;干部轮岗交流锻炼不断加强;领导班子队伍整体素质进一步提高,以领导班子建设带动干部队伍建设不断优化,在全面从严治党大背景下,不断深化教育战线党的建设制度改革、提振干部队伍干事创业动力,打造精心育人的教育铁军。与此同时,各级各类学校党委坚持实施人才强校战略,把人才工作纳入学校发展的总体布局,进行统筹规划和整体部署,凝心聚力把各类人才汇聚到教育事业的奋斗中来,争相搭建教学科研平台、给予优惠政策,公平竞争、合理流动的人才聘用和管理机制初步形成,人才评价、激励和考核等机制不断完善,形成了人才广聚、人尽其才、才尽其用、才乐其业的发展环境,为中国特色教育事业发展提供强有力的人才支撑。

第三节　切实加强党对教育工作的全面领导

站在新的历史起点上建设高质量教育,加快推进教育现代化、建设教育强国,必须把党的政治建设摆在首位,以政治建设为统领,加强党对教育工作的全面领导,推动党的领导在职能配置上更加科学合理、在体制机制上更加完备完善、在运行管理上更加高效。

一、坚持总揽全局的核心地位

党对教育工作的全面领导只有落小落细,确保党对教育工作领导的全覆盖、全链条、全保障,才能把党的教育方针全面贯彻到教育工作的各个方面,中国特色社会主义教育事业建设才能得以有效进行。

(一)确保党管教育的"全覆盖"

党对教育工作的全面领导贯穿教育发展、办学治校和教育教学的全过程,各级各类学校都没有例外。各级党委和政府要把教育改革发展纳入议事日程,把加强党对教育事业的全面领导体现在有力的关心支持上,牢固树立抓教育就是抓发展、谋教育就是谋未来的理念,多想一想是否把教育摆在了优先位置,多想一想教育还有哪些短板弱项,多想一想教育保障是否到位,切实做到在经济社会发展规划上优先谋划教育,在财政资金上优先保障教育,在公共资源配置上优先满足教育。党政主要负责同志作为第一责任人,要满腔热忱地关心和支持教育工作,及时研究解决教育事业发展中的困难和问题,要熟悉教育、关心教育、研究教育,深入学习钻研,向专家请教、向实践求知,努力成为教育管理的行家里手。各级各类学校党组织要把抓好学校党建工作作为办学治校的基本功,把党的教育方针全面贯彻到学校工作各方面,树立大局意识,强化政治担当,立足工作职责,加强协作配合,全力支持和推动教育改革发展。

在民办学校、中外合作办学等院校,也要加强党的领导与指导。民办学校、中外合作办学等都是新时代中国特色社会主义教育事业不可或缺的组成部分,"在坚持正确政治方向、正确育人导向上没有例外"①,尽管办学模式不同,但同样承担着培养中国特色社会主义事业奋斗终身的人才的重任。必须"把民办高校、中外合作办学院校纳入高校思想政治工作整体布局"②,但不能简单复制党对公办教育的领导模式。一是创新与建设党组织有效参与的民办教育治理结构。健全上级党组织与民办学校党委(党组)沟通扶持机制,健全民办学校校内的党、校领导管理协调制度,健全党组织参与议事决策和监督机制,健全民办学校党委(党组)党建工作制度。二是要提高民办教育基层党组织的治理能力。构建党委把关、董事会决策、校长执行、教职工参与以及社会监督的治理体系,牢牢把握党对民办学校意识形态工作的领导权、话语权,选优配强基层党组织书记,例如从公办学校选派优秀的、退休的党组织书记担任民办学校党建工作联络员等。③

(二)确保教育治理的"全链条"

党中央、国务院对教育工作高度重视,坚持把优先发展教育事业作为推动党和国家各项事业发展的重要先手棋,加紧推进顶层设计,制定出台了一系列政策文件,促使教育同党和国家事业发展要求相适应、同

---

① 光明网.加强党的全面领导,民办教育怎么做[EB/OL].(2020-08-04).http://news.gmw.cn/2020-08/04/content_34054470.htm.

② 陈宝生.牢牢掌握思想政治工作主导权　办好中国特色社会主义高校:高校必须坚持正确政治方向[J].求是,2017(03).

③ 袁玉芝.加强党的全面领导　民办教育怎么做[N].光明日报,2020-08-12.

人民群众期待相契合、同我国综合国力和国际地位相匹配。纵览这些政策文件,并不是单纯以量取胜,而是具有非常突出的针对性。例如,《中国教育现代化2035》是中国第一个以教育现代化为主题的中长期战略规划,《中共中央国务院关于深化教育教学改革全面提高义务教育质量的意见》是党中央、国务院印发的第一个聚焦义务教育阶段教育教学改革的重要文件,《关于学前教育深化改革规范发展的若干意见》明确了新时代学前教育的定位,等等。正如习近平总书记所指出的:"制度不在多,而在于精,在于务实管用,突出针对性和指导性。"通过顶层设计,推动我国教育不断朝着更高质量、更有效率、更加公平、更可持续的方向前进。

在政府权责上,理顺中央和地方、政府部门之间的权责关系。改革开放以来,我国教育行政体制改革的总方向是中央向地方分权,逐步确立了"在国务院领导下,由地方政府负责,分级管理、以县为主"的基础教育管理体制和"国务院统一领导,中央和省两级办学,以省级人民政府为主"的高等教育管理体制。新的历史时期,一是要在中央放权和强化监督的基础上强化省级统筹,进一步下放高等教育管理权,适当上移基础教育特别是义务教育财政责任,扩大省级政府教育事权和责任;二是要在实现义务教育基本均衡的地区,赋予中心城市更多权责,在市域统筹的框架下推进城乡教育一体化;三是要调动县级政府推动教育改革、提高教育质量的积极性,解决教育改革"最后一公里"问题。

健全各级党组织建设,避免组织衔接和运转中出现"真空区""断裂层",各基层组织内部出现"盲区""留白"。要把党建工作纳入教育工作"一盘棋",通盘思考、系统推进,创建"大党建"的工作格局:紧紧围绕党委中心工作的目标与要求,着眼于激发党建工作活力,不断延伸党建工作触角,全力推进党建工作参与服务教学科研、人才队伍、管理服务、统战群团、安全保障等学校工作的方方面面,全面落实党建工作责任制,形成党委抓统筹协调、基层抓部署落实、党员抓学习服务的党建工作格局,切实做到党建工作全覆盖、全渗透,不留"空白点",努力实现党建工作与中心工作同谋划、同部署、同考核。

(三)确保责任落实的"全保障"

加强党的领导,落实责任是关键。强化责任意识,牵住党建责任制这个"牛鼻子",各级党委要树牢"抓好党建是本职、不抓党建是失职、抓不好党建是不称职"的责任意识,把党建工作作为主业,把抓好党建工作作为最大的政绩。

坚持党政同责、一岗双责、齐抓共管。强化责任体系,落实好党委领导班子的集体责任、党组织书记的第一责任、班子成员的"一岗双责",形成一级抓一级、层层抓落实的党建工作责任体系。强化考核问责,坚持"述评考用"相结合,坚持党组织书记履行党建工作责任述职评议考核全覆盖,并作为评价领导班子和书记政治上强不强、实绩好不好、作风正不正、工作称职不称职的重要标准,述职评议考核结果作为干部年度考核和选拔任用干部的重要依据。促进基层党组织书记抓党建工作规范化、常态化,形成大抓基层、严抓基层的鲜明导向,进一步提升党建工作科学化水平。

健全和完善权力监督体系。强化责任落实离不开监督,完善的权力监督体系是加强和改善党对一切工作领导的重要举措。要强化自上而下的组织监督,改进自下而上的民主监督,发挥同级相互监督作用。党委扛起主责,纪委履行好监督职责,着力在日常监督、长期监督上探索创新、实现突破。督促各级党组织、党员干部认真落实监督责任,主动、严肃、具体地履行日常监督职责,综合运用听取汇报、个别谈话、检查抽查、列席民主生活会等形式,深化近距离、常态化的监督。分类别、分领域,督促和指导招生、基建、财务、科研、后勤、设备招标采购等重点单位建立自我监督、自我防控风险机制,制定完善相关规章制度,强化其履行主体责任意识。

二、健全协调各方的领导机制

教育工作是一个复杂且庞大的系统,加强党对教育工作的全面领导,要建立健全协调各方的领导机制,不断优化党对教育工作全面领导过程中的管理内容和具体落实,使系统内部各子系统之间良性运转,提高教育工作的科学高效。

(一)一元主体,强化党的纵向统一领导

在教育工作系统中,教育部、教育主管部门、学校(党委)基本处于单向的由上至下的沟通状态,领导决策下的管理工作安排就是通过由上至下分配给教育管理职能部门的。若教育管理职能部门之间没有形成良好的协同,可能领导决策目标与实际管理结果之间会出现差距。因此,要加强党对教育工作的全面领导,就必须在党委领导下形成教育部、教育主管部门、学校(党委)之间良好的沟通反馈机制和纵向引领。这个反馈机制和引领机制要体现平等、互动和及时,才能实现领导决策

的科学性、管理工作协同性和具体工作的贯彻性的有机统一。

强化党在教育系统中"一元主体"的纵向领导。首先,要充分发挥中央、各级党委、各级党组织的领导核心作用,始终把政治建设作为根本,坚决维护以习近平同志为核心的党中央权威和集中统一领导,牢牢把握社会主义办学方向,牢牢掌握党对教育工作的领导权,善于把握重点领域和关键环节,制定方案和措施,深化教育改革,协同各方推进改革机制。其次,要充分发挥学校党委的政治核心作用,坚持民主集中制,贯彻落实"三重一大"决策制度,进一步完善部门党组织工作规则、规范党政联席会议制度,推进学习型、服务型、创新型党组织建设。再者,要充分发挥基层党支部的战斗堡垒作用,严格执行"三会一课"、组织生活会、民主评议党员、谈心谈话等制度,开展好主题党日活动,将党对教育工作的领导要求向基层支部延伸,形成大抓基层、严抓基层的鲜明导向。①

(二)多元共建,整合社会优势教育资源

"多元共建"横向联动机制,是指在坚持党对教育工作全面领导的基础上,以沟通、协商、组织、调配、合作等路径开展教育工作,以优化领导决策和提高工作效率为目的,实现党对教育工作全面领导的作用最大化。教育工作是一个庞杂的系统,同时也是一个开放的系统,其工作的运行不仅涉及到各主体、客体、介体要素,还涉及到各个方面的资源,包括家庭、社会资源等。构建"多元共建"的横向联动机制,不仅需要中央、省级教育主管部门和相关部门之间的优势整合与协同,还需要外部

---

① 沈壮海,司文超.切实加强党对高校的全面领导[J].思想理论教育导刊,2018(11):21—25.

优质资源的协调推进、共同发力，打造中央、省教育主管部门内部资源与外部要素的协同共为。

加强党的全面领导，不仅要领导好党内系统，还要注重调动党外各类群体的积极性和创造性，积极发挥群团组织政治作用。在学校中，工会、共青团、学生会等是党领导下的群团组织，政治性是群团组织的灵魂。各级党委要加大政治动员、政治引领、政治教育工作力度，充分调动群团组织联系群众的桥梁和纽带作用，承担起引导群众听党话、跟党走的政治任务，坚定不移走中国特色社会主义群团发展道路，不折不扣落实党中央关于群团改革的决策部署，切实增强群团组织的政治性、先进性、群众性。

加强党的全面领导，不仅要抓住领导干部"关键少数"和普通党员"基础多数"，也要提升党外知识分子思想政治工作有效性。一是对高校、科研院所的党外知识分子，注重引导他们坚持正确的世界观、方法论，不当西方理论搬运工，做整合创新推进者；对国有企事业单位的党外知识分子，掌握好打交道、交朋友的本领，守好意识形态工作的前沿阵地；对"两新"组织中的党外知识分子，完善联席会议制度，挖掘代表性人物，做好重点培养工作；对新媒体从业人员和网络意见人士，增进他们的政治认同，在净化网络空间、弘扬主旋律、维护意识形态安全等方面发挥积极作用；对归国留学人员，帮助他们增进对国情、省情的认识，将所学知识同实际结合，在成就中尽早实现再本土化。

（三）问题导向，实现高水平的供需平衡

习近平总书记指出："要有强烈的问题意识，以重大问题为导向，抓住关键问题进一步研究思考,着力推动解决我国发展面临的一系列突出矛盾和问题。"新时期党对教育工作的全面领导强调突出"问题导向",注重精准施策,是指通过调查研究,方向引领,以教育发展过程中的问题及需求为发力点,以内涵的发展与提升为着力点,调整供给和需求结构,实现资源的合理优化与配置,使教育满足经济发展的需求,并实现可持续化发展。教育的根本任务是培养人,这就要求我们以人为本,高度重视学生的现实需求,直面和揭示制约他们成长成才的因素,科学合理地制定目标,精准发力解决问题。

"问题导向—目标指向—精准发力"建构起了教育工作的逻辑链条。坚持问题导向,多角度全方位了解掌握受教育者的实际需求和供给,并以此为依据找准受教育者各自的供需平衡点,有针对性地开展教育工作。当前,我国教育整体发展趋势正由外延式向内涵式转变,这就要求调整思路,从需求侧改革转向供给侧改革,从注重改革数量和规模过渡到注重改革质量和结构,更加注重结构性的变革、内涵的发展和质量的提升;进一步推进和深化内部体制改革和机制创新,努力调整改善原有供给中僵化、单一的做法,不断增加教育有效供给的数量与质量,实现育人减负的"降成本"、人才培养的"高效率"。除了满足个人的个性化教育需求外,更要重视社会群体的多样化教育需求,即要增加教育的有效供给,更多地关注社会的经济发展水平,保证满足教育的社会需求与个人需求的一致性。

三、营造从严治党的浓厚氛围

党的十八大以来,以习近平同志为核心的党中央着眼于"四个全面"战略布局的整体设计,身体力行、率先垂范,坚定推进全面从严治党,坚持思想建党和制度建党紧密结合,集中整饬党风,严厉惩治腐败,净化党内政治生态,党内政治生活展现新气象,赢得了党心民心,为开创党和国家事业新局面提供了重要保证。对于教育战线来说,党要管党,才能管好党,才能发展社会主义教育事业;从严治党,才能治好党,才能办好中国特色社会主义学校。推进教育战线的全面从严治党,在教育战线营造廉洁高效的浓厚氛围,关乎党对教育工作全面领导的成效,关乎我国教育事业发展的大局。

（一）以党的政治建设助推教育生态运转

"求木之长者,必固其根本",政治建设是党的根本性建设,决定着党的建设方向和效果。旗帜鲜明讲政治是我们党作为马克思主义政党的根本要求,是我们党不断发展壮大、从胜利走向胜利的重要保证。

教育系统要始终坚持把党的政治建设摆在首位,扛起管党治党的政治责任,不断强化党的领导和自身建设,推进全面从严治党向纵深发展,确保教育事业各项工作坚定正确的政治方向,保持高度的集中统一和安全稳定。第一,要把政治建设作为统领性工作来抓,坚持从政治上考虑问题,看是否符合党中央的要求、是否体现人民群众的期待、是否符合事业的发展规律,把深入学习贯彻习近平新时代中国特色社会主义思想作为当前和今后一个时期教育系统的重大政治任务,用"四个意识"导航、用"四个自信"强基、用"两个维护"铸魂。第二,要把旗帜鲜明讲政治、加强党的政治建设贯穿教育工作的各个环节,落实好立德树人根本任务,把牢社会主义办学方向,坚持扎根中国大地办教育,坚持以人民为中心的发展思想,确保教育事业的政治属性永不褪色。第三,要把党的政治建设融入到教育法律法规、政策举措、工作方案之中,融入教育系统党员干部的思想和行动中。有句话叫"融化在血液里",教育系统党员干部要把党的政治建设融入到自己的理念和行动中,始终做政治上的"明白人"。第四,要把加强党的政治建设的成果不断转化为教育系统各级党组织的工作部署,转化为领导方法和工作作风,在持续加强党的政治建设的进程中,切实完成教育工作各项任务,不断推动教育事业取得新进展。

以党的政治建设为统领,也是推动各级各类学校事业高水平发展的坚强保证。第一,要坚持和完善党委领导下的校长负责制,充分发挥党组织在学校的领导核心和政治核心作用,将党的建设与学校事业发展同部署、同落实、同考评。同时,要不断完善民主集中制,健全学校党内政治生活的运行机制。第二,加强基层党组织建设,有效发挥基层党组织战斗堡垒作用和共产党员先锋模范作用,实施好教师党支部书记"双带头人"培育工程,带动学校工会、共青团等群团组织和学生会组织建设,为学校改革发展提供坚强组织保证。第三,创新组织生活的内容和形式,开展好"三会一课""主题当日"等党的组织生活制度,严格"三会一课"制度,引导学校党员干部聚焦到立德树人和"四个服务"上,把握政治方向,坚定政治立场,提高政治本领,增强政治鉴别力、政治辨析力、政治执行力。

(二)以党的思想建设涵养教育生态基壤

思想建设是党的基础性建设,是贯穿于党的一切建设的中心环节,决定着党的建设的根本和方向。思想建设作为党的铸魂工程，在党的建设中具有引领性、贯通性、支配性的作用，是保持党的先进性和纯洁性、不断增强党的战斗力和创造力的奥秘所在。

当前，在教育领域加强党的思想建设，就是要用习近平新时代中国特色社会主义思想武装全党、指导实践，为推进党的建设新的伟大工程提供有力思想保障，为教育事业发展奠定坚实基础。第一，要坚持不懈抓好理论武装，教育战线的广大党员、干部特别是高级干部必须自觉抓好学习、增强党性修养。认真学习马克思列宁主义、毛泽东思想、邓小平理论、"三个代表"重要思想、科学发展观，认真学习习近平总书记系列重要讲话精神，认真学习党章党规，不断提高马克思主义思想觉悟和理论水平。第二，要坚持不懈加强党性教育。深入开展中共党史、新中国史、改革开放史和社会主义发展史的"四史"学习教育，强化党的理想信念宗旨、优良传统作风、社会主义核心价值观教育，切实增强广大党员干部政治意识、大局意识、核心意识、看齐意识，坚定道路自信、理论自信、制度自信和文化自信，始终在思想上政治上行动上与党中央保持高度一致。第三，要落实意识形态工作责任制。教育系统要把意识形态工作摆在全局工作的重要位置，纳入重要议事日程，纳入巡视工作安排。加强对意识形态阵地的管理，落实谁主管谁主办和属地管理。高度重视网上舆论斗争，加强网上正面宣传，消除生成网上舆论风暴的各种隐患。

"鞋子合不合脚，只有穿的人才知道。"循着历史的足迹，我们不难发现，新时代背景下，思想引领与党对教育工作的全面领导紧密相连，中国特色社会主义教育事业要把思想建设的基因融入血液，成为常态，坚持以习近平新时代中国特色社会主义思想为指导,加强和改进党对各级各类学校的领导,突出思想引领,夯实党建基础。一方面,要全面贯彻落实全国高校思想政治工作会议、全国教育大会各项任务部署,大力开展理想信念教育和社会主义核心价值观教育,推动社会主义核心价值观进教材、进课堂、进学生头脑。紧紧抓住立德树人根本任务,"因事而化、因时而进、因势而新",构建"大思政"格局,推进全员全过程全方位育人,引导广大师生树牢"四个意识"、坚定"四个自信"、坚决做到"两个维护"。另一方面,要把校园文化建设与意识形态工作、政治文化建设结合起来,让形形色色庸俗腐朽的政治文化失去滋生或蔓延的土壤和通道。打造良好的学术环境,严肃课堂教学纪律,厚植崇尚学术、追求真理的文化土壤。构筑健康的舆论环境,用好各种媒体平台,掌握意识形态领域工作的领导权,引导并确保广大青年能够"坚定不移跟着中国共产党走"。再次,要围绕学生、关照学生、服务学生,不断提高学生思想水平、政治觉悟、道德品质、文化素养,让学生成为德才兼备、全面发展的人才。

(三)以党的作风建设净化教育生态环境

党的作风是党的性质、宗旨、纲领、路线的重要体现,是党的建设的永恒主题。执政党的党风,关系党的形象,关系人心向背,关系党和国家的生死存亡。进入新的历史时期,教育在经济社会发展中的重要性日益突出,教育愈来愈成为社会关注的热点、群众关心的焦点,改革和发展的任务十分繁重。适应新的形势,正确处理好各种利益关系,推进教育事业健康发展,迫切要求加强和改进教育行政机关和各级各类学校党组织的作风建设,保持党组织的先进性、纯洁性,增强党组织的创造力、凝聚力、战斗力。

教育战线各级党组织要以党章为根本遵循,以党纪国法为基本准绳,持之以恒落实中央八项规定精神、抓好作风建设,践行"一线规则",持续深化党的自我革命,加强勇于担当的作风建设,营造高质量教育体系建设的良好生态。第一,要促正风,驰而不息纠治"四风"特别是形式主义、官僚主义,深入践行"一线规则",始终保持党的优良传统,始终保持与人民群众的血肉联系,不断改造自我、净化心灵、提高素质。第二,要严肃纪律,坚持把纪律挺在前面,用好党内监督"利器",发挥巡视"利剑"作用,建立有力的督查督办制度,强化监督执纪问责,做到有责必问、有责必查、有责必究。严肃惩处选人用人不正之风,选好配强领导干部和领导班子。第三,要重反腐,必须旗帜鲜明讲政治,发扬自我革命精神,保持战略定力,继续把教育系统党风廉政建设和反腐败工作引向深入,坚定不移推进全面从严治党。

习近平总书记引用孔子在古代被推崇为"大成至圣先师"、被誉为"万世师表"的例子,来告诫和警醒学校的各级干部和广大教师一定要严守为人师表的起码底线、发挥立德树人的示范作用。高校承担着立德树人的根本任务,高校的作风建设直接影响着高校的党风和校风,直接影响着为党育人、为国育才的效果。第一,各级各类学校要以党风廉政建设为统领,引导全体党员和知识分子立足本职,争创一流、争当先锋,服务师生、服务社会。切实履行好廉政主体责任。严格遵守党章党纪,做好廉洁教育和制度防范,完善和落实作风建设长效机制,争做模范遵守八项规定的基层党组织。第二,加强学校行政、教辅、后勤等机关作风建设,以服务教学、服务科研、服务师生为宗旨,以改革创新为动力,规范工作行为,提升工作效能,改善精神风貌,建设一支高效、有担当、有活力的服务型机关工作队伍。第三,弘扬师德师风建设,重点是不断提高教师队伍的思想品德和道德情操,落实立德树人根本任务。增强教师教书育人的责任感、荣誉感,深入践行社会主义核心价值观和教师职业道德规范,模范履行为人师表、教书育人职责,从而以良好的风范带动学生,形成严谨治学、钻研业务、尊师重教的良好风尚。第四,创新教风学风建设。加强教师的思想教育工作,发挥党员教师在教书育人中的表率作用,树立师德表率和教书育人的先进典型,争当文明教师,形成比、学、赶、帮、超的良好教风。结合大学生成长成才计划,不断加强学生学德学风建设,拓展教育新途径,充分发挥新时代优秀大学生的示范引领作用,推动学德学风建设常态化、长效化。

后　记

这是一个伟大的时代，我们比历史上任何时期都更接近中华民族伟大复兴的目标，比历史上任何时期都更有信心、有能力实现这个目标。教育对中华民族伟大复兴具有决定性意义，建设教育强国是中华民族伟大复兴的基础工程。有幸生活在这个伟大的时代，有机会从事伟大的教育事业，我感到无比骄傲与自豪，时刻提醒自己，要对得起时代、对得起事业、对得起自己。

如何做好教育工作，成为一名不辜负时代的教育管理者，首要任务是要把理论学透。要深入学习习近平总书记关于教育的重要论述，深入学习中国特色社会主义教育理论，全面准确把握其精神实质和核心内涵。我们常说，老师要先学而后教，教育管理者更是如此，只有先把理论学透弄懂，树立起教育自信，才能自觉做好党的教育路线方针政策的坚定拥护者和践行者，坚定不移走好中国特色社会主义教育发展道路。

正是基于对教育重要战略地位的考虑和对教育事业的深厚情感，我产生了撰写本书的想法。撰写过程中，把"学深悟透"作为首要任务，把"解疑释惑"作为重中之重，把"研究破题"作为出发点和落脚点。全书共八章，从教育的战略定位、根本任务、根本宗旨、发展道路、发展动力、体系重构、依靠力量和根本保证八个方面，尝试回答新时代实施教育强国战略的应然、实然状态与实施策略，希望能与读者产生思想认识上的共鸣与碰撞，共同在教育强国之路上携手前行。

本书是我这些年来学习的初浅体会，也是我在实际工作中获得的若干感悟。本书的付梓出版，既是对以往思考的小结，也是对今后工作的激励。文中内容如有不当之处，敬请批评指正。